現代刑法の理論と課題

二元的結果無価値論の提唱

名和鐵郎［著］

成文堂

はしがき

「過去に目を閉ざす者は、現在に対しても盲目となる」。これは、今年二月に世を去ったドイツの元大統領ワインゼッカーが、第二次世界大戦終戦四〇年を記念する演説で述べた有名なセリフである。現在の日本社会にとって、また、日本の刑法学にとって、この言葉の重さを痛感する。

私は、一九四一年七月二五日、滋賀県で生まれた。この年の一二月八日に、いわゆる太平洋戦争が始まった。この戦争は、東南アジアへの侵攻、東京などへの大空襲、沖縄戦と大量自決、広島と長崎への原爆投下など、内外の人々に想像を絶する災禍をもたらした。そして、一九四五年八月一五日、ポツダム宣言の受諾と占領軍の駐留によって終戦を迎え、一九四六年一一月三日、この戦争への反省と反戦の意思を表明し、平和・民主・人権尊重を基調とする日本国憲法が公布された（施行は翌年五月三日）。

その後の日本では、憲法の平和主義に反して、日米安保条約、自衛隊の創設と海外派遣、特定秘密保護法、そして、今や集団的自衛権行使など「戦争する国家」への道を歩んできた。このような日本の動向に対して、私は、現憲法のもとで育った者として、憲法前文とともに「政府の行為によって再び戦争の惨禍が起ることがない」ことを心から願う。本書が、戦前・戦中・戦後における刑法の特徴や問題点を明らかにし、刑罰権の恣意や濫用を防止するための一助となれば幸いである。

ところで、私は、一九六五年三月慶應義塾大学法学部卒業後、名古屋大学大学院法学研究科修士課程、名古屋大学法学部助手を経て、一九七一年四月から二〇〇三年三月まで静岡大学人文学部の専任講師・助教授、教授を務めた後、二〇〇三年四月獨協大学法学部教授、翌年四月から二〇一二年三月まで獨協大学法科大学院教授を務め、これを最後に半世紀近い教師生活に終止符を打った。

　折しも今年は「戦後七〇年」という節目の年に当たる。これを機に、私の刑法研究のいわば集大成として、思い切って本書を出版することにした。本書では、刑法学における重要テーマについて歴史的および理論的な検討を行ったうえで、私自身の見解を率直に述べるよう心がけた。本書では、刑法解釈論に関する「二元的結果無価値論」という新たなグランドセオリーを提唱し、これを前提として、従来の学説・判例を批判的に検討し、私独自の解釈論を展開した。この点に本書の特色がある。

　本書には、約二〇年前に執筆した論文に手を入れたもののほか、新たに書き下ろした論文が収録されている。今回の出版にあたって、前段の論文は本のボリュームや読みやすさを考慮して、思い切って註の部分を削除し、引用文献と参照文献を各章末に記載した。

　最後になったが、大塚仁先生と中山研一先生には、公私にわたりたいへんお世話になった。この場を借りて、心からお礼を申し上げたい。また、静岡大学と獨協大学で親しくお付き合いいただいた諸先生、私のつたない授業を熱心に聞いてくれた学生諸君、そして、私の研究生活を支えてくれた家族に対して、この機会に深謝の意を表したい。本書の出版にあたっては、成文堂の篠崎雄彦氏と小林等氏に何かとお世話になった。記してお礼を申し上げる。

二〇一五年一一月

名和鐵郎

目　次

第一章　序　論

1　「刑法とはどのような法律」また「刑法はいかなる機能を果たしているか」。換言すれば「国家は、何を、また、何のために処罰するのか」という問題である。この点に関して、以下、刑法の意義と機能および刑法の基本原則について概観しておく。

刑法は、「犯罪に対して刑罰を科す法」であり、「国家刑罰権の発動を根拠づける法」である。そして、刑法学は、刑法の諸原則に依拠して、刑罰権の執行を監視し、その恣意や濫用を抑止することに存在意義がある。

日本の刑法学は、ドイツ刑法学の影響のもとに、次のような二つの大きな論争を背景として、今日のように発展してきた。「新・旧両派の争い」（「学派の争い」）および「行為無価値論と結果無価値論の対立」がそれである。これら一連の論争を、以下、「刑法論争」と呼ぶことにする。刑法論争は、刑法学における基礎理論として重要であるが、「犯罪論」（犯罪の要素論と体系論）にとっても決定的な意義を有している。

そこで、本書では、第一章において刑法の意義と機能および刑法の諸原則について説明したうえで、第二章で刑法論争について考察し、第三章以下では、刑法の基本問題として、犯罪論の体系、刑法における危険概念、未遂犯、不作為犯、行政刑法、企業犯罪、死刑について検討する。なお、この論争において因果関係や共犯など、総論上の重要問題があるが、紙数の関係で別の機会に論じる。

2　刑法とは、「犯罪に対し刑罰を科す法」である。この刑法における犯罪にあたれば、死刑、懲役、罰金など、刑罰という峻厳な制裁が科される。また、刑法は、「国家刑罰権の発動を根拠づける法」である。犯罪行為に対しては、警察、検察などによる家宅捜索、物品押収、逮捕・抑留などの強制処分が許される。

つぎに、「刑法の機能は何か」。刑法は何のために処罰するのか、という問題がある。刑法の機能として、従来、法益保護機能、人権保障機能、そして、秩序維持機能が指摘されてきた。それぞれの機能に対応して、次のように刑法上の基本原則とその派生原理が導き出される。

第一は、法益保護機能とは、犯罪から一般市民の利益（法益）を保護する機能である。この機能に対応して、「法益侵害なければ犯罪なし」という法益侵害原則がある。この原則に関して、法益とは何かという法益概念の問題、また、犯罪が成立するためには、どの程度の法益侵害を要するかという違法性の程度または可罰的違法の問題、さらに、保護法益と他の法益とが衝突する場合、いずれが優先されるべきかという違法阻却の問題がある。

第二は、人権保障機能とは、一般市民の人権が国家によって侵害されないことを保障する機能である（なお、自由保障機能とも呼ばれる）。この機能として、「法律なければ、犯罪なく、刑罰もなし」という罪刑法定原則が導き出される。その派生原理として、慣習刑法の禁止の原則、刑法不遡及の原則、類推解釈（または類推適用）禁止の原則、刑法の明確性の原則などがある。さらに、刑法には謙抑主義と呼ばれる考え方がある。これによれば、刑罰や刑罰権は人権侵害を伴うから、その発動は抑制的でなければならず、他に有効な手段があればこれによらなければならない。

第三に、秩序維持機能とは、国家が社会の秩序を維持する機能である。「社会の秩序」には、対等・平等な市民を想定した市民的秩序と支配・被支配関係を前提とする政治的秩序とを区別するならば、前者を市民刑法、後者を政治刑法（または治安刑法）と呼ぶことができる。刑法典が前者の典型であり、破壊活動防止法、特定秘密保護法などは後者に属する。いずれであっても、刑法は、国家の在り方に左右され、政治性や歴史性が強いため、刑法の法益保護機能と人権保障機能が重視されるのである。

3　本書では、多くのテーマについて詳しく論じているので、以下、予め章別の構成とそれぞれの要旨を簡単にまとめておこう。

第二章の「日本刑法学の歩み」では、「新・旧両派の争い」（単に「学派の争い」）および「行為無価値論と結果無価値論の対立」という二つの論争について、以下、それぞれの意義を説明したうえで、その問題点を指摘する。

まず、「新・旧両派の争い」がはなばなしく展開されるなかで、小野清一郎、牧野英一など、両派を代表する優れた学者が、戦前・戦中・戦後という歴史的転換点において、どのような理論を採用したのか。戦後については、小野、牧野は、新憲法のもとでいかなる理論を展開したのか、また、占領政策の転換と日米安全保障条約締結を契機として、どのような理論を展開したのか。

つぎに、「行為無価値論と結果無価値論の対立」に関しては、①この論争は、「新・旧両派の争い」といかなる関連があるか、②戦後刑法学において行為無価値論に対して結果無価値論が支配的になったのはなぜか、③一元的結果無価値論と二元的結果無価値論とを区別する場合、私の提唱する『二元的結果無価値論』はどのような意義と実益を有するか。

第三章の「犯罪論の体系」は、刑事司法の恣意や濫用を抑止するうえで重要な意義を有するが、刑法諸原則、とくに罪刑法定原則、法益侵害原則の観点からは、どのような体系論が妥当であろうか。

従来の通説・判例である犯罪概念、すなわち、「犯罪は、構成要件に該当する違法かつ有責な行為である」という見解について、その意義と問題点を明らかにしたうえで、二元的結果無価値論の立場からは、構成要件・違法・責任の意義と相互の関係をいかに理解すべきか。

第四章の「犯罪論における危険概念」では、危険概念が犯罪論全体にとって決定的な意義を有することから、刑法論争のなかでいかに議論されたか、また、「危険概念は危険だ」とさえいわれるが、どのような危険概念が妥当か、について検討する。

法益侵害説によれば、違法の実質は法益に対する実害または危険にある。この場合の危険とは何か、また、どのような種類があるか。この点につき、二元的結果無価値論によれば、行為の危険と結果としての危険という概念を前提とするが、これらはいかに区別すべきか、また、それらを構成要件と違法性のうち、どこに位置づけるべきか。

第五章の「未遂犯の理論」では、未遂犯の処罰根拠が既遂結果を惹起する危険にあることを踏まえ、未遂犯における危険とは何か、また、未遂犯の諸形態を想定した場合、それぞれの危険にどのような違いがあるか、について検討する。

未遂犯一般についていえば、その危険は「犯罪実現の危険」という以外にないが、犯罪の既遂形態には実害犯、具体的危険犯、抽象的危険犯の三種類ある。それでは、それぞれの危険は、行為の危険と結果としての危険といかなる関係があるか。

第六章では、「不作為犯の理論」の意義を説明し、日本および日本に強い影響を及ぼしたドイツの理論を概観したうえで、不真正不作為犯について考察する。

不作為犯には、真正不作為犯と不真正不作為犯の区別がある。このうち、不真正不作為犯とは、「不作為による作為犯」、すなわち、作為を規定した構成要件を不作為によって実現する場合である。このような理解の仕方は、作為と不作為がAと非Aの関係にあるとすれば類推解釈として罪刑法定原則に違反するのではないか。また、その可罰性を肯定する場合、刑法論争とも関連して、作為義務、作為と不作為の同価値性、不作為と結果の因果関係について、どのように理解すべきか。

第七章の「行政刑法の理論」では、前章での不作為犯の理論を踏まえ、行政刑法に関する実体法的な問題について検討する。刑事刑法（刑法犯）では不真正不作為犯がより重要であるが、行政刑法（行政犯）の領域では、不作為犯は真正不作為犯として規定され、その数は非常に多く、内容的にも多種多様である。このことは、現代社会の複雑化とともに、行政権の肥大化の反映でもある。それでは、現在の行政刑法にはいかなる問題があるか、また、行政刑法における不作為犯（真正不作為犯）の問題についてはどのように考えるべきか。

第八章の「企業犯罪の理論」では、法的および社会的に重要なテーマである企業犯罪に関して、「企業犯罪とは何か」、「企業犯罪にはいかなる種別があるか」、「このような企業処罰の必要性と根拠はどこにあるか」について検討する。今日の社会は「企業社会」と呼ばれるように、特に巨大企業や独占企業が、社会生活のなかで圧倒的な影響力や支配力を有している。これらの企業による違法な活動は、地域住民、労働者、消費者など、国民諸階層に多大の被害をもたらす。そのため、七〇年代以降、企業組織体責任論など、企業組織体に対する刑事責任を積極的に問おうとする新たな理論が提唱された。それでは、この理論の当否を含め、企業の違法な活動に対して、刑法はいかなる役割機能を果たすべきか、また、その問題点は何か。

第九章では「生命権と死刑」と題して、生命権が最高かつ特殊な人権であることを確認したうえで、現行憲法や国際法に照らして、国家が生命権をはく奪する死刑が法的に許容されうるか。国家が人を殺す場合として死刑と戦争があるが、死刑については、一九九一年に「死刑廃止条約」が発効し、死刑廃止国が一〇〇カ国をはるかに越えているにもかかわらず、この条約に日本は参加せず、今なお下級審には死刑判決がなされ、現に死刑が執行されている。それでは、現行憲法や国際法に照らして、死刑の制度やその執行について、いかに考えるべきか。

第一〇章の「刑法の現状と課題」では、日本の刑事司法の特色が「刑罰法規の氾濫」（「刑罰インフレ」）と「警察優位の刑事司法」にあるとしたうえで、刑法上の原理・原則の観点から、これに対する批判と改善策を提示した。

近代刑法には謙抑主義と刑罰法規の明確性が要求される。これらの原則によれば、行政犯や軽微犯罪の非犯罪化または非刑罰化によって、警察優位の刑事司法を改善することが考えられる。道路交通法における反則金通告制度がその一例である。その場合にも、その制裁が刑事制裁ではなく、行政制裁であるという気軽さから、その乱発と濫用を招く恐れはないか、また、これに対する救済制度はいかにあるべきか。

第二章　日本刑法学の歩み

はじめに

日本における戦前・戦後の刑法学は、周知のように、かつての『新・旧両派の争い』と『行為無価値論と結果無価値論の対立』と呼ばれる刑法学会を二分する大論争を通して、今日のように発展しきた。

このうち、戦前における「学派の争い」については、新派を代表する学者牧野英一・木村亀二など、これに対して、旧派を代表する学者が小野清一郎・滝川幸辰・佐伯千仞などが激しい論争を展開した。戦前における論争にもかかわらず、戦中、とくに太平洋戦争期には、牧野、小野、木村、佐伯は、それぞれの立場から「日本法理論」を推奨し、この戦争を支持・加担したが、日本敗戦と占領軍の駐留、さらに新憲法制定を契機として、新たな見解を提唱した。この一連の刑法論争は、戦前・戦中・戦後の日本の歴史とともにあり、その反映であった。そのため、これらの学者の理論や行動に対して、戦後世代の多くの学者が、つぎつぎに批判的な検討を行った。本章の分析も、これらの論文に負うところが大である。

今年は「戦後七〇年」という節目にあたるが、本書の「はしがき」で述べたように、最近の日本や国際環境の現状を考えると、「この道はいつか来た道」という感を強くする。本章で「日本刑法学の歩み」と題して、戦前・戦中・

戦後の刑法や刑法学を歴史的に検証する意図はここにある。刑法学を研究してきた者として、「過去に学び、将来に生かす」ための刑法理論の構築を模索したい。

ここで、私の問題意識と基本的な立場について予め説明しておく。

結論としては、戦前・戦中の刑法や刑法学に対する反省から、私は、近代刑法の原点というべき「前期旧派」の刑法思想を継承した「結果無価値論」を基本的に支持する。しかし、従来の結果無価値論は、「一元的結果無価値論」（または「結果無価値一元論」）ともいうべき考え方であるが、二元的行為無価値論の立場からの批判を受けて、私は「二元的結果無価値論」（結果無価値二元論）と呼ぶべき新たなグランド・セオリーを構想してきた。このように、戦後の刑法論争は、行為無価値論と結果無価値論の争いであるが、同時に、それぞれの内部における「一元論と二元論の争い」について看過すべきでない。

結果無価値論を自覚的に展開したのは平野龍一である。その後、結果無価値論の内部から、行為の実行行為性を重視するとともに、未遂犯において「行為の危険」と「結果としての危険」を区別する新たな見解が登場した。このような見解を、私は「二元的結果無価値論」と呼び、平野の「一元的結果無価値論」と区別する。私は、二元的結果無価値論を提唱し、この考え方に基づく犯罪論（犯罪の要素論と体系論）を展開したのである。

一　刑法論争の意義と課題

1　刑法論争史の概観

一連の刑法論争史について検討するにあたって、従来の大きな流れを整理すると、次のように要約できるであろう。

まず、学派の争いについては、戦後日本では旧派が新派に勝利する形で決着をみたが、この旧派の内部にも「前期旧派と後期旧派」とがあったとされるように、その後の旧派刑法学における「行為無価値論と結果無価値論の対立」と呼ばれる大論争に発展する火種が残っていた。新派に勝利した「旧派」とはじつは後期旧派であるとされ、この考え方を集大成した理論を行為無価値論と総称するのであるが、これに対して、前期旧派に着目して、これを総合的な理論に発展されたのが結果無価値論である。

ところで、ドイツのヴェルツェルが行為無価値と結果無価値という概念を多用して以来、日本でもこれらの用語は知られていたが、「行為無価値論」とか「結果無価値論」という名称やその性格づけは、平野など結果無価値論の立場からなされたものである。そのうち、行為無価値論については、その内部にも考え方には多様性があるとともに、その後の発展がみられる。今日では、ヴェルツェルのように行為無価値を上位または統一概念として、結果無価値は必ずしも必要不可欠ではないとする「一元的行為無価値論」と、いずれを上位概念とするかは別として、行為無価値と結果無価値の両方が必要不可欠であるとする「二元的行為無価値論」という二つの理論モデルが一般的に用いられている。しかし、現在の日本では、一元的行為無価値論と評しうる者はほとんど存在しない。行為無価値論は、結果無価値論からの批判に応えるべく新たに理論武装して、まさに「二元的」行為無価値論と評しうる見解を自覚的に展開しているから、現在では、行為無価値論とはこの二元的行為無価値論を意味する。

今日の日本における学界では、世代によって意見分布は異なるとしても、最近ではむしろ結果無価値論が支配的な見解となった。しかし、私見によれば、従来の支配的見解は「一元的結果無価値論」と呼びうる考え方である。このような結果無価値論を内容的には維持しつつ、(二元的) 行為無価値論における体系論の示唆を受けて、私は「二元的結果無価値論」と称する理論構成を提唱したのである。この見解は現在では、そのネーミングは別として、結果無価値論の内部で確実に定着しつつあると言えよう。

以上のように、「行為無価値論と結果無価値論の対立」とは、従来、「二元的行為無価値論と結果無価値論の対立」を意味すると考えられてきたが、結果無価値論においても、一元的結果無価値論と二元的結果無価値論の対立が存在することになる。

2　未遂犯の危険と刑法論争

前述したような一連の刑法論争は、その試金石である未遂犯論に関連して、「行為者か行為か結果か」という観点から次のような三つの理論モデルに整理することができる。すなわち、学派の争いとは「行為者か行為か」、また、行為無価値論と結果無価値論の対立とは「行為か結果か」をめぐる論争であり、総じていえば「行為者主義か行為主義か結果主義か」の論争であると表現できよう。これを客観と主観の区別という観点からいえば、次のように整理できる。学派の争いは客観主義と主観主義の対立であるとされる。行為無価値論と結果無価値論は、旧派における行為主義を共通の前提とするが、現在の行為無価値論は、行為を「客観面と主観面の統一体」であると解する折衷主義（総合主義）であるから、伝統的な意味での客観主義ではない。これに対して結果無価値論は、客観的な侵害結果、すなわち法益に対する実害または危険を重視する点で「純客観主義」と呼ぶことができる。

このような対立を反映して、未遂犯の処罰根拠が『危険性』にあることに関連して、『危険とは何か』について活発な議論が展開されてきた。新派は「行為者の危険」と解する行為者危険説（または主観的危険説）を採用する。旧派の内部では、行為無価値論が行為に関する折衷主義を前提として「行為の危険」と解する行為危険説（折衷的行為危険説）を、そして、従来の結果無価値論（二元的結果無価値論）は「結果としての危険」と解する結果危険説（危険結果説）を一般的に採用してきた。

このような従来の理論に対して、私は、二元的結果無価値論を前提として、構成要件は「行為と結果」の類型であるから、未遂犯の危険を論じるにあたっても、行為と結果の両方を視野にいれる必要があると考えてきた。さらに、いかなる未遂犯であっても、その実行行為性を基礎づけるためには、「行為の危険」（「結果に対する行為の危険」）が必要不可欠であるが、未遂犯のなかでも実害犯を既遂形態とする未遂犯の場合には、行為の危険とともに「結果としての危険」を要すると考えるべきである。これが私の言う「総合的危険説」である。

3　本稿の課題

以上のような二元的結果無価値論や未遂犯に関する総合的危険説については、理論的および解釈論的に掘り下げる必要がある。そこで、2に述べたような刑法論争史に関する基本認識に従って、今日における行為無価値論と結果無価値論の対立を総括するために、その原点および前史ともいうべき学派の争いについて、その歴史的経過とその現代的課題を明らかにする。第一に、学派の争いという激しい論争が、戦前と戦後において、いかなる経過をたどったのか、第二に、「従来の支配的刑法理論」（すなわち行為無価値論）は、いかなる特色を有するのか、また、結果無価値論の立場からどのように批判されたのか、第三に、平野が前期旧派と後期旧派を区別したうえで、後者に依拠した結果無価値論を提唱した理由は何か、また、それはいかなる特徴を有するのか、という点である。

刑法論争史の研究には多くの蓄積があるにもかかわらず、このような問題をあえて取り上げるのは、次のような理由による。第一に、今日のような錯綜した理論状況を打開するためには、大局的な見地から交通整理をすることによって、あるべき理論を新たに構築すること、第二に、著しい社会変化が予想されるなかで、過去の歴史を風化させないためには、近代刑法上の諸原理に立ち返り、これらを徹底する必要があること、第三に、私自身の研究史にとっても、行為無価値論の問題性と結果無価値論の妥当性を歴史的に検証したうえで、一元的結果無価値論に代わって二元的結果無価値論を主張する意味や必要性を明らかにする必要があること、である。

二　新・旧両派の対立

1　戦時の刑法学

(1)　戦前日本における刑法および刑法学の歴史研究においては、その方法論とも関連して時代区分が問題となるが、少なくとも大正デモクラシー、十五年戦争、敗戦が大きな画期となるであろう。このような本格的な歴史研究は私の能力を越えるので他の研究に譲るとして、本書では、学問としての刑法学が存在意義を最も問われた十五年戦争期、特に太平洋戦争渦中の刑法学（すなわち「戦時の刑法学」）を対象に検討するにとどめる。後述するように、戦時の刑法学は、敗戦直後はもとより、今日においても連続性と非連続性の問題が今なお論じられているからである。

(2)　日本刑法学において、ヨーロッパにおける「学派の争い」が導入されたのはほぼ一九〇〇年以降のことであるとされる。現行刑法の制定過程やその成立以降、特にドイツ刑法学における学派の争いに触発されて、国家観・人間観から犯罪論・刑罰論に及ぶスケールの大きな論争が、学界全体を巻き込んで激しく展開された。

日本の刑法理論史研究にとって、また、今日の刑法学が過去の歴史から学ぶべきこととして、両派の間であれほど激しい理論闘争が展開されたにもかかわらず、一九三一年の中国侵略（満州事変）に始まる一連の侵略戦争（十五年戦争）以降、とりわけ太平洋戦争や敗戦後の日本において、新派を代表する牧野や旧派を代表する小野などの学者がどのような学問的な態度をとったのか検討することは避けて通ることはできない。そこで、多くの研究蓄積に拠りながら、戦前・戦後における諸学者の軌跡について概観したうえで、それぞれの戦後における特徴について比較検討を行うこととする。

ところで、十五年戦争以前には、牧野は主観主義や教育刑論など新派理論を取り入れたが、罪刑法定原則については類推解釈を許容するなど自由法論を一貫して展開していた。これに対して、小野は、罪刑法定原則を論拠とするドイツ流の構成要件論を高く評価したうえで、大正デモクラシーの影響もあって、主観主義刑法を批判するとともに、個人の自由の重要性を説いていた。しかし、満州事変の前後から事態は一転して、一九三〇年には、「罪刑法定主義の復活」を説き、治安維持法を強く批判していた風早八十二が教壇を追われるばかりでなく、度重なる検挙や投獄によって研究生活をも断れた。やがて自由主義的・客観主義的な刑法を説き、マルクス主義にも理解を示した瀧川も、いわゆる「瀧川または京大事件」（一九三三）によって大学を追われることとなった。その後、一連の侵略戦争がますます拡大するに至ったのであるが、とりわけ一九四一年の太平洋戦争の勃発と前後して、ナチス・ドイツにおける刑法思想や刑法理論の影響のもとに、小野や牧野などは、当時の戦争政策や弾圧政策に対して批判的に検討するどころか、「固有法論か比較法論か」といったアプローチの方法には違いがあるものの、ヨーロッパにおける従来の近代刑法学に対して、日本における「醇風美俗」や「国体」さらには「大東亜の法理」などを高唱する「日本法理」の優越性や普遍性を熱心に説くに至った。

以上のように戦時の刑法学においては、一方では、公権力による弾圧は社会主義者から自由主義者にも及んだが、他方では、木村亀二、佐伯千仭などの論客が学派を越えて日本ファシズムに迎合していった。このような状況はナチス・ドイツにおいてもほぼ同様であり、一方では学界をリードした著名な学者のなかにも、ナチスの刑法や刑法理論を積極的に推進したり、これに追随する者が現れた。他方では、ユダヤ系の学者は排斥されたり、ナチス刑法や刑法理論に批判的な学者のなかには、大学を追われたり、みずから出国の道を余儀なくされた。

2　敗戦後における支配的刑法理論の成立過程

(1)　戦後日本の刑法理論史研究における時代区分に関して、戦後における学派の争いという観点から、一の3で指摘したような問題意識に従って検討する。

ところで、占領期すなわち、一九四五年の敗戦から一九五二年の講和条約発効までのうち、「占領前期」には、前期占領政策の根幹をなす「近代化・民主化・非軍事化」や新憲法の制定に直面して、戦前の刑事法制や刑法理論からの決別とその近代化や民主化が迫られるなかで、戦前の治安刑法（治安維持法など）の廃止や戦争責任の追及が行われたり、刑事訴訟法は全面改正に至った。刑法典については、全面改正を求める声もあったが、当座しのぎとして必要最少限の見直しが行われたに過ぎなかった。刑法学においては、特に罪刑法定原則に対してどのような態度をとったかが問題となる。小野や牧野については後述することとして、牧野理論を継承した木村や小野理論を継承した団藤重光に象徴されるように、学派を越えてその意義や重要性は広く肯定されるに至った。学派の争いに関しては、このような社会環境の変化や価値観の転換に対応して、焦眉の刑法改正問題（全面改正か一部改正かを含む）をめぐって論争が繰り広げられた。

しかし、「占領後期」になると、「東西」の冷戦構造を背景とする占領政策の転換や戦後憲法の形骸化が急速に進行するなかで、戦後型治安立法が反対を押し切ってつぎつぎに制定され、刑法学においても戦後刑法理論の在り方を決定づける動きがみられた。この点について次に検討しよう。

まず、学派の争いの観点からは、学会の一般的な傾向としていくつかの特徴が指摘できる。第一に、旧派的な刑法理論が優位に立ったが、いずれの立場からも、両派の理論を総合・止揚とする動きが急速に強まったこと、第二に、罪刑法定原則を強調して、新派に属する木村を含め、構成要件論が確実に広がったこと、第三に、滝川や佐伯など前期旧派の流れを汲む刑法理論（客観主義刑法理論）の存在にもかかわらず、後期旧派の規範違反説が拡大していったこと、最後に、目的的行為論に触発されて、行為者の「客観面と主観面を総合・止揚」しようとする体系的かつ精緻な刑法理論をいかに構築するかが関心事とされることとなったこと、などである。このような刑法理論を象徴し、代表するのが、後述する「従来の支配的刑法理論」であった。また、戦後の刑法改正問題については、前述したように、当初は全面改正も視野にあったが、一部改正に終わったため、一九五二年の講和条約の締結以降も大きな課題として残された。この点に関連して、戦争責任によって公職追放となっていた小野は、講和条約の発効を機に追放が解除され、一九五二年には法制審議会委員となり、一九五六年に刑法全面改正作業が開始されるに伴って、法務省特別顧問として刑法改正準備会会長に就任し、その後の刑法全面改正作業のなかで枢要な地位を占めることとなった。

以上のように、新憲法の制定にもかかわらず、占領政策によって翻弄された戦後日本においては、一連の経過を見る限り、戦後の（西）ドイツと比較する場合、学界全体はもとより個人のレベルでも、戦時刑法学が不徹底に終わったと言わざるをえない。

(2)　それでは、戦前に形成され、その後の戦時期、とりわけ太平洋戦争の最中に新たな展開をみた刑法理論は、民主主義や基本的人権の尊重などを掲げた戦後憲法のもとで、どのように清算され、または継承されたのであろうか。より具体的には、戦争の渦中において、いかなる立場からどのような理論が展開されたのか、当時の戦争政策や弾圧政策に対していかなる形で、どの程度係わったのか、さらに、戦後憲法に対してどのように対応したのか。このような観点から、以下では、戦前・戦後を代表する牧野・小野・瀧川・佐伯・木村について、多くの研究成果を踏まえて私なりに比較・検討する。

①　牧野は、主観主義・教育刑論などの新派理論や自由法論を前提として、罪刑法定原則の「解消」さえ高唱し、その楽観的な歴史観や国家論と相俟って、風早が詳細に批判したように、当時の治安法規の立法や運用を正当化し、

とくに太平洋戦争の渦中にあっては、日本法理を比較法的に正当化したのである。戦後においても、このような自由法論や主観主義を基調とする新派理論を基本的に維持しようとしたが、新憲法との関係では、基本的人権を根拠として教育刑論を正当化したが、新派の観点から新たな理論を展開するには至らなかった。

②　小野は、牧野の新派理論に対して、旧派の立場から、構成要件論、道義的責任論、応報刑論を展開したが、大正デモクラシーの影響のもとに、満州事変勃発後においても、自由主義・個人主義の観点を重視して、未遂犯と不能犯に関する立法問題に関連して、客観主義の立場から、新派理論を「国家絶対主義のイデオロギー」であるとか、刑罰に対する「個人の自由」または「被支配階級の自由」の擁護をも説いていた。その後、ドイツではナチス政権が出現するに至ったが、小野は、ナチスの法思想や法理論について次々に紹介・論評したが、ナチス刑法学における「意思刑法」には批判的であった。その一方で、ドイツでの「ローマ法的個人主義に対するゲルマン法的団体主義の意識の復活」を高く評価し、「我々は今や外ならぬ我が日本民族の精神と歴史とを反省しなければならぬ時機に立っている」（一九四〇年四月）と述べたり、当時のドイツやイタリアについて、徒らにそのような政治体制に従ふべきでないとしながらも、「道義的共同体としての国家」の自覚が刑法の中心観念であるとか、「法は全体として国家的道義の実現であらねばならぬ」などと論じていた（一九四〇年七月）。そして、太平洋戦争が勃発すると、小野の思想や理論の集大成とも言うべき「日本法理の自覚的展開」（一九四二年一月）と題する長文の論文（同名の著書の出版は一九四二年十二月）を発表して、「皇祖皇宗の大訓こそまことに日本道義即日本法理の精髄」であるとか、「日本法理はやがて大東亜の法理であり、やがて又世界の法理たらんとする」などと論じるに至った。

その後、戦後憲法のもとで、小野は、戦前の著作を戦後に改定するにあたって、このような日本法理に係わる極端な記述は削除を余儀なくされたが、戦後の『新訂刑法講義総論』（一九四八）では、「新憲法という一つの立法―それが如何に重要なものであるにしろ―によって決定されてしまうようなものではない」とか、「わが刑法は新憲法によって変革されながら、再び昭和十五、六年以前の問題に直面するであろう」と述べた。ここに「昭和十五、六年以前」とは、具体的には太平洋戦争開戦までということであり、同時に、小野の『日本法理の自覚的展開』が出版される以前を意味することになる。そうだとするならば、太平洋戦争期の日本法理論を除外するとしても、それ以前に確立した構成要件理論、道義的責任論、応報刑論はもとより、前述したようなナチス法思想を参考として形成された「国家的道義」や「民族的道義観念」の思想や理論も基本的に維持できると考えていたのであろう。

③　瀧川は、一九三三年の「瀧川事件」を身をもって体験したこともあって、『犯罪論序説（初版）』（一九三八）の「序」において、罪刑法定主義（原則）について、その根拠が人権思想にあるとしたうえで、「刑事立法の主柱」「刑法学の最高原理」であるとして、これを否定するナチス刑法学を厳しく批判するとともに、罪刑法定主義の原則を守って犯罪論を叙述したものであるとして、「犯罪は、構成要件に該当する違法、有責の行為」と解する犯罪論を展開した。このように、瀧川は自由主義・客観主義の理論を一貫して堅持してきたため、戦後においても、瀧川が『犯罪論序説』の「改訂版の序」でみずから述べているように、文章的に手を加えたものの、内容的には戦前の理論をそのまま維持することが可能であった。

④　佐伯は、ドイツ刑法学説に関する多くの貴重な研究を積み重ね、宮本英脩による可罰性の理論にも影響されつつ、みずからは客観主義刑法理論を構築したが、十五年戦争が拡大するにつれて、キール学派の法思想を肯定的に紹介することとなり、その後小野の日本法理論に共鳴するばかりでなく、みずからも日本法理論を展開するに至った。しかし、罪刑法定原則については、これを無視する当時の風潮にもかかわらず、基本的に維持しようとした。戦後においては、このような戦時の刑法思想に対しては、佐伯・小林による「刑法学史」に見られるように、みずからの見解への自戒をも含めて歴史的かつ客観的に分析し、やがて自由や人権の実現をめざして在野法曹へと身を投じた。また、犯罪論のレベルでは、罪刑法定原則を堅持する態度をより鮮明にするとともに、戦前からの法益論

を基調とする客観主義的な理論構成（客観的な構成要件論や違法論）を維持・発展させ、今日における結果無価値論の原型として高く評価されるに至った。

⑤　戦前の木村は、牧野と同様に主観主義や教育刑論など新派理論を採用していたが、このような理論を日本法理論として展開するために、牧野の比較法的方法とは異なって日本古来の法文化を援用して論拠づけようとした点に特色がある。戦後においては、当初は牧野と同様に、新憲法によって教育刑論の意義を強調していたが、やがて新派理論に対して重大な修正を加え、憲法の人権規定を論拠に罪刑法定原則を強調して構成要件論を採用したり、目的的行為論や規範的責任論を採用して、両派を総合するような理論を展開するに至った。

(3)　以上のように、新・旧いずれの学派においても新憲法の洗礼を受けたのであるが、このうち戦後の支配的な旧派理論のなかには、前期旧派と後期旧派の流れに対応して、戦後日本においても瀧川・佐伯の理論と小野理論という二つの大きな潮流が存在した。しかし、占領政策の転換やそれに伴う戦争責任の免罪によって、後に平野がするどく批判したように、後期旧派における規範主義的・国家主義的な小野理論が戦後の学界で主流を占めたり、さらには戦後の刑法全面改正作業をリードするに至った。

そして、一九六〇年六月の日米安全保障条約改定以降、日本社会は、戦後の激動期から政治的・経済的に相対的安定期を迎えた結果、「社会通念」や「平均人・通常人の判断」を想定しうるような社会的基盤が確立したのである。これに伴って、構成要件論・規範違反説・道義的責任論・応報刑論を基調とする小野理論やその流れを汲む団藤重光の理論が定着した。

このような刑法理論は、その継承者である大塚仁、福田平などによって、旧派を基調としつつ両派の総合・止揚を展望する刑法理論（折衷主義または総合主義）として深化・発展させられ、やがて日本の通説といわれるような支配的刑法理論の地位を獲得するとともに、実務にも大きな影響を与えるに至った。そこで、このような刑法理論を「従来の支配的刑法理論」と呼ぶことにする。ここに「従来の」と呼んだのは、学派の争いに代わって登場した「行為無価値論と結果無価値論の対立」のなかで、このような刑法理論は行為無価値論と評され、結果無価値論からのきびしい批判にさらされるに至って、かつてのような支配的刑法理論としての地位を脅かされることになったからである。とはいうものの、従来の行為無価値論は、結果無価値論との論争を通じて、その後二元的行為無価値論と呼ばれるような刑法理論を自覚的に展開し、その後も両派の間で論争が行われた。

3　従来の支配的刑法理論の特徴

このような「従来の支配的刑法理論」は、今日における行為無価値論と結果無価値論の対立を想定する場合、犯罪論に限って言えば、次のような特徴を指摘することができる。

第一に、学派の争いについては、犯罪論においては両派を「総合・止揚」する理論を構築しようとしたことである。とりわけ、犯罪論全体にとって特に重要と思われるのは、犯罪論の前提（「基底」）とされる行為について、ヴェルツェルの目的的行為論の影響のもとに、行為とは「行為者の行為」であり、「客観面と主観面の統一体」であるという考え方である。このような立場から、違法と責任の関係に関する「違法は客観的に、責任は主観的に」という従来の定式について、次のような新たな説明を行った。すなわち、構成要件や違法において判断基準と判断対象を区別することを前提として、この場合の「客観的」とは一般人を判断基準とするという意味であるから、判断対象に行為者の主観面が含まれることと矛盾しないと説明するのである。このことの重要な帰結として、主観的構成要件要素や主観的違法要素を当然のこととして肯定するに至った。

第二に、罪刑法定原則を強調する立場から、犯罪の定型（類型）としての構成要件のもつ意義や重要性を強調しつつ、構成要件を根幹とする犯罪論体系を採用するとともに、犯罪論においては、行為の定型性または類型性（すなわち、実行行為性）を重視した（いわゆる定型説または類型説）。さらに、従来のドイツや日本では構成要件に関する違法類型説が支配的であったが、これに対して、小野がかねてから主張していた違法有責類型説を採用し、その後の行為無価値論における構成要件論の基礎を築いた。

第三に、戦前における国家主義や悪しき法実証主義に対する反省から、刑法の基礎および制約原理として、国家による承認を当然の前提としつつ、構成要件や違法において社会倫理（または文化規範、社会通念、社会相当性。以下、単に社会倫理という）の存在を重視したことである。このような立場から、風俗犯論にみられるように、刑法は「道徳の最小限」（「最小限度の道徳律」）を維持することを肯定し、むしろ必要であると解されている。この意味では刑法と社会倫理（道徳）とを単純に同一視するわけではないが、社会倫理は刑法規範を制約する制約原理であるというにとどまらず、刑法は最小限度の社会倫理を強制すべきであるということになる。このように、犯罪は単に刑罰法規に形式的に違反するにとどまらず、実質的にも一定の規範に違反することを要すると解する規範違反説を採用するのである。

第四に、行為論や責任論については、団藤・大塚は、行為者人格における主体性に着目して、これを根拠とする人格行為論や人格責任論を採用している。この点については立ち入らない。

4　従来の支配的刑法理論の意義と問題点

(1)　従来の支配的刑法理論は、その系譜を一言で要約すれば、小野により基礎が築かれ、団藤により体系化され、大塚などによって完成させられたものといえよう。そして、このような考え方は、後に平野のいう結果無価値論の立場から、「行為無価値論」という性格規定とその呼称が与えられたのである。

私の研究史を振り返れば、学派の争いについては、従来の支配的刑法理論（すなわち行為無価値論）からスタートしながら、これに対する平野龍一、内藤謙、中山研一など結果無価値論の立場からの疑問や批判は基本的に妥当であると考えるに至った。

(2)　私が二元的結果無価値論を提唱するに至った経緯やその基本的立場を明らかにするために、近代刑法上の諸原則の観点から、従来の支配的刑法理論に対する基本的な考え方を説明しておこう。今日の刑法学において、近代刑法上の諸原則をそれぞれ徹底することが最大の課題であると考えるからである。

まず、刑法諸原則のうち、犯罪の実質的な処罰の根拠や基準・限界を明らかにするうえで、法益侵害原則は決定的に重要である。このような見地からすれば、後期旧派の流れを汲む行為無価値論より、前期旧派を基本とする結果無価値論の方が優れている。その理由については、後述するように平野による行為無価値論に対する批判はおおむね妥当であると考えるので繰り返さない。以下ではこれ以外の問題点だけを補足的に指摘するにとどめる。

第一に、行為無価値論によれば、一元論か二元論かを問わず、可罰性（特に実質的違法性）の根拠や要件として行為無価値性、例えば「国家が承認した社会倫理規範」に違反することが必要不可欠であると解される（規範違反説）。ところが、戦前日本の刑法においては「醇風美俗」や「日本法理」を、また、ナチス・ドイツでは「民族倫理秩序」や「健全な民族感情」を国家が法によって強制した。このような倫理規範は歴史性や相対性を有するのであるから、時代状況によっては、国家が新たな倫理規範を強制することも可能であるばかりでなく、現実にもその恐れなしとはしない。規範違反説によれば、小野理論にみられるように、西欧近代の法理（原理や論理）は単なる「技術的形式」（「技術的手段」）に過ぎず、その内実はそれぞれの国の歴史や文化によって規定されるとされる。

そこで、このような不都合な事態を回避するために、時代状況に左右されない法益侵害性（結果無価値性）を実質的違法の根拠や基準とする理論（客観的・物的違法論）、すなわち結果無価値論を採用すべきである。

第二に、第一のような不都合を回避するために、今日の二元的行為無価値論は、行為無価値とともに結果無価値

（法益侵害）が必要不可欠であり、結果無価値は行為無価値（特に違法阻却事由）によって限定できるというメリットがあると強調している。しかし、行為無価値論における「結果無価値」には次のような問題を含んでいる。まず、刑法が最小限度の道徳（倫理）を維持する機能を有すると解する場合には、風俗犯に典型的にみられるように、一定の道徳・倫理も法益の一種であることになるから、このような「法益侵害」の理解の仕方にはおのずから行為無価値論的な性格を帯びざるをえないことになる。また、犯罪論において重要な危険概念に見られるように、その「法益侵害性」とはあくまで行為無価値論の立場からの理解であって、その未遂犯論（実行の着手や着手時期、未遂犯と不能犯の区別など）に端的に示されるように、結果無価値論の場合と比較して、その処罰範囲は広範であり、しかも判断基準も不明確である。

第三に、日本の実務では、戦前から行為無価値論の考え方であると言えるのであるが、第二点として指摘したように、判断基準が不明確であるために、特に違法阻却をめぐって主張が対立する事案について、「社会通念上」「経験則上」「法秩序全体の趣旨」「総合的判断」などの表現によって有罪とされ、結果的には国家や企業の利益が優先されるケースがしばしば見られる。これに対して、結果無価値論（法益衡量説また優越的利益説）からは、現実の錯綜した社会において、いかなる法益（生活利益）が対立しているのか、また、なぜその利益を優先させるのかを具体的に示さなければならないことになる。

(3)　それにもかかわらず、従来の支配的刑法理論のなかには、刑法諸原則を整合的に理解するうえで、結果無価値論にとっても傾聴すべき考え方が含まれていると私は考えてきた。すなわち、罪刑法定原則と責任原則とを両立させるためには、実定法を踏まえた構成要件概念を前提として、構成要件が違法・有責の類型であるとともに、客観面において「行為と結果」の類型であると解する点がそれである。このように解することによって、いかなる犯罪であっても、まず行為の構成要件該当性＝実行行為性が必要不可欠であるから、このような実行行為概念によって、罪刑法定原則はもとより、行為（実行行為）と責任の同時存在の原則を両立させうる（後述）。

このような見解は、行為無価値論の考え方であると一般的に理解されてきたのであるが、この理論構成は結果無価値論においても採用しうると私は考えてきた。そこで、結果無価値論の立場からいかに矛盾なく説明できるかが、犯罪論における最大の課題であった。このような課題を解決するため、「はしがき」でも述べたように、従来の一元的結果無価値論に対するアンチテーゼとして、二元的結果無価値論およびその論理的帰結である総合的危険説を提唱して、その試金石である未遂犯論について再検討と再構築を行ってきたのである。このような私の見解は、二元的行為無価値論のように、行為無価値（すなわち、規範違反）と結果無価値（法益侵害）を単に併用したものではなく、あくまで結果無価値論を堅持する立場から、行為無価値論が採用する理論構成（形式）を取り入れるに過ぎない。

三　行為無価値論から結果無価値論へ

1　平野の問題提起

二で述べたように、日本における学派の争いにおいて「旧派の優位性」が決定的となるなかで、従来の支配的刑法理論は、旧派の立場を基本として両派を総合・止揚することに成功したかにみえた。しかし、一九六〇年代後半以降、特に七〇年代に入ると、平野は、法学方法論における「経験法学」（川島武宜、碧海純一など）に触発されるとともに、刑法理論については、佐伯のかねてからの刑法思想史研究やその客観主義刑法理論の影響のもとに、従来の支配的刑法理論に対して全面的な批判を開始するに至った。すなわち、従来の支配的刑法理論が前提とする「旧派」とはじつは「後期旧派」であり、これを基礎とする「行為無価値論」であると性格規定したうえで、むしろ「前期旧派」の理論こそ再認識・再評価すべきであるとして、これに対するアンチテーゼとして、「結果無価値論」と呼ばれるような新たなグランドセオリーを全面的に展開したのである。

このように、平野は刑法理論における二つの対立モデルを提示し、刑法理論における基本的な対立点を明確にしたのである。これを契機として、平野の結果無価値論における考え方を基本的に支持する立場から、内藤、中山などを中心に平野理論を刑法思想史的および解釈論的にバックアップするに至って、やがて日本の刑法学界全体を巻き込んだ今日のような「行為無価値論と結果無価値論の対立」へと発展したのである。

2　平野の刑法思想

(1)　平野が提起した問題は、歴史認識・憲法論から個別の刑法解釈論に至るまで多岐にわたるスケールのきわめて大きいものであるが、その刑法思想や方法論は、日本社会の現状を踏まえた刑法理論の在り方を展望する場合に、今なお今日的な意義を失ってはいない。そこで、平野の「学派の争い」に関する理解や刑法理論に関しては後述することとして、ここでは憲法論、刑法の機能論、刑法学方法論に関する基本的な考え方を要約しておく。

第一に、憲法論に関して、戦後憲法において価値観が「国家主義から個人主義へ」と変化したという単術明快な理解に基づいて、後期旧派に属する小野理論やその流れを汲む支配的刑法理論を批判するとともに、焦眉の課題であった刑法全面改正問題（一九七四年の「改正刑法草案」をめぐる問題）について、戦前のような前近代的・国家主義的考え方であり、内容的にも手続的にも戦前との連続性があると批判した。

第二に、刑法のあるべき機能については、法益保護機能（とくに個人法益の保護または「市民的安全」の要求）を重視する立場から、刑罰によって国家的道義秩序を維持・形成・発展させるとか（小野）、刑法によって最小限度の道徳規範を強制できるという考え方（団藤など）は、ハートが批判したリーガルモラリズムであり、このような国家的道義や社会倫理の維持が刑法の任務であるとするのは、刑法への過大の要求であり、自己の価値観や自己の好む「人間像」

を法の名のもとに強制することになりかねないと批判した。

第三に、刑法解釈学方法論について、先に述べたような実質的・機能的思考方法を重視する観点から、刑法は「社会統制の手段」であるのに対して、刑法学説は、罪刑法定原則に関連して言えば、「裁判官の選択行動を前提とし、これを一定の方向ないし枠内にコントロールしようとする技術であり、そのための『理論』にほかならない」という。これは要するに、刑法は社会をコントロールする技術（第一次統制手段）であるが、刑法学説（理論）はこのような「コントロールをコントロール」する技術（第二次統制手段）であるということである。このような考え方から、刑法解釈論においては「体系的思考から問題的思考へ」と転換する必要性があることを強調したのである。

(2)　学派の争いに関しては、従来のような学説史的な理解の仕方に疑問を投げかけ、旧派の内部における自由主義的な「前期旧派」（ベッカリーア、フォイエルバッハなど）とビンディングの規範違反説に始まる規範主義的・国家主義的な「後期旧派」とは思想的・理論的に区別すべきであると強調した。すなわち、前期旧派は、近代社会の成立期における自由主義や個人主義（平野がいう「個人的自由主義」という）を反映して、罪刑法定主義や客観主義を強調するとともに権利侵害説（その後の法益侵害説）を採用していたが、これに対して後期旧派は、とくにヘーゲル学派の国家主義や権威主義を反映した理論であり、法と倫理とを同一視する前近代的な見解であったと批判したのである。その一方で、従来から新派は罪刑法定主義を否定したり、主観主義を採用していたという批判がなされてきたが、新派を代表するリストは自由主義（平野がいう「社会自由主義」）に立脚して、罪刑法定原則や客観主義を強調するとともに法益侵害説を採用していたことを高く評価した。

(3)　以上のように、平野は、学派の争いに関して、前期旧派と後期旧派とを区別するという学説史的な認識を前提として、旧派に依拠する従来の支配的刑法理論は、じつは後期旧派の流れに属する立場であり、戦前の日本における同様に前近代的・国家主義的な思想であると批判したうえで、前期旧派やリストの新派理論における自由主義や個人主義こそ、戦後憲法の価値観に相応しい思想であるばかりでなく、これらに共通するところの罪刑法定原則・客観主義・法益侵害説を基調とする犯罪論を継承・発展させるべきであると主張したのである。

3　平野刑法理論の特徴

従来の支配的刑法理論における犯罪論の特徴については、すでに指摘した通りである。そこで、平野が、前述したような基本思想に基づいて、従来の支配的刑法理論をいかに批判し、そのアンチテーゼとしてのどのような自説を展開したのかについて検討する。

第一に、罪刑法定原則を強調する点では同じであるが、この原則に対する理解の仕方に違いもあって、従来の犯罪論において根幹をなす構成要件の理論について異論を唱えた。まず、団藤などの定型説（類型説）やこれを前提とする行為の定型性（＝実行行為性）の概念を批判して、このような形式的・観念的な理解の仕方ではなく、構成要件要素を行為・結果・因果関係に分解して、それらを個別具体的に検討すべきであるとした。その主要な根拠は、行為の定型とか定型性（すなわち実行行為性）といっても、行為の通常性や歴史性（社会相当性）に基づく直感的な結論を正当化するためのレッテルに過ぎないということにある。また、小野によって提唱された違法有責類型説に対しては、構成要件と犯罪類型とを区別したうえで、構成要件のもつ独自の意義は「違法行為の類型」と解することにあるとして、違法類型説を採用した。

第二に、刑法と社会倫理（または道徳）の関係については、平野は、すでに**2**で述べたことに加えて、刑法の機能が法益（個人の生活利益）の保護にあるという立場から、刑法の機能が社会倫理秩序（最小限の道徳規範）の維持にあるという考え方は、刑法に対する過大の要求であるが、そもそも何が社会倫理であるのかも不明確であるなどと批判した。

第三に、違法と責任の関係については、滝川や佐伯が一貫して強調した客観的違法論の立場から、「違法は客観的に、責任は主観的に」という伝統的な定式を堅持しようとして、主観的違法要素を一般的に肯定する考え方は主観的違法論と紙一重であると批判した。従来の支配的刑法理論は「違法は客観的である」と主張するが、これは一般人を標準とする意味で「客観的」であるということに過ぎないからである。しかし、平野は、未遂犯の「故意」については、法益侵害性（客観的危険性）に影響するとして、これを主観的違法要素であると解している。

第四に、行為論や責任論について、従来の支配的刑法理論は一般的に人格的行為論や人格（形成）責任論を採用するが、平野は、行為論においては「身体の動静」とする見解を採用し、責任論においては、行為責任を基本として性格責任をも責任の軽重の面で考慮する「実質的行為責任」を提唱した。

4　平野理論の現代的な意義と課題

(1)　このような平野の刑法思想や刑法理論は、その後の学界全体に大きなインパクトを与え、やがて結果無価値論として確固たる地位を占めるに至った。その主要な背景として、前述したような単純明快な刑法思想（歴史認識・憲法観など）やそれに基づく自由主義的・客観的な刑法理論があったことはいうまでもない。また、平野によって佐伯理論が再評価されることによって、前期旧派の考え方（結果無価値論）が、いわば「関西から関東」まで広がったことに加えて、『改正刑法草案』（以下、単に『草案』という）をめぐる事態が緊迫するなかで、これに批判的な立場から率先して重要な役割を担ったことを指摘することができる。

このうち、刑法全面改正問題に限っていえば、第一に、その手続面について、『草案』の「担い手」が「戦前の世代」（小野が中心）であるばかりでなく、『草案』作成の手続は「戦前と連続性」を有するという批判、第二に、内容的にも「後期旧派的な思想によって統一されている」とか、『草案』は「国家主義・倫理主義・治安主義」（平野においては特に「国家主義・倫理主義」）であるという批判は、同時に、小野・団藤・大塚などの従来の支配的刑法理論に対する批判でもあったと言えよう。

(2)　平野が提起した問題は、かつての学派の争いがそうであったように、刑法思想（歴史認識、国家観、憲法観、法学方法論）から個別の刑法解釈論に至るまでスケールは大きい。しかも、後期旧派的な刑法理論や刑法改正動向に対する平野の批判は、「戦後の世代」においては大方の理解を獲得した。そして、現在では、刑法解釈論のレベルでは、結果無価値論として支配的見解へと発展したのである。

平野の思想や理論の背景には、戦前の国家や刑法学に対する反省を踏まえ、戦後憲法に適合する刑法学や刑法改正を実現しようとするものであり、刑法解釈学における結果無価値論もその一環であったはずである。ところが、その後、このような平野の原点ともいうべき刑法思想との関連が軽視され、結果無価値論として解釈論の問題に矮小化される傾向があるように思われる。本稿において、平野理論を単に「行為無価値論と結果無価値論の対立」という解釈論の観点からではなく、「学派の争いの新展開」と称して、戦前から戦後に至る歴史的経緯を分析しようとした私の意図はまさにここにある。

(3)　このような観点から、平野の刑法思想や刑法理論について、以下、その現代的意義を明らかにしよう。

第一に、前述したように、現行憲法における自由主義や個人主義を強調して、従来の支配的刑法理論やその反映ともいうべき刑法全面改正作業における前近代的・国家主義的な傾向を厳しく批判したことである。しかも、後述するように「市民主義」イデオロギーに基づく国家主義的傾向が新たな装いをもって登場している現状において、刑法学や刑法改正における「戦前との連続性と非連続性」の問題を視野にいれることは大きな意義がある。

第二に、刑法における謙抑主義の立場から、刑法の補充性・謙抑性・断片性を強調し、「非犯罪化」の必要性を説いたことである。私見によれば、現代刑法における最大の特徴は「刑罰法規の氾濫」、「刑罰インフレ」などと呼ばれる現象にあり、このことが刑法諸原則や刑事手続上の原則を歪めているると考えているが、このような事態を解消するためには、行政犯などの非犯罪化を真剣に検討すべきであろう。ドイツにおける刑法や刑法学の歴史から最も学ぶべきことはまさにこの点にある。

第三に、実質主義や機能主義の立場から、刑法理論（学説）が刑罰権をコントロールする技術であることを強調したことである。平野が「体系的思考」として批判したように、今日の刑法解釈論のなかには、希有な講学的事例をことさら取り上げて、矛盾なく説明できる理論の構築に腐心するという傾向がある。このような精緻な理論の確立に向けた努力を否定するわけではないが、第二点で述べたことに関連して、刑法諸原則が日常的に侵害されている現実を改善することの方がより切実な課題である。そこで、実質主義や機能主義の立場においても、刑事司法の実情を踏まえたうえで、これをいかにコントロールするかを論じる必要がある。

最後に、刑法思想史や刑法理論史において「前期旧派と後期旧派」や「行為無価値論と結果無価値論」という対抗モデルを提示したことの理論的・実践的な意義については、繰り返しになるので省略する。

(4)　以上のように、現代日本における社会状況や学問状況において、平野の刑法思想は積極的な意義を有する。しかし、刑法学方法論や具体的な刑法理論については、次のような課題や問題点を指摘せざるを得ない。

第一に、機能的思考方法を強調して、刑法は社会統制の手段であり、刑法学説はこのような社会統制をさらに統制する手段（裁判所に対する説得の技術）であるとされるが、このような機能主義を前提とするとしても、次のような疑問がある。まず、刑法は社会統制の手段であるとされるのであるが、近代刑法自体が法益保護機能とともに人権保障的機能をも有すると一般に解されているように、刑法自体が国家刑罰権を抑制するという法政策的目的を有する。このことを反映して、刑事立法や刑法解釈においては、法益保護機能と人権保障的機能との矛盾をいかに調整するかという深刻な問題が常に問われるのである。また、刑法学説は、裁判所に対する説得の技術であるとされるが、このような説得の対象は裁判所のみならず、検察や警察も含まれるはずである。現代刑事司法は「検察優位の刑事司法」（小田中聰樹）であり、さらに私見によれば「警察優位の刑事司法」であると総括しうるのであるが、刑法学説にとっても、いかに検察や警察をコントロールするかが、刑事法学全体に共通する最大の課題であろう。

第二に、罪刑法定原則について、平野も言うように、そこには自由主義の要請と民主主義の要請という二つの内容を含むから、それぞれの要請に対応しなければならない。このような指摘は基本的に妥当であるが、「罪刑法定原則→三権分立→法律主義」という考え方は、民主主義を単に制度の問題として理解し、法律主義に還元する点で疑問がある。罪刑法定原則における民主主義においては、平野のように三権分立の原理を前提として刑事立法権は議会の権限に属するという形式的（制度的）民主主義も重要であるが、同時に、ベッカリーアなどのように、社会契約説（「主権者の意思」または「社会の総意」）を前提とする実質的民主主義をも強調する必要があるからである。このような観点から、現代日本の民主主義においては、議会制民主主義の危機が指摘されるように、実質的民主主義をいかに回復するかが最大の問題である。

第三に、法益保護の観点から、戦後日本の現状を踏まえ、刑法は個人法益の保護または市民的安全の要求を重視すべきであるとされた。このような指摘は、一方では、刑法全面改正問題にみられるように、現代刑法における「国家主義・倫理主義・治安主義」を批判するうえでは実践的な意義を有していた。しかし、他方では、その「市民的要求」を強化するという考え方は、かつて中山が刑法原則、特に形式的保障を掘り崩す危険性を指摘し、さらに内田（博文）や小田中が指摘したように、「市民的」治安法の拡大・強化を推進する疑似的な「市民主義」的イデオロギーとして機能する危険性をはらんでいる。すなわち、戦後日本における刑事立法の歴史においては、七〇年代以降、「市民生活の安全と平穏」を確保するといった理由から、警察の活動領域を拡大するような刑事立法が矢継ぎ早であり、このような傾向は九〇年代において一層強まったと分析されている。七〇年代以降の「市民的安全」の確保のためであっても、近代刑法の金字塔である刑法諸原則を逸脱することは許されない。

第四に、法益保護思想を根幹とする刑法理論を構築したのであるが、形式犯や不真正不作為犯などを一般的に肯定することには疑問がある。平野もいうように、法益侵害性とは、本来、法益に対する実害または危険を意味していたはずであるが、形式犯にも「何らかの危険」が認められるとか、不真正不作為犯についても法益保護義務（保障人的義務）に違反するという理由で、いずれも一般的に肯定している。しかし、法益保護の必要性を強調するとしても、厳密な意味での法益侵害性（法益に対する客観的危険性）に疑問があるにもかかわらず、このような場合に可罰性を肯定することは許されないはずである。このように、法益保護の必要性を強調すればするほど、法益侵害を事前的に予防したり、法益保護義務を課すことによって、厳密な意味での法益侵害が認められない場合であっても、その可罰性を肯定することになる。生田勝義が一貫して強調しているように、法益保護思想と法益侵害原則（生田のいう「行為原理」）とは厳密に区別することを要する。

第五に、前述したような構成要件に関する定型説（または類型説）やこれを前提とする行為の実行行為性の概念を批判して、「行為・結果・因果関係」というそれぞれの要素を個別的に検討する見解が提唱された。平野は、結果無価値論の立場から、構成要件における「行為」とは「身体の挙動」（行為論における行為）であるとして、この行為と結果との因果関係を重視するのである。しかし、私見によれば、刑法諸原則を徹底させるためには、構成要件が「行為と結果」の類型である解したうえで、行為の定型性（行為の定型的危険）の判断が困難を伴うとしても、行為の実行行為性を論定する必要がある。平野のように、形式犯を一般的に肯定するのであれば、このことは特に重要であるはずである。なぜなら、前述したように、罪刑法定原則のみならず、実行行為と責任の同時存在の原則に照らせば、実行行為の観念は必要不可欠であるからである。罪刑法定原則に関連して、二元的行為無価値論のみならず、今日では結果無価値論の立場からも、犯罪の類型化・個別化にとって「行為の態様」をも考慮すべきことが強調されている。そして、結果無価値論の立場からは、行為の態様とは法益侵害行為の態様であり、やはり結果無価値の問題であると説明されるのである。そうだとすれば、今日の結果無価値論においても、構成要件は「行為と結果の類型」であるという前提のもとに、法益侵害行為の構成要件的な定型性や類型性を肯定していることになる。そこで、私は、いかなる犯罪であっても、その実行行為性を基礎づける「行為の危険」、より厳密には、法益侵害に対する行為の定型的危険が必要不可欠であり、さらに実害犯や具体的危険犯の場合には、実害や結果としての危険を要すると解するのである。私が「二元的結果無価値論」を提唱する理論的な根拠はまさにここにある。

第六に、行為無価値論と結果無価値論における可罰性の判断の違いを解明するためには、刑法規範の規範論的分析が重要でる。ところが、平野は、客観的違法論の立場でありながら、未遂犯における「故意」を主観的違法要素とする。すなわち、平野は、未遂犯における行為者の意思（平野によれば主観的内心事情）は、客観的な法益侵害性の有無・程度に影響するという理由から、その主観的違法要素であると解しているのである。結果無価値論の立場から、刑法規範が行為規範（決定規範）ではなく、裁判規範（裁判所の評価規範）であるという見解に立つならば、かつて佐伯が、また、その後、内藤、中山、曽根威彦が主張するように、未遂犯の危険を含め、結果としての危険を論じる場合には、これを裁判時において客観的・事後的に判断されるのであるから、行為者の意思が何であれ、この意思がすでに行為として客観化された事態を認定したうえでの判断であるから、行為者の意思を主観的違法要素と解する必要はないはずである。裁判規範説の立場から、危険性を客観的・事後的に判断する場合には、既遂犯か未遂犯か、また、故意犯か過失犯かを区別する理由はない。このような平野の未遂犯論は、未遂犯の危険を具体的危険と解した点では学説史的な意義を有するとしても、具体的危険と抽象的危険の区別が「危険の程度」の問題であるとされる点で疑問がある。平野が未遂犯の「故意」を主観的違法要素と解するのは、このような見解とも関連しているのである。

最後に、平野によれば、前述したように刑法学説の機能は国家のコントロールをコントロールする技術（換言すれば、刑罰権の発動をコントロールする技術）であるとされたのであるが、その後、平野は一九八五年の団藤重光博士祝賀論文集第四巻において、「日本の刑事司法は絶望的である」と酷評するに至った。

四　結びにかえて

今日における「行為無価値論と結果無価値論の対立」を念頭におきながら、その前史または原点ともいうべき『学派の争い』を中心に、戦前・戦後における社会情勢の変化を踏まえ、思想史的および理論史的な検討を行った。そこで、本章を終えるにあたって、私が強調したかった点を簡単にまとめておこう。

(1)　今日のような「行為無価値論と結果無価値論の対立」は、この発端となった平野の問題提起に示されるように、戦前からの「学派の争い」をどのように総括するかという問題と密接に関連していた。しかも、ここで問われていたのは「戦前との連続性か非連続性か」という問題であったが、このような問題提起は、今なお現代的な意義を有しており、決して風化させてはならない。

(2)　戦前日本において両学派の間であれほど激しい理論闘争が展開されたにもかかわらず、やがて十五年戦争の拡大とともに、両派を代表するような多くの論客が、程度の差こそあれ、当時の戦争政策や弾圧政策に加担することとなり、敗戦後には、前期占領政策や戦後憲法のもとで、「戦時の刑法学」は反省や転身を余儀なくされたのである。このような歴史的事実から現代刑法学が学ぶとすれば、近代刑法の諸原則を堅持する必要性を再確認することである。

(3)　戦後の激動期から相対的安定期に移行するなかで、従来の支配的刑法理論は確立されたのであるが、その最大の特色は、後期旧派の流れを汲む規範違反説に立脚しつつ、新・旧両派を「総合・止揚」する考え方にある。このような見解は今日では「行為無価値論」と称されるのであるが、仮に「二元的行為無価値論」によるとしても、そこにおける「結果無価値」（法益侵害性）は、あくまで行為無価値論の立場からの理解であるから、犯罪論において「行為無価値」（すなわち「社会倫理」「社会相当性」の逸脱）が大きく反映せざるを得ないのである。しかし、社会倫理や社会相当性という概念は、そもそも相対的で流動的な性格を有するから、時代状況によって大きく左右される。このような行為無価値論の思考方法には本質的な疑問があるから、結果無価値論の立場から、法益侵害原則に基づく確固たる処罰の基準や限界を確立することが必要である。

(4)　これらのことは、平野が当初から指摘していたことであり、今日の結果無価値論の立場においてはある程度共通認識となっているものと思われる、とはいうものの、平野理論は、結果無価値論の立場から可罰性の基準や限界を明確にする必要性を強調する一方で、法益保護または市民的安全を確保するという機能主義的または政策的な判断のもとに、中山などがすでに指摘しているように、形式的保障を掘り崩し、処罰範囲を拡大する傾向にある。そこで、このような形式的保障を確保するためには、罪刑法定原則などの刑法諸原則を徹底する必要があるという観点から、私は、従来の結果無価値論を一元論であると批判しつつ、構成要件が「行為と結果の類型」であるとして、行為の実行行為性を強調する「二元的結果無価値論」を提唱したのである。このような見解は、今日の二元的行為無価値論の立場からの批判にも応えることができるはずであり、結果無価値論の内部でも、このような考え方に立っていると思われる者も確実に増えている。

〈引用・参照文献〉

内田博文『日本刑法学のあゆみと課題』（二〇〇八）

大塚仁『刑法における新・旧両派の理論』（一九五七）
吉川経夫・内藤謙・中山研一・小田中聰樹・三井誠編著『刑法理論史の総合的研究』（一九九四）所収の以下の論文
　内藤謙「刑法理論の歴史的概観」
　中山研一「牧野英一の刑法理論」
　宮澤浩一「小野清一郎の刑法理論」
　内藤謙「滝川幸辰の刑法理論」
　西原春夫「木村亀二の刑法理論」
中山研一『佐伯・小野博士の「日本法理」の研究』（二〇一一）
三井誠「刑法学説史(二)」日本・戦後」中山研一・西原春夫・藤木秀雄・宮澤浩一編『現代刑法講座（第一巻）』（一九七七）
内藤謙「戦後刑法学における行為無価値論と結果無価値論の展開(1)(2)」刑法雑誌二一巻四号（一九七七）、二二巻一号（一九七八）
佐伯千仭・小林好信「刑法学史」鵜飼信・福島正夫・川島武宜・辻清明編集『講座・日本近代発達史一一』（一九六七）
拙稿「日本における『学派の争い』の現代的意義」静岡大学法経研究五巻一号（二〇〇八）
内藤謙『刑法講義総論(上)』（一九八三）
団藤重光『刑法の近代的展開』（一九四八）
内田博文『刑法学における歴史研究の意義と方法』（一九九七）
三井誠・町野朔・中森善彦『刑法学のあゆみ』（一九七八）
中山研一『刑法の基本思想』（一九七九）、同『刑法諸家の思想と理論』（一九九五）
平野龍一『刑法の基礎』（一九六六）、『刑法総論Ⅰ』（一九七二）、『刑法の機能的考察』（一九八四）
木田純一『戦後日本の刑法学』（一九七二）
牧野英一『刑法総論』（第四版、一九四九）『刑法総論上巻（全訂版）』（一九五八）
小野清一郎『日本法理の自覚的展開』（一九四二）、同『刑法と法哲学』（一九七一）
瀧川幸辰『犯罪論序説』（初版一九三八、改訂版一九四七）
木村亀二『刑法の基本概念』（一九四九）、『刑法総論』（一九五九）、同『犯罪論の新構造(上)』（一九六六）

佐伯千仭『刑法講義（総論）』（四訂版一九八一）
曽根威彦『刑事不法論の研究』（一九九八）
前田雅英『現代社会と実質的犯罪論』（一九九二）
山中敬一『刑法総論』（初版、一九九九、第二版、二〇〇八）
浅田和茂『刑法総論［補正版］』（二〇〇七）
宮澤浩一『西ドイツ刑法学（学者編）』（一九七八）

第三章　犯罪論の体系

はじめに

通説・判例によれば、「犯罪とは構成要件に該当する違法・有責な行為である」とされる。このような犯罪概念を前提として、従来、これらの諸要素をどのように区別するか、また、これらをいかに関連づけるのか、さらにはこれらを何によって可罰的行為へと統合するか、などをめぐって活発に議論されてきた。このような問題を研究対象とするのが「犯罪体系論」（以下、単に「体系論」ともいう）である。

戦後日本における従来の支配的な体系論は、小野清一郎の構成要件論にはじまり、団藤重光によって完成され、大塚仁などによって精緻に発展させられたものである。ところが、このような体系論を重視する従来の発想方法に対して、平野によって「体系的思考から問題的思考へ」という指摘がなされてすでに久しい。そして、平野龍一による結果無価値論の立場からの犯罪論に関する様々な問題提起をうけて、体系論を含め個々の問題領域ごとに詳細で緻密な研究が積み重ねられてきた。そこで、現時点において、これらの理論的な発展を踏まえた体系論の再検討と再構成が必要であろう。なぜなら、体系論の問題は単に形式的、観念的な体系的構成の議論ではなく、実質的にも個々の犯罪諸要素に関する理解の仕方に対して大きな影響をもたらすからである。

体系論における主要な論点は、つぎの四点に整理することができる。第一に、行為論に関して行為の客観面と主観面を「行為」によって総合・止揚するのか、それとも行為は客観面に限定するかという問題がある。このような犯罪論の基礎となる行為論における対立を反映して、第二に、構成要件において行為論の行為と実行行為とはどのような関係にあるのか、第三に、構成要件は違法責任類型か、それとも違法類型にとどめるべきか、第四に、違法と責任の関係について「違法は客観的に、責任は主観的に」というテーゼを、どのように維持するのか、という問題である。

これらの四つの論点に関して、体系論においては、「行為無価値論と結果無価値論の対立」を反映して、行為無価値論型の体系論と結果無価値論型の体系論が大きく対立してきた。しかし、今日では、結果無価値論の内部においても、結果無価値論の根幹を維持しつつ、従来では行為無価値論における主張とされてきた構成要件に関する違法責任類型説や実行行為論などを導入する見解がみられる。また、私自身についても、結果無価値論における二元論（すなわち、私が提唱する「二元的結果無価値論」）の立場から、このような新しい体系論を基本的に支持してきた。

ところで、犯罪論の一領域である体系論は、刑法原理論・犯罪要素論・犯罪認定論を総括する位置にあるから、これらを視野に入れた多角的・総合的な考察が必要不可欠であろう。そこで、本稿では、諸外国において「要素の体系」と「評価の体系」という二つの考え方が大きく対立するなかで、通説・判例と同様に後者に属する「構成要件・違法・責任」という基本概念を維持することを前提として、つぎのような四つの観点から順次検討したうえで、最後に私の体系論に関する構想を提示することとする。

この四つの観点とは、第一に、行為論における行為の動態的構造を踏まえた体系論を確立すること（科学的または存在論的観点）、第二に、刑法諸原則のいずれをも堅持する立場から、それらが矛盾なく調和しうる体系論を確立すること（仮に「原理論的観点」）、第三に、刑法規範の本質や構造を踏まえた体系論を意図したこと（規範論理的観点）、第四に、刑事手続における認定論を視野にいれること（認定論的観点）である。これらの観点は、体系論にとってはいずれも欠かせない問題あることは明らかであろう。

そこで、本稿では、従来の体系論について行為無価値論型と結果無価値論型（正確には「二元的結果無価値論型」）という二つの理論モデルを設定し、前述したような四つの観点から体系論上の課題について多角的かつ総合的な検討を行ったうえで、私の提唱する二元的結果無価値論の立場から「二元的結果無価値論型」の体系論に関する基本構想を提示することとした。

一　犯罪体系論の概観

1　犯罪体系論の意義と課題

(1)　犯罪論の諸領域と体系論

犯罪論における主要課題または研究領域は大きくつぎのような四つに整理できよう。

第一に、刑法の基本思想や諸原則にはどのようなものがあるか、また、それらの意義や機能は何か（刑法原理論。以下、単に「原理論」ともいう）、第二に、犯罪が成立するためには、一般的にどのような基本的要素（または要件）を必要とするか、また、それぞれの要素をいかに具体的に理解するか（犯罪要素論。以下、単に「要素論」ともいう）、第三に、これらの諸要素の区別や相互関係をどのように理解するか、また、これらは何によって可罰的行為へと統合されるか（犯罪体系論。以下、単に「体系論」ともいう）、さらに、第四に、刑事手続に関連して、これら諸要素はどのような思考の形式や順序に従って認定すべきか（犯罪認定論、以下、単に「認定論」ともいう）である。このうち、第三の課題に対応するのが固有の意味での体系論である。

このような体系論は、犯罪がどのような基本的要素によって構成されるのかという要素論を当然の前提とするから、原理論に基づく要素論はもとよりのこと、認定論をも視野にいれる必要があることはいうまでもない。従って、体系論はすぐれて理論的課題であると同時に、実践的・法政策的性格（一般には「目的論的性格」と呼ばれる）をも有するのである。

(2)　体系論における諸課題

通説・判例を前提とすれば、「犯罪とは、構成要件に該当する違法・有責な行為である」とされる。そこで、このような「行為」「構成要件」「違法」「責任」の概念を前提として体系論は展開されている。前述したように体系論が要素論を当然の前提とする以上、このような犯罪概念は要素論に属するとしても、体系論とも密接に関係するからである。犯罪論における行為論の意義や機能について論じられたり、構成要件と違法や責任の関係、違法と責任の区別、構成要件と犯罪類型の関係などが大いに論じられるのもこのことに対応している。

①　原理論の観点から体系論における課題について検討する。犯罪が成立するためには、刑法の諸原則を前提として、それぞれに適合する行為であることを要するのであり、いずれについても例外を認めることは許されない。このような観点からは、前述した犯罪概念において、構成要件は罪刑法定原則と、違法は法益侵害原則と、責任は責任原則と対応関係にあり、それぞれの「受け皿」であるといえる。従って、構成要件・違法・責任の要素であっても、これらが前提とする刑法原則の趣旨に照らして理解されなければならない。

その場合、刑法諸原則における思考順序や相互の関係が問題となるが、犯罪概念における「構成要件→違法→責任」という考え方は、この点について考え方を表明したものである。このような意味において、後述するように原理論は体系論にとって不可欠の前提問題である。

②　体系論は要素論を当然の前提としているから、要素論は体系論の在り方（方法論）にも決定的に影響する。そ

こで、このような要素論と体系論との関係を理解するために、「評価の体系」と「要素の体系」という二つの理念型について検討することとする。

日本や諸外国における体系論には、方法論的に「評価の体系」と「要素の体系」という二つのモデルがあり、諸外国では後者が支配的である。このうち、「評価の体系」とは、ドイツ、日本などにおける主流のように、刑法的または可罰的評価（すなわち処罰）の必要性や便宜から「構成要件」「違法」「責任」といった特殊法的な概念を前提とする方法である。これに対して、「要素の体系」とは、英米、フランスなどの体系論にみられるように、まず刑法的評価の素材・対象に着目して、前法的または実体的な観点から「行為と行為者」や「客観面と主観面」というように具体的に分類・分析したうえで、刑法的評価を行う考え方であるといえよう。このような考え方の違いに着目すれば、前者は「処罰のための体系」または「評価の基準に基づく体系」（規範の体系）であり、後者は「素材の体系」または「評価の対象に基づく体系」（存在の体系）であるといえよう。

それでは、「評価の体系」と「要素の体系」という体系論における二つの理念型について、両者の関係をどのように理解すべきか。私見によれば、結論的には、「評価の体系」と「要素の体系」とは、用語法の違いは別としても、相互に矛盾するものではなく、むしろこれらは相互補完的な関係にあるように思われる。このような考え方は、結果無価値論はもとより、行為無価値論においてもほぼ共通している。すなわち、「構成要件」「違法」「責任」という概念を共通の前提として、結果無価値論は、犯罪論全体において行為の客観面と主観面に対応させて「違法は客観的に、責任は主観的に」というテーゼを維持しようとしているのであり、行為無価値論の立場からも、行為の客観面と主観面を区別したうえで、これらを目的論的に総合・止揚する犯罪論を展開しているのである。

このように、日本の体系論は、行為無価値論と結果無価値論のいずれにおいても、「評価の体系」を前提とするのであるが、同時に、「要素の体系」をも考慮する点ではほぼ共通する。しかし、行為無価値論と結果無価値論とでは、

「要素の体系」をどのように（どの程度）重視するかという点でつぎのような違いがある。その違いを一言で要約すれば、行為無価値論が「評価の体系」を「要素の体系」に優先させるのに対して、逆に、結果無価値論は「要素の体系」を「評価の体系」に優先させようとするのである。

このような違いは、評価の対象としての行為の「客観面と主観面」という区別を犯罪論全般においてどの程度維持しているかという問題に端的に示されている。犯罪論において「違法は客観的に、責任は主観的に」というテーゼを堅持するか否かという問題である。この点に関する考え方は、構成要件・違法・責任の理解の仕方を決定的に左右するのである。

このような「評価の体系」か「要素の体系」かという問題について、私見によれば、それぞれの学界や実務には独自の法的伝統（法文化）がある以上、無用の混乱を避けるためにも、これを尊重すべきである。そうだとすれば、通説・判例に従って「構成要件」「違法」「責任」を前提とする「評価の体系」を基本とせざるをえない。しかし、科学的な犯罪論をめざす立場から行為の動態的構造を基礎とする犯罪論を構築しようとする以上、「行為と行為者」や「客観面と主観面」とは峻別すべきであるから、犯罪論に全般において客観的要素と主観的要素という区別を堅持することになる。

③　体系論と認定論との関連について検討しよう。体系論は認定論にとって重要な意義を有するが、同時に、体系論は認定論を踏まえて展開する必要がある。なぜなら、科学的な犯罪論を構築するためには、刑法的評価の対象または素材である「行為の動態的構造」について分析する必要があるとともに、そこにおけるいずれの要因も犯罪の成否や程度を判断するにあたって何らかの形で考慮する必要があるからである。しかし、そこには多種多様な要因が含まれているから、これらをいかに分類し、体系化するかは、刑事学はもとより犯罪論にとっても重要な意義を有する。

ところで、従来の犯罪論において「客観的要素か主観的要素か」および「行為的要素か行為者的要素か」という分類法が広く用いられてきた。このような分類法は、認定論における「客観的要素から主観的要素へ」また「行為的要素から行為者的要素へ」という思考方法または思考順序に対応するから、認定論においても重要な意味を有する。なお、認定論における「類型的要素（原則型）から非類型的要素（例外型）へ」という考え方が要求される。このような分類法や思考順序は、刑事訴訟法第三三五条における「罪となるべき事実」（第一項）と「法律上犯罪の成立を妨げる理由又は刑の加重減免の理由となる事実」（第二項）という区別に対応するから、体系論にとっても重要である。

2　犯罪体系論の歴史と現状

① 犯罪体系論は、周知のように、ドイツ刑法学における構成要件論を要とする体系論の歴史的な展開を踏まえながら、独自の発展を遂げてきた。そのなかで、かつては「新・旧両派の争い」を中心に論争されたが、戦後日本においては、「行為無価値論と結果無価値論の対立」を反映した論争（「刑法論争」と呼ぶ。）が最も重要であることはいうまでもない。そこで、後者の論争に関連して、小野・団藤・大塚によって確立された体系論に代表される行為無価値論型の体系論と平野などに代表される結果無価値論型の体系論という二つのモデルを対比しつつ概観したうえで、本稿では、私のいう「二元的結果無価値論」からの体系論の構想を提示することとする。

戦後日本における精緻な体系論は、戦前の小野によって基礎が築かれ、戦後において団藤・大塚などによって完成をみた理論に負うところが大であり、その後の行為無価値論における体系論も基本的にはこれを踏襲したものである。とりわけ、戦後日本における体系論は、後期旧派の立場から「新・旧両派の争い」を総合・止揚するとともに目的的行為論の強い影響もあって、行為を「客観面と主観面の統一体」と解する行為論（とりわけ人格的行為論）を前提として、構成要件に関する違法責任類型説、主観的違法要素肯定論、人格的責任論を基調とするものであり、犯罪論全体において客観面と主観面を総合・止揚する折衷的理論であった。このような理論は行為無価値論型の体系論と総称することができる。

しかし、行為無価値論型の体系論といっても、そのなかには論拠づけについての違いがあるし、さまざまなバリエーションがあることはいうまでもない。

② その後、平野によって「前期旧派」の意義を再認識する立場から全面的に展開された結果無価値論において、「体系的思考から問題的思考へ」の転換が強調され、従来の行為無価値論型の体系論に対する批判と再構築が開始された。平野の体系論は法益保護思想に基づき客観主義の立場から行為論、構成要件論、違法論を構築しようとするところに特徴がある。

すなわち、「行為」とは人の「身体の動静（挙動）」であるという行為論や構成要件に関しては違法・責任類型説を拒否し、違法類型説を採用したこと、違法と責任の関係については「違法は客観的に、責任は主観的に」という伝統的なテーゼを基本的に維持しながら、主観的違法要素を例外的に肯定する。このような平野の体系論に対して、結果無価値論のなかにも、社会的行為論が広く採用されたり、主観的違法要素を全面的に否認する見解も有力であるばかりでなく、前述したように今日では体系論の要というべき構成要件について違法責任類型説を採用する見解が新たに登場している。このような平野に代表される体系論は、一元的結果無価値論を前提とする体系論であるため、後述する私のような理論と区別して「一元的結果無価値論型」の体系論と呼ぶのである。

③ このような体系論の現状において、前述したように、私は刑法諸原則を徹底するとともにそれらを整合的に理解するために、実質的には結果無価値論を堅持しつつ、理論構成としては行為無価値論の主張、とくにその構成要件論や実行行為論を取り入れた体系論を提示してきた。このような見解を、私は「二元的結果無価値論型」の体系論と呼ぶのである。

二元的結果無価値論型の体系論の骨子を要約すればつぎの通りである。第一に、犯罪論の基礎としての行為論について、従来のような論理体系的な機能や限界づけの機能よりも、後述する「存在論的機能」を重視する立場から、行為の動態的構造を基礎とする要素論や体系論を展開すること、第二に、構成要件論については、違法責任類型説を採用する点では、行為無価値論における体系論と同じであるが、違法類型に属する（客観的）構成要件要素として「行為の実行行為性」（すなわち、行為の定型性と危険性）を重視する実行行為論を採用すること、第三に、このような違法責任類型説や実行行為論においても、「違法は客観的に、責任は主観的に」という伝統的なテーゼを堅持するため、構成要件における客観的要素と主観的要素とを理論的に峻別することなどである。

3　犯罪体系論の方法論的考察

2で検討したように、日本における体系論には、行為無価値論型、一元的結果無価値論型、そして二元的結果無価値論型という三つの理念型がある。そこでの具体的な対立点は、つぎのような四点に要約することができる。すなわち、第一に、行為論の機能と方法に関する問題（行為論）、第二に、構成要件は違法類型か違法責任類型かという問題（構成要件論）、第三に、違法と責任の関係の問題であるが、この区別は構成要件論にも反映する。そして、第四に、構成要件・違法・責任という基本諸要素をいかなる観念によって統合するかという問題がそれである。

これらの問題を検討するためには、つぎのような多角的視点が必要不可欠である。第一に、行為論を基礎とする犯罪論を構築しようとする私の立場からすれば、行為論の意義や方法の問題は体系論にとってもきわめて重要である。第二に、構成要件が違法類型か違法責任類型かという問題にとっては、罪刑法定原則の観点からすれば、構成要件が実定法的概念か理論的・目的論的概念という本質問題に帰着する。第三に、違法と責任の区別においては、行為の動態的構造のもとで客観面と主観面とは結果に対してどのような意味を有するか、また、刑法の規範構造をいかに理解するかという二つの点が重要である。第四に、刑法が可罰的規範として可罰性付与機能を有するとすれば、その趣旨にふさわしく構成要件・違法・責任のそれぞれを理解する必要がある。そこで、このような体系論をめぐる四つの主要な課題について、本稿では順次検討することにする。

二　行為論と犯罪体系論

1　行為論の意義と機能

まず、犯罪論における行為論の意義と機能について検討しよう。行為概念の基本的な機能については、周知のように、かつてマイホーファーによって、基本要素としての機能、結合要素としての機能、限界要素としての機能という三つの機能が指摘された。このうち、基本要素としての機能および結合要素としての機能はあわせて「論理体系的機能」と呼ぶことができる。そして、「犯罪とは、構成要件に該当する違法・有責な行為である」とされるように、行為がこのような論理体系的機能を有することは否定できない。これに対して、限界要素としての機能（以下、「限界づけの機能」という）については、「犯罪は行為である」とか「行為でないものは犯罪ではない」といわれるように、犯罪要件論にとっても、犯罪の実質的な基準や限界を示すうえで一定の意義を有する。そのため、犯罪となりうるすべての行為を包摂しうる行為概念（一般的行為概念）が活発に議論されてきたのである（一般的行為論）。

その後、ヴェルツェルなどによって、刑法学における「存在論」（厳密には「存在者論」）の決定的な意義が強調され、行為の存在論的構造に関する目的的行為論が台頭し、やがて戦後日本の刑法理論にも大きな影響を与えることとなった。このような存在論的方法による行為論は存在論的行為論と呼ばれるが、その行為概念についてマイホーファー流にいえば、「存在論的要素としての機能」（以下、単に「存在論的機能」）と呼ぶことができよう。このように、行為概念または行為論の機能は、論理体系的機能、限界づけの機能、存在論的機能という三つに大別できる。

2　行為論の現状と課題

①　行為無価値論と結果無価値論の対立に関連して、行為の客観面（社会的意味、身体の動静など）と主観面（意思、目的、人格など）という観点からみれば、行為論はつぎの二つに大別できる。

行為無価値論の立場からは、目的的行為論やその影響をうけた人格的行為論に代表されるように、行為は「客観面と主観面の統一体」であるとして、客観面とともに主観面を重視する点で主観的または折衷的行為論（以下、主観面を重視するため、単に「主観的行為論」という）が採用される。これに対して、結果無価値論の立場からは、社会的行為論や身体動静論が一般的に採用されるように、行為の客観面に限定するという意味において客観的行為論であるという特色がみられる。それでは、前述した行為論における三つの機能からして、いずれの考え方が妥当であろうか。

②　前述したような論理体系的機能からすれば、行為とは「行為者（犯罪主体）の行為」であることは明らかであり、しかも、行為は構成要件・違法・責任の評価の対象であるから、行為無価値論が広く採用する主観的行為論にも合理性がある。しかし、このように行為論における行為（刑法的評価の素材または対象）が「客観面と主観面の統一体」であるからといって、実行行為論や主観的違法要素論におけるように、構成要件該当性や違法性の判断についても、行為の客観面と主観面とを峻別することなく、これらの統一体として評価すべきであるということとは別問題である。なぜなら、一般的行為論は裸の行為論ではなく、もともとあらゆる「犯罪となりうる行為」を想定または前提としている以上、行為に関する科学的な知見を当然の前提としたうえで、後述するように行為論は近代刑法の原理や理論に照らして目的論的および実践的に構築されなければならないからである。

このような観点からすれば、結果無価値論が客観的行為論を採用するのも、行為の客観面と主観面とを峻別しつつ「客観面から主観面へ」という犯罪体系論や犯罪認定論における思考の方法や順序に忠実であろうとするからにほかならない。また、私自身も、犯罪体系論や犯罪認定論の観点から、このような客観的行為論におけるアプローチの方法が基本的に妥当であると考えている。

③　行為論における限界づけの機能という観点から検討しよう。

まず、行為無価値論の立場からは、今日では、行為とは「人格の主体的現実化」であると定義する人格的行為論が広く採用される。しかし、そこにおける「現実化」とは客観化の意味であるとしても、主観面である「人格の主体性」の具体的な内容や基準が明確でないため、限界づけの機能を十分に果たし得ないであろう。

結果無価値論においては、社会的行為論や身体動静論が広く採用されるように、行為概念から行為者の主観面を一切排除する客観的行為論を堅持するのであるが、このような行為概念は余りにも無限定かつ無内容であり、このような機能を果たしえない。なぜなら、社会的行為論によれば、行為とは例えば「社会的に意味のある人間の態度」であると説明されるが、「社会的意味」とは何かが明らかではなく、実際的にも「社会的意味のない態度」は行為でないと論じたところで、限界づけの機能としてほとんど機能しないであろう。また、身体挙動論の立場からは、行為とは単に「身体の動静（または挙動）」で足りると解されるのであるが、人の生活の営みは常に何らかの身体の動静（すなわち、作為か不作為）の連続であるから、行為から行為者の主観面を排除し、客観面だけを行為とするという以上の意味をもたない。また、このような見解においては、「身体」を有しない法人の活動は行為ではないということになろう。

以上のように、行為論における論理体系的機能（一般的行為概念）と限界づけの機能とは、もともと矛盾する性格を有するのであり、いずれの一般的行為論も限界づけの機能と両立することは困難である。

3　行為論の方法と体系論

①　このような検討結果を踏まえ、行為論の課題と方法について私見を要約しておこう。刑法の素材となる「行為」（裸の行為）は「客観面と主観面の統一体」であると説明することができるから、このような行為の理解の仕方は経験科学としての犯罪学においてはもとよりのこと、犯罪論が科学的であるためにも当然の前提とされなければならない。そうだとしても犯罪論における行為論の問題はその先にある。

そこで、犯罪論における行為論の機能が論理体系的機能、限界づけの機能、存在論的機能という三つに大別できるとすれば、どのような行為論が展開されるべきかが問われなければならない。このうち、論理体系的機能の観点からは、主観的行為論が主張するように行為概念には客観面と主観面の双方を考慮に入れる必要があるが、限界づけの機能としては、主観的行為論か客観的行為論かを問わず、いずれもその機能を担いえないことは明らかである。

②　行為論のもつ積極的な意義を見いだすためには、つぎのような二つの考え方が重要であると私は考えている。第一に、行為論におけるアプローチの方法は、行為無価値論と結果無価値論において顕著な違いがみられる。すなわち、行為無価値論が行為の客観面と主観面とを総合・止揚する折衷的行為論 （本稿では「主観的行為論」と呼ぶ） を、また、結果無価値論が客観的行為論を、それぞれ採用している。このような行為論の違いは、その後の犯罪論（要件論・体系論・認定論）の在り方を大きく方向づける。体系論についていえば、行為無価値論型と結果無価値論型が基本的に対立しているが、このような違いの出発点には行為論にある。そこで、本稿では、第二点で述べるような行為論を基礎とした犯罪論を展開するのである。

第二に、「犯罪は行為である」とすれば、行為の動態的構造は犯罪論全体の在り方を規定し、方向づけるはずである。そして、犯罪論が確固とした科学的基礎を有するためには、行為の存在構造の分析は必要不可欠である。このような立場から、目的的行為論は「存在論的方法」に基づき行為の「存在論的構造」を分析する必要性を強調したのであった。このような方法論は非常に重要であるが、行為の存在論的構造が目的的行為であるという結論には疑問がある。そこで、本稿では、犯罪的結果を重視する立場から、今日の刑事学における知見を踏まえ、結果に至る「行為の動態的構造」を分析することによって、これを基礎とした犯罪論の構築を試みることとした。

第三に、これらのことを総合すれば、犯罪論の基底としての行為論は、評価の対象または素材としての行為の動態的構造（『行為者→行為→結果』という過程）を踏まえて、近代刑法の価値観点（思想や原理）からすれば、何に対して、どのような係わり方をすべきかを目的論的・実践的に展開することが必要である。

三　刑法論争と体系論

1　構成諸要因とその分類

(1)　諸要因の時系列的な検討

本稿において「行為の動態的構造」（または単に「行為の構造」）とは、犯罪論の対象または素材となるべき前法的行為に関する一連のプロセスをいう。存在論と価値論とを範疇的に区別するとすれば、行為の構造の問題は存在論の領域に属するから、目的的行為論における行為の「存在論的構造」に相当するといえる。このような行為の構造を踏まえて、一定の結果の発生することを前提として、行為の構造を構成する諸要因を整理して、これを時系列的に図表化すればつぎのようになる。

①「行為者の素質」→②「行為者人格の形成環境」→③『行為者人格』→④「行為意思」→⑤「行為環境」→⑥『行為』（外部的行為）→⑦「行為後の環境」→⑧『結果』

この表について、一連の刑法論争の観点からこれを簡略化すれば、『行為者→行為→結果』ということになる。そこで、行為者・行為・結果のそれぞれについて、犯罪論との係わりにおいて簡単な補足と解説を行うこととする。

第一に、『行為者』の人格（新派では一般に「性格」）は、行為者の素質（いわゆる「胎教」を含む）と人格形成環境によって形成される。このうち、人格形成において素質と環境のいずれが決定的かをめぐって争われてきたが、最近では、遺伝子研究の発達によって、素質の重要性が再認識されている。

第二に、『行為』とは、行為者が当該行為環境のもとで、みずからの行為意思に従って外界に働きかけることである。ここに「行為意思」とは、認識や意欲（認容を含む）のほか、動機・目的・計画などを含む。また、行為者は当該環境のもとで一定の行為意思を形成するのであるから、とくに犯罪の動機を解明するうえで「意思形成の環境」が重要であるが、この要因については簡略化するためにここでは省略した。この場合の「環境」とは意思形成の前提であるから、客観的環境（状況）とともに主観的環境（情況）が重要である。なお、第一の人格形成「環境」についても、男女年齢等によって程度の差はあるが、行為者の「自由意思」とか「主体性」と呼ばれるものはこの点に関連している。

第三に、『結果』とは、広義では「行為後の環境」（因果経過）のもとで当該行為によってもたらされる外界の変化をすべて含むから、犯罪論においても、行為客体と保護客体の区別にみられるように、この場合の結果には多様性がある。このうち、法益論の観点からは法益侵害結果を意味するが、この場合の結果には、実害と危険（「結果としての危険」）が含まれる。また、前記の表では結果を想定してこれが現に発生したことを前提としているが、一定の結果発生の客観的可能性は「危険性」と呼ばれるのである。

第四に、このような表示の仕方は、論点を整理するために諸要因をあえて時系列的に配列したものであるから、ある程度の観念性や抽象性は免れず、実際的には同時平行的に理解する必要があろう。しかし、その場合にも、行為の客観面と主観面を峻別するためには、行為意思・行為環境・行為（外部的行為）を理論的に区別する必要があることはいうまでもない。

そこで、これらの諸点を総合して行為の構造を立体的に表現すれば、結論的にはつぎのようになろう。

行為者の素質
人格形成環境
⇒ 行為者人格
意思形成環境
⇒ 行為意思
行為環境
⇒ 行為 ⇒ 行為後の環境 ⇒ 結果

(2) 諸要因を分類する意義と方法

犯罪論にとっても行為の構造やその分析は、重要な意義を有する。なぜなら、このような分析は犯罪論に確固とした科学的基礎を与えるとともに、その構成諸要因は、犯罪の成否はもとより、その程度（情状）を論じるうえで必要不可欠であるからである。従って、その構成諸要因は、犯罪論（すなわち構成要件論、違法論、責任論）のいずれかにおいて考慮されなければならない。

ところで、犯罪論においてそれぞれの要因がいかなる位置や機能を有するかを解明するためには、「行為者・行為・結果」の観点とともに客観面と主観面の観点から、これらを分類することはきわめて有効である。まず、前述した「行為者→行為→結果」という時間的観点から諸要因を分類すればつぎのようになる。

【行為者的要因】

①行為者の素質　↓　②行為者の人格形成環境　↓　③『行為者人格』

【行為的要因】

④行為意思　↓　⑤行為環境　↓　⑥『行為』（外部的行為）

【結果的要因】

⑦行為後の環境　↓　⑧『結果』

このような分類法を前提とする場合、「行為者↓行為↓結果」と「結果↓行為↓行為者」のうち、犯罪論においていずれの優先順位および思考順序を採用するのかが問題となる。このような問題は、後述するように、一連の刑法論争における「行為者主義か行為主義か結果主義か」という論点に関連する。

つぎに、主観面か客観面かという観点からは、諸要因を分類すればつぎのようになる。

【主観的要因】

①行為者の素質　↓　②行為者の人格形成環境　↓　③行為者人格　↓　④行為意思

【客観的要因】

⑤行為環境　↓　⑥行為　↓　⑦行為後の環境　↓　⑧結果

このように①③④は主観的要因に属し、⑤⑥⑦⑧が客観的要因に属することは明らかであるが、②については客観面ではあるが、③との係わりで問題となるから主観面に準じて扱うことにする。このような主観面と客観面という区別は、犯罪論における客観的要素と主観的要素という区別と密接に関連する。

このような主観面と客観面をなぜ、また、どのように区別することが必要か、また、これらを区別する場合にも、とくに「行為」に関していずれを優先させ、先行させるべきであろうか。この問題は犯罪論における「客観主義か主観主義か」という問題であり、一連の刑法論争のうち、とくに「学派の争い」における大きな論点であった。

以上のような二つの分類法は、犯罪論の観点からも決定的に重要であり、「学派の争い」や「行為無価値論と結果無価値論の対立」はまさにこのことを示している。

2　行為の構造と刑法論争

(1)　新・旧両派の争い

かつての「学派の争い」や「行為無価値論と結果無価値論の対立」にみられるように、犯罪論において「行為者か行為か結果か」また「客観面か主観面か」という論争が活発に展開された。「学派の争い」とは、犯罪論における「行為主義か行為者主義か」また「客観主義か主観主義か」の対立であるとされるように、旧派は（後期旧派）は行為的要素や客観的要素を重視するが、新派理論は行為者的要素や主観的要素に重点を置く。

新派理論は、行為者の性格における反社会性・危険性を主眼とする点で行為者主義であり、行為者の危険性の発露である行為意思（犯意）を重視する点で主観主義であった。新派理論は、前述したような刑事学的な観点を重視したからである。これに対して、旧派理論においては、自由意思肯定論の立場から現実的な行為（行為意思の現実化）を主眼とする点で行為主義（および現実主義）であり、しかも、外部的な行為（行為とその結果）を重視する点で客観主義であると説明されてきた。このような両派の思考過程の違いを図式化すれば、新派については『行為者の性格→行為意思→行為→結果』（すなわち「主観面→客観面」）と表示できるのに対して、旧派は概ね『行為→結果→行為意思』（すなわち「客観面→主観面」）と表示できよう。

その後、旧派の内部における前期旧派と後期旧派との区別が認識されるに至って、旧派は行為主義ではあるが、客観主義であるといえるかという問題が提起された。この点については、私自身も第二章で検討したように、確かに前期旧派の理論は客観主義ではあるが、後期旧派の理論については疑問であり、むしろ客観と主観の折衷主義であると評すべきである。このような旧派内部での考え方の違いに対応して、戦後の日本においては、後期旧派の流れを汲む理論を行為無価値論であると本質規定したうえで、そのアンチテーゼとして前期旧派の客観主義的な理論を継承・発展させた結果無価値論が全面的に提唱されたのである。

(2)　行為無価値論と結果無価値論の対立

このような行為無価値論と結果無価値論とでは、前述した行為の構造に即していえば、それぞれの犯罪論（厳密には違法および違法類型としての構成要件）における発想方法（価値観点）に、つぎのような決定的な違いがみられる。この違いを端的にいえば、「行為主義か結果主義か」の対立であると表現できよう。その場合、行為主義とは『行為』を、また、結果主義とは『結果』を基本とするのであるが、この場合の行為や結果について、それ以外の諸要因（行為の場合には他の行為的要因を含む）との関連において、何を、また、どのように考慮するかによって、とくに違法論に大きな影響をもたらす。「行為無価値論と結果無価値論の対立」において、それぞれの内部にも一元的行為無価値論（一元論という）と二元的行為無価値論（二元論という）とが生ずるのは、このことに起因するのである。そこで、先にのべた行為の構造の観点から構成要件論と違法論を中心に若干の検討を行う。

行為無価値論は行為主義の立場から、「客観面と主観面の統一体」とする主観的行為論を前提として、構成要件論や違法論においても、これらを総合・止揚するような理論を展開している。構成要件に関する違法責任類型説、主観的違法要素を広く肯定する見解などがそれである。

このうち、一元論は、これらの領域において行為意思（意思決定）を重視して、行為後の環境や結果を度外視し、結果を客観的処罰条件と解する（人的または主観的違法論）。このような思考方法は「行為者人格→行為意思→行為」と図式化することができよう。これに対して、二元論は、一元論と同様に主観的行為論（とくに人格的行為論）を前提として、犯罪論においても行為および結果の無価値が必要不可欠であると解するのである。このような二元論には、行為と結果のいずれを重視するかという違いはあるが、今日の支配的な傾向として「行為→行為意思→結果」から「行為→結果→行為意思」へと移行している。

このような行為無価値論について、結論的に、その特徴と功績について述べておこう。行為無価値論は、そのネーミングにも象徴されるように、行為を重視する立場から行為論や実行行為論など、行為に関する理論的な分析に力を注いできた。このうち、実行行為論において、「行為の実行行為性」、すなわち、行為の構成要件的な定型性または類型性を重視したことは最大の功績であった。私の二元的結果無価値論は、結果無価値論の立場から、このような実行行為論を取り入れようとするものである。

これに対して、結果無価値論は、「結果主義」を前提とする客観主義の立場から、客観面と主観面の区別を重視しつつ客観的行為論を採用し、犯罪論においても客観主義的理論を展開している。違法論の本質を法益侵害結果（実害とその危険）に求めて、「違法は客観的に、責任は主観的に」というテーゼを維持しようとすることなどがそれである。このような考え方を行為無価値論と対比すれば、「結果→行為」と表現できよう。

このように「行為無価値論と結果無価値論の対立」を端的に表現すれば、「行為主義か結果主義か」が争われたのである。行為主義とは行為的要因を、結果主義とは結果的要因をそれぞれ重視する考え方である。それでは、行為主義と結果主義のうち、犯罪論においては考え方の問題として、いずれが妥当であろうか。この問題は、行為の構造自体のレベルではなく、まさに存在論を超えた価値論の領域に属する。本稿において存在論的思考とともに「刑法の価値観点」の必要性を強調する理由はここにある。そこで、**3**においては近代刑法の思想や基本原則によりながら、一連の刑法論争について検討しよう。

3　刑法の価値観点と刑法論争

(1)　刑法における価値観点

このような行為の構造に関する一連の過程における諸要因のなかで、いずれに重点を置くかは、学問の性格や問題関心（以下、「観点」という）によって規定される。従って、犯罪心理学や犯罪社会学（以下、単に「刑事学」という）の観点から、犯罪の原因について行為者的要素を重視するからといって間違いという訳ではないし、倫理（例えば、カントの心情倫理）や宗教の観点から、行為者人格や行為意思に着目する場合も同様である。

それでは、刑法（刑事訴訟法を含む）の観点からは、何に対して、どのように、いかなる順序によって、これらへの係わりや関心をもつべきであろうか。このような問題を解決するためには、行為の構造における事物論理を前提としつつも、刑法の本質や機能に照らして、その価値観点を解明する必要がある。

ここに刑法の「価値観点」とは、近代刑法における思想や諸原理から導き出されるが、さしあたりつぎの点を指摘するにとどめる。

第一に、近代刑法においては、法と道徳・倫理・宗教とを峻別することを前提として、社会に対してどのような害を与えたか（すなわち「社会侵害性」）を先決問題とすべきである。このような観点からは、犯罪論においては『結果』（とくに法益侵害結果）に重点を置いたうえで、行為（外部的行為）から結果に至る客観的事態（行為・結果・因果関係）を重視し、先行させるべきである（客観主義刑法理論）。

第二に、近代刑法の基本原則とは、いうまでもなく、刑法定原則、法益侵害原則、そして責任原則であるが、犯罪論においては、それぞれの刑法原則を堅持するとともに、これらを整合的に理解することが肝要である。犯罪は刑法諸原則を充足しうる行為でなければならないから、犯罪論においてそれぞれの原則に対応する受け皿としての要素を用意する必要がある。このような観点からは、構成要件は刑法定原則に、違法は法益侵害原則に、責任は責任原則に、それぞれ対応させる見解は妥当な考え方である。

前述したように、私が「評価の体系」と「要素の体系」のうち、前者に属する「構成要件」「違法」「責任」という体系を支持するのも、このような理由からである。その際、「構成要件」「違法」「責任」の概念や内容は、それぞれに対応する刑法原則の趣旨に照らして理解する必要がある。このことを強調するのは、一連の刑法論争やそこでの解釈理論を評価する場合に、決定的に重要であるからである。

これらのことを総合すれば、犯罪論において『結果』（結果的要因）のみならず、『行為』（行為的要因）や『行為者』（行為者的要因）をも考慮することは必要不可欠があるが、そこでの思考の方法や順序としては「結果→行為→行為者」という考え方が妥当であるということになる。

(2)　刑法諸原則と刑法論争

学派の争いにおける行為者主義か行為主義かという問題であるが、結論的には、刑法の価値観点からは行為主義が妥当であることはいうまでもない。行為者主義は犯罪論において行為者的・主観的要因（行為者の性格や意思）を基本として、「行為者→行為」という思考方法を採用するからである。

行為無価値論は行為主義によるのであるが、この場合の行為について「客観面と主観面の統一体」と解することを前提として、このような行為を結果に優先させる点（「行為→結果」）で疑問がある。行為無価値論において支配的な「二元的行為無価値論」についても、結果は必要不可欠とされるのであるが、「行為→結果」という思考方法である点で本質的に同じである。これに対して、結果無価値論のうち、従来の一元的結果無価値論は、行為について客観的行為論（社会的行為論や身体動静論）を前提として、犯罪論においても、行為を外部的行為と解したうえで、結果を重視して客観的な結果との因果性（行為と結果の因果関係）を強調したのである。このように、一元的結果無価値論における「結果→行為」という思考方法は、近代刑法における権利または法益侵害原則に照らして基本的に妥当である。

罪刑法定原則の観点から、各個の刑罰法規（構成要件）は主要には行為と結果の類型であると解すべきであるから、行為の類型に対応する行為の構成要件的該当性、すなわち行為の実行行為性を論じることは必要不可欠である。そうだとすれば、犯罪の客観的構成要件要素に属する「行為・結果・因果関係」において、その場合の行為とは行為論における行為のように無規定で無内容なものではなく、実行行為と解しなければならない。この点において、行為無価値論が実行行為論を要とする犯罪論を展開したことの意義は大きい。

この場合の実行行為性とは、行為の類型性と危険性を意味するが、この類型性においては「行為の態様」が重要であるし、行為の危険性とはあくまで「結果に対する危険」を意味する。このように、結果無価値論を前提としながら実行行為論をも導入する見解を、私は二元的結果無価値論と呼ぶのである。このような思考方法は「結果→実行行為」と表現することができ、罪刑法定原則や法益侵害原則をともに堅持するとともに、これらを整合的に理解できる点で優れている。

結果無価値論は結果を重視する点では共通するが、行為の扱い方については顕著な違いがあるから、従来の一元的結果無価値論（一元論）と最近の二元的結果無価値論（二元論）とは理論的に区別すべきである。その違いを端的にいえば、一元論は結果を重視するが、行為を軽視する傾向にあるのに対して、二元論は結果とともに行為をも重視する。すなわち、行為に関して、一元論が行為論における行為（社会的行為、身体の動静）を論じるに過ぎないが、二元論は行為の実行行為性を要とする実行行為を重視する立場から、危険性についても行為と結果の区別に対応して、「行為の危険」と「結果としての危険」を区別したうえで、それぞれに独自の意義を認める。このことは構成要件要素の理解に反映して、一元論は「行為・結果・因果関係」（この場合の行為とは行為論の行為）を全体として「実行行為」と位置づけるのに対して、二元論では、行為と実行行為とを区別して、「実行行為・結果・因果関係」という形で論じる。なお、構成要件については、従来の一元論では違法類型説を採用していたが、前述したように二元論に属すると思われる学者は違法責任類型説に傾いている。

四　行為の構造と犯罪論

1　行為の動態的構造と体系論

ここに行為の構造とは、説明の便宜から繰り返せば、「行為者の素質」→「行為者の人格形成環境」→『行為者人格』⇒「行為意思」→「行為環境」→『行為』（外部的行為）⇒「行為後の環境」→『結果』であった。これらの諸要因は犯罪の成否や情状の判断に影響を与えるから、犯罪論におけるそれぞれの意義や重要性に違いはあるものの、いずれも犯罪論において考慮する必要がある。

通説・判例のように「構成要件・違法・責任」という概念を前提とするならば、これら諸要因をいずれに位置づけるべきか、また、相互の関係をいかに理解するか、さらに、どのような順序で判断または認定すべきかが問題となる。そこで、従来の犯罪論において、例えば、「行為者の素質・行為者の人格形成環境・行為者人格」は行為論（人格的行為論）と責任論（責任能力、期待可能性）、「行為意思」は責任論（故意・過失）、「行為環境」は違法論（違法阻却）、「行為（外部的行為）・行為後の環境・結果」は行為論（客観的行為論）や構成要件論（実行行為、結果、因果関係）において主要な課題とされてきたのである。

このような「構成要件・違法・責任」という要素論やこれを前提とする体系論は妥当であろうか、また、このような考え方を前提とする場合にも、諸要因をどこに、また、どのように位置づけるべきであろうか。

ところで、前述したように体系論には大きく二つの潮流があり、「評価の体系」と「要素の体系」がそれである。このうち、ドイツや日本における構成要件・違法・責任という概念を前提とする体系は「評価の体系」に属するが、その場合にも科学的または存在論的な要素論や体系論を構築しようとするならば、刑法の対象または素材である行為の動態的構造を解明したうえで、これを踏まえなければならない。より具体的には、第一に、行為の構造それ自体のなかにいくつかの事物論理が存在するから、これを当然の前提として犯罪論を展開しなければならないこと、第二に、そこでの諸要因のうち、犯罪論において何をどのように扱うかは、刑法における価値観点の問題であり、価値論の領域に属するということである。前者は存在論（行動科学）、後者は価値論の領域に属するが、犯罪論を展開するにあたっては、この両方を視野に入れるとともに、これらを切り離すことはできない。このような観点から、以下では、違法と責任の関係、犯罪論における危険概念について検討しよう。

2　違法と責任の関係

⑴　体系論における客観面と主観面

行為の構造においては、結果との関連で客観面（客観的要因）と主観面（主観的要因）とは区別されうる。それでは、犯罪論において客観面と主観面との関係はいかに解すべきか。この問題は体系論はもとより、要素論にとっても決定的に重要である。なぜなら、体系論の観点からは、違法と責任の関係のみならず、違法・責任と構成要件の関係においても不可避の問題であるが、要素論にとっても、個々の構成要件要素や違法要素の理解の仕方にも係わるからである。

犯罪論における客観面と主観面の意義と関係については、先に述べたように事物論理を踏まえるとともに刑法の価値観点から論じる必要がある。このうち、刑法の価値観点からは、**三**の**3**で述べたように、「構成要件・違法・責任」は、刑法上の諸原則に対応させるとともに、それぞれの趣旨に照らして理解されなければならない。

(2)　「違法は客観的に、責任は主観的に」の意義

法益侵害原則と責任原則の観点から、「行為無価値論と結果無価値論の対立」において重要な論点である「違法は客観的に、責任は主観的に」という命題の意義と内容について検討しよう。

まず、法益侵害原則とは、犯罪が成立するためには当該行為が違法であること、すなわち、法益侵害性を有することが必要であるという趣旨である。従って、法益侵害性を有しない行為を違法とすることは許されないし、法益侵害性とは無関係な要因、例えば、行為の規範違反性や反倫理性を違法要素とすることもできない。それでは、行為者の主観面は法益侵害性の存否や程度に影響するであろうか。この点をめぐって、結果無価値論の内部において主観的違法要素の是非や範囲が争われている。ここに「法益侵害性」とは法益に対する実害または危険を意味する。このうち、危険性とは実害を生じさせる客観的可能性である。従って、故意・過失などの行為者の主観が（主観的）違法要素であるかどうかは、行為者の主観がそれ自体として、このような客観的可能性（危険性）の存否や程度に影響するかという問題に帰着する。しかも、このことを肯定するためには、少なくとも行為者の主観が結果を左右する客観的可能性があることが論証されなければならない。この問題は事物論理の問題であり、存在論の領域に属する。この点については後で詳論するが、結論だけを示せば否定せざるをえない。そうだとすれば、結果無価値論の立場から主観的違法要素を肯定することは事物論理を無視することになり、不合理である。

責任原則とは、違法な行為について、当該行為者の主観における落度を要するという趣旨である。このように、

近代刑法における責任は客観的責任ではなく、主観的責任を意味するから、「責任の客観化」は許されないことになる。なお、ここでは責任論については立ち入らない。

以上のように、法益侵害原則によって「違法は客観的に」という命題が導かれ、責任原則から「責任は主観的に」という命題が導き出されるのである。しかも、この場合の「客観的とか主観的」という区別は、違法評価の対象に関する区別であり、行為の構造における客観面と主観面に対応する。

これに対して、行為無価値論の立場からは、「違法は客観的に、責任は主観的に」という命題について、全く異なった説明がなされている。すなわち、違法評価の基準と対象とを区別することを前提として、「違法は客観的に」という趣旨は一般人を対象とする規範（評価規範および法定規範）であるという意味であるから、違法評価の対象に行為者の主観面を考慮することとは矛盾しないと一般に解されている。また、「責任は主観的に」という場合にも、責任判断の対象が行為者の主観面であるというのではなく、当該行為者を基準として判断するという趣旨に解されている。法益侵害性とは無関係である故意や過失を主観的違法要素である解する見解や未遂犯と不能犯の区別に関する具体的危険説（後述）などは、このような考え方である。このような考え方は、前述した法益侵害原則や責任原則の趣旨を没却することになる。違法性についていえば、法益侵害性とは無関係な要素を違法要素とするにとどまらず、結果に対する危険性（客観的可能性）がなくても違法性を肯定することになるからである。

(3) 主観的違法要素

① 違法論において、「行為無価値論と結果無価値論の対立」を反映して、行為者の主観面が違法性の存否や程度に関係するかという問題が活発に論じられてきた。そのなかには、主観的違法要素と主観的正当化要素という二つの場合があるが、いずれも行為者の主観面が違法性の存否や程度に関係するということを肯定する点では本質的に同じである。このうち、以下では、主観面が違法性を根拠づけたり、これを高めることがありうるかという問題に

ついて検討する。このような議論が主観的違法要素論である。

この点について、行為無価値論の立場からは、前述したように、「違法は客観的に」という趣旨は、一般人を対象とする規範であるということであるから、違法評価の対象に行為者の主観面を考慮することとは矛盾しないと理解して、主観的違法要素を広く肯定する。これに対して、結果無価値論の内部では、例外的肯定説と否定説とが対立している。このような対立は、行為者の主観面が法益侵害性、すなわち、法益に対する実害または危険に影響するかという点での争いである。ただし、後述するように法益に対する危険性が存在しなければ実害に発展することもありえないから、行為者の主観面が危険性に影響するかという問題が本質的である。そこで、結果無価値論の立場から、行為の構造を踏まえ、主観的違法要素の問題について検討しよう。

② 行為者の主観面が結果に「影響するか」、すなわち、「影響力を有するか」という問題に関して、つぎのような三つ前提問題があり、これらが複雑に関連している。

第一に、刑法規範の本質に関して、刑法は行為規範（行為意思の決定規範）か裁判規範（裁判所の評価規範）かという問題である。この点について、おおむね行為無価値論は行為規範説を、また結果無価値論は裁判規範説を採用している。この争いについては別の機会に詳論するが、結論的には裁判規範説が妥当である。そして、裁判規範説によれば、違法性は裁判時に確定した事情（データ）を基礎として裁判時に判断することになる（客観的・事後的判断説）。

第二に、「行為者の主観面が結果に影響するか」（影響力）という場合、主観面それ自体の影響力を問題としているのか、主観面が客観面を媒介として影響力をもつ場合をも含むのかという問題である。結果無価値論において、これを肯定する見解は後者を一般的に論じているのに対して、これを否定する見解はおおむね前者を問題としているのである。なお、学説のなかには、主観面の影響力を肯定することを前提として、主観面に対応する客観面が存在する場合には、主観面の反映である客観面を評価すれば足りるが、そうでない場合（超過的内心傾向）だけを主観的違法要素とする必要があるとする見解がある。

第三に、一定の結果が現に発生した場合とそうでない場合とでは、問題の性質や結論が異なるのかという問題である。既遂犯の故意と未遂犯の故意とでは結論を異にするという見解がそれである。前者では現に結果が発生しているのであるから、故意をあえて主観的違法要素とする意味や必要性がないが、後者では故意の有無によって行為者が行為に出るか、また、どのような行為に出るかは影響されるから、未遂犯の故意は主観的違法要素であるとされるのである。

このような三つの問題は密接に関連しているが、そのなかでも第一点が先決問題であり、第二および第三の結論を左右することになる。なぜなら、行為者の主観面が結果に対する影響力を有するかという判断は、どの時点で、また、どのような事情を基礎として判断するかによって、結論が全く異なるからである。そして、第一点に関する裁判規範説によれば、行為時および行為後の事情は、行為の客観面か主観面かの区別なく、すでに確定しているのであり、また、確定しなければならない。従って、裁判において客観的に観察すれば、行為者の主観面は客観化しているか否かの二者択一であり、主観面に止まる場合を問題とすることは許されないから、主観面が客観化していれば客観面だけを基礎として判断すれば足りる。

③　前述した行為の構造やその分析から明らかなように、『行為』と『結果』との関係を客観的に分析すれば、『結果』は、『行為』(外部的な行為)と行為後の環境によって規定されるのであって、主観面に属する行為者人格や行為意思それ自体は、この『行為』を規定する要因に過ぎない。換言すれば、行為者人格や行為意思(行為者人格は行為意思を通してであるが)は、確かに『結果』に何らかの影響を与えるが、その場合にも、それ自体として結果に影響を与えるのではなく、あくまで『行為』を媒介としてのみ可能である。これに対して、行為者は行為意思に従って行為するのであるから、行為者がどのような行為に出るかは行為意思によって左右されることになり、やはり行為意思は

結果に間接的に影響するという反論があろう。目的的行為論はまさにこのような考え方である。しかし、行為意思が行為の出方に影響することは当然であるが、このことは、行為意思それ自体が外部的行為（すなわち『行為』）を媒介することなく、結果を左右することまで肯定する根拠にはならない。

このように、行為者の主観面それ自体（内面に止まる場合）は結果を左右することは不可能であり、『行為』（外部的行為）を通じてはじめて可能となるのである。すなわち、故意、目的、計画などによって行為の出方は規定されることは確かであるが、その場合にも、そのような主観面の客観化を意味する行為によって、はじめて結果に影響するのである。このような事物論理を前提とすれば、結論として、行為の客観面を度外視して行為者の主観面を主観的違法要素と解することは不合理である。

3　行為の動態的構造と刑法における危険

(1)　犯罪論における危険概念の意義

犯罪論全体において危険概念は最も重要であるが、とりわけ犯罪論の要ともいうべき構成要件論において、実行行為を理解するうえで必要不可欠である。私見によれば、行為の実行行為性を根拠づけるものは、行為の定型的危険性であるからである。そして、このような危険概念の重要性は、例えば刑法総論の領域では実行行為論に関する諸問題（未遂犯論、共犯論など）を解決する場合はもとより、刑法各論では抽象的危険犯と具体的危険犯の区別があることなどからも明らかである。結果無価値論を前提とする犯罪論においては因果性が強調されるが、その場合の「因果性」と呼ばれるものは、犯罪論における因果関係ではなく、因果法則を基礎とする結果発生の客観的可能性を意味しているから、厳密には、後述するような「危険性」の問題であった。そこで、以下では、実行行為論における危険性について検討することとする。

行為の構造を分析するにあたって、**2**では結果が発生したことを想定して論じたが、既遂犯とそれに至らない前段階的行為を処罰する場合（未遂犯や予備罪）の区別に対応して、犯罪には結果が発生する場合とそうでない場合がある。このうち、結果発生の場合には、後に詳論するように、この結果が実害か「結果としての危険」（危険状態）かを問わず、行為が結果発生の危険性（「行為の危険」）を有していたか否かが問題となる。結果発生の場合にも、結果に対する「行為の危険」を観念しうるばかりでなく、実行行為論において、行為の実行行為性を基礎づけるものは、このような「行為の危険」である。

つぎに、未遂犯や予備罪のように、結果に至らない行為（前段階的行為）を処罰する場合、これを論拠づけるためには危険概念が特段の意義を有する。なぜなら、法益侵害原則の観点からこれらの処罰根拠を説明するためには、結果（法益侵害結果）に対する危険性が本質的な意義を有するからである。また、間接正犯や狭義の共犯の場合にも、行為者が結果を直接的に惹起するわけではないから、このような前段階的行為を処罰する場合と同様に、やはり利用者や正犯者の結果に対する危険性が決定的な意義を有する。

(2) 危険性と客観的可能性

2において行為や行為意思が結果に「影響を与える」と表現したが、これらは犯罪論における「因果関係」および「危険性」の問題に関連する。因果関係と危険性との違いを端的にいえば、経験法則を共通の前提として、因果関係は「現に影響をあたえたか」を行為後の具体的経過に即して検証することであるが、危険性は「影響をあたえうるか」という客観的可能性の問題である。両者の関係については立ち入らないが、以下では行為の動態的構造の観点から危険性の問題について検討するにとどめる。

「危険性」とは、前述したように、一定の『結果』を前提として、結果が発生する「客観的可能性」である。このような危険性を判断するにあたって、つぎの点が問題となる。すなわち、第一に、何の、また、何に対する危険性か（判断の対象）、第二に、いかなる基準と資料（または事情）によって判断するか（危険判断の基準・資料）、第三に、いかなる時点で判断するか（判断時点）、という三つの問題があり、しかもこれらは相互に関連している。なお、「危険」と「危険性」とを概念的に区別して、前者は危険な状態、後者はこのような危険の判断であるということもできるが、以下では、このように両者を明確には区別しない。

このように危険性とは結果発生の客観的可能性であるが、危険性を判断することは、ある事態から一定の結果が発生することを客観的に予測すること（以下、「客観的予測」という）である。このことは地震や天気における予測（予知）と本質的には同じである。従って、危険性に関して危惧感説や印象説と呼ばれる見解があるが、客観的予測を最初から放棄して、危惧感や印象の問題に解消する点で本質的な疑問がある。このことは、一般人や科学的一般人を前提とする場合であっても同じである。

危険性とは結果発生の客観的可能性であると解するならば、当該事案について危険性を厳密に判断するためには、判断の基準となるべき経験法則（自然法則と社会経験則）が存在するとともに、このような経験法則を具体的に適用するための必要な資料が存在することを前提とする。しかし、仮に経験法則が確立している場合であっても、いかなる資料によって判断するかによって、結論は全く異なったものとなる。そのために、危険判断にあたって、いかなる資料を、また、どのように確定するかが争われるのである。これらの問題を検討するためには、危険判断の対象が「行為者か行為か結果か」、また、この点に関連して、危険判断の時点が事前か事後かという二つの前提問題を解決する必要がある。

(3)　**「行為の危険」と「結果としての危険」**

①　危険判断の対象について、「何が危険性を有するのか」また「何に対する危険」かという二つの問題を検討する。前者については、行為者の危険、行為の危険、結果としての危険とを理論的に区別することが可能であり、必

要でもある。また、後者に関しては、行為客体と保護客体の区別に対応して、それぞれに対する危険が問題となるが、法益侵害原則の観点からは、法益侵害結果（以下、単に「結果」という）に対する危険が問題となる。そこで、以下では、このような結果に対する危険について論じる。

まず、行為の危険について、結果無価値論の立場から、危険はすべて結果の問題であるとして、このような概念を否定する見解がある。しかし、結果は行為の危険の発展形態であり、行為に危険があるから結果が発生するのであるから、このような事物論理から行為の危険を観念することは可能であり、行為の実行行為性を論じる場合に必要不可欠である。その際、行為の危険は、一定の結果を前提とする「結果に対する行為の危険」であるから、結果を度外視して行為の危険を論じることはできない。また、刑法の価値観点からは、前述したように、結果（実害と「結果としての危険」）に対して「行為の危険」を優先させることは妥当でない。

つぎに、結果としての危険は、行為の危険によってもたらされた行為後における一定の状態（危険状態）であるから、その用語が示すように広義の結果（結果的要素）に属する。このように時系列的には「行為の危険→結果としての危険→実害」という経過を必ずたどるはずであるから、このことは既遂犯と未遂犯に共通する。ただ、実害という結果を前提とする場合（実害犯としての既遂犯）は、行為の危険が結果としての危険を通して実害に至ったのであり、その未遂犯においては行為の危険が結果としての危険に止まった場合である。

このように行為の危険と結果としての危険との区別は、危険の程度の問題ではなく、時系列の観点から違いがあることになる。このような区別の仕方は、実害を前提とする抽象的危険と具体的危険との区別にも対応させることができる。なお、いずれの危険においても、定型的危険を論じる場合には、それぞれ危険の程度を論じることができるし、その必要性もある。

② 行為とは「行為者の行為」であり、また、行為は行為意思の実現である以上、行為者の危険を論じることが

できる。しかし、その場合にも、新派のように行為者の性格や行為意思それ自体の危険（すなわち行為者の危険）を重視するのではなく、あくまで「行為に出るであろう危険」（行為への危険）を問題とすべきである。

このような観点から予備罪について検討するならば、予備罪は特定の犯罪を犯す目的をもって準備行為を行うことを要するのであるが、これらの要件が必要とされる理由はつぎの点にある。すなわち、第一に、準備行為が存在することによって、客観的に犯罪の実行が容易になったこと、第二に、犯罪実行の目的を実行に移す危険性が高まったことである。このように予備罪に犯罪実行の目的が必要とされるのは、実行行為に及ぶ危険が高まったからであり、行為者が目的を有すること自体（すなわち意思の危険）にあるのではない。

③　このような危険の三形態のうち、行為の危険と結果としての危険という区別に関連して、それらの判断の時点や判断の基礎となる事情（資料）がとくに問題になる。

このうち、行為の危険においては、「行為者の行為」が危険性を有するかを判断するのであるから、行為時の事情を基礎として行為時に判断すべきであるという見解が合理的であるようにみえる。ところが、未遂犯と不能犯の区別に関して争われているように、行為時の事情をどのように確定するかが前提問題であり、しかも、この問題は危険判断の時点とも密接に関連する。抽象的危険説・具体的危険説・客観的危険説の対立がそれである。このうち、行為無価値論は具体的危険説を、また、結果無価値論は客観的危険説を一般的に採用するので、これらの説について検討する。

まず、行為無価値論は違法は一般人を基準として判断するのであるが、このことは危険性についても同じである。すなわち、行為の現場に一般人が居合わせたら、行為者の行為を危険であると感じるか、またはそのような印象もつかを問題とすることになる。そこで、具体的危険説によれば、行為時の事情とは、行為時において一般人が認識しえた事情（厳密には、行為の現場に一般人が居合わせたならば認識したであろう事情）または行為者が現に認識していた事情であると解されるのである。しかし、このような主観的かつ不確かな事情を基礎として判断される危険は客観的可能性とは異質であるばかりでなく、このような危惧感説や印象説が妥当でないことはすでに述べた通りである。なお、このことは、未遂犯と不能犯の区別に関する具体的危険説の結論をみれば明らかである。

これに対して、結果無価値論の立場からは、客観的危険説によって、危険とは客観的可能性であるという前提のもとに、客観的事情を基礎として、経験法則に基づいて事後的に判断される。私もこのような考え方が基本的に妥当であると考える。しかし、行為の危険と結果としての危険とを峻別する場合、結果としての危険においては結果に属する以上、行為時および行為後の事情を基礎として判断するのは正当である。これに対して、行為の危険を論じる場合には、行為時に存在した客観的な事情（ここには行為時に予測可能な行為後の事情を含む）を基礎として判断すべきである。とはいうものの、認定論の観点からは、行為時にどのような事情が客観的に存在したかは事後的に判明するのであり、最終的には裁判時に確定することになる。このように、行為の危険について行為時の事情を基礎として判断するからといって、具体的危険説のように行為時判断説を採用する必然性はない。なお、このような対立の背景には、刑法は行為規範か裁判規範かという根本問題があるが、この点については別の機会に検討する。

五　構成要件と犯罪論体系

1　構成要件論の概観と課題

(1)　犯罪論における構成要件の意義

犯罪体系論の課題や方法についてはすでに検討したが、犯罪論体系における構成要件の意義を明らかにするためには犯罪論全体、すなわち原理論、要素論、そして認定論のそれぞれを視野に入れる必要がある。なぜなら、犯罪論体系はそれ自体としての論理性・整合性を要するとしても、原理論や要素論を前提とするばかりでなく、刑事手続における認定にも寄与するという目的論的な発想が必要不可欠であるからである。そこで、それぞれの観点から、「犯罪とは構成要件に該当する違法かつ有責な行為である」という見解を前提として、犯罪論における構成要件の意義について検討しよう。

①　まず、原理論の観点からは、構成要件はつぎのような意義や課題を有する。

第一に、罪刑法定原則とは、「構成要件なければ犯罪はなく、刑罰もなし」といわれるように、この原則にとって構成要件は本質的な意義を有することはいうまでもない。ところが、この原則をいかに理解するか、とくに後述するように何に重点を置くかによって、構成要件の理解は大きく左右される。

第二に、構成要件は少なくとも違法類型であるから、法益侵害原則の観点から構成要件は法益侵害性にとって重大な意義を有する。そこで、この観点から構成要件の基本要素である「行為と結果」をいかに理解すべきかが最大の問題となる。

第三に、構成要件と責任との関係をめぐって違法類型説と違法責任類型説が対立しているが、行為無価値論の立場からはもとよりのこと、私のような「二元的結果無価値論」の立場からも構成要件は違法責任類型であるから、責任原則にとっても重要である。しかし、いずれの立場によるとしても、違法と責任の関係をいかに理解するかによって、構成要件諸要素の内容は異なったものとなる。

このように、近代刑法の諸原則において、構成要件の概念は決定的に重要であり、その要ともいうべき位置を有しているが、それをどのように理解するについて多くの課題が残されている。

②　犯罪要素論については、行為の構造を前提としてすでに検討したが、通説・判例における犯罪概念に示されるように、犯罪論体系の観点からは、構成要件は、違法や責任に先立つ第一の要素であり、少なくとも違法との関

係では推定機能を有するとされる。そこで、構成要件が原則型であり、例外型とされる特別の例外的事情（違法阻却事由）が存在しない限り、違法であるとされるのである。

行為の構造について、どのような要因を構成要件要素とするかは違法類型説と違法責任類型説とで大きく異なるが、いずれにも共通するのは構成要件が違法類型であることである。そこで、違法類型の観点からいえば、客観的構成要件要素のなかで「行為と結果」は中核的要素であるが、これらは法益侵害性に対応する類型的要素であるから、法益侵害原則にとって最も重要な要因を扱うことになる。そのために、「行為無価値論と結果無価値論の対立」における主要な論争は、このような「行為と結果」（因果関係を含む）をいかに理解するかをめぐって激しく争われるのである。

③　犯罪認定論の観点からは、刑事訴訟法第三三五条第一項が規定するように、「罪となるべき事実」の存否は有罪判決か無罪判決かを決するうえで決定的な意義を有するが、この「罪となるべき事実」とは構成要件に属する事実であり、このような事実に属するか否かは、構成要件を基準として決定されるのである（刑事訴訟法第三三六条参照）。このことからも明らかなように、認定論においても構成要件は決定的な意義を有する。

(2)　罪刑法定原則と構成要件論

①　構成要件論は、周知のように、ドイツ刑法学における構成要件論の歴史的な展開を踏まえながら、独自の発展を遂げてきた。その詳細については立ち入らないが、初期ベーリング流の理論（構成要件は犯罪類型の「輪郭」であり、記述的・客観的・没価値的であるとして、構成要件と違法と峻別する見解）、M・E・マイヤー流の理論（構成要件は違法の認識根拠であるとして、構成要件の違法推定機能を認める見解）、メツガー流の新構成要件論（構成要件は不法類型であるとして、構成要件は違法の存在根拠と解する見解）、さらには日本では、小野の理論（違法・責任類型説）や宮本・佐伯の理論（構成要件を可罰的違法・可罰的責任類型と解する可罰類型説または犯罪類型説。以下、犯罪類型説と呼ぶ）などがそれである。

このように、犯罪論における構成要件の決定的な意義がベーリングによって指摘されて以降、構成要件と違法・責任との関係、違法と責任の関係、さらには構成要件と可罰性との関連などをめぐって様々な議論が展開されてきた。このような議論の理論的背景にはいうまでもなく罪刑法定原則があるが、そのために、この原則の趣旨からすれば構成要件をどのように理解すべきかが争われてきたのである。

② このようにベーリングの構成要件論は罪刑法定原則を思想的根拠として展開されたことはいうまでもないが、前述したマイヤーの理論やメツガーの理論、日本での犯罪類型説なども、罪刑法定原則との関連で構成要件が論じられていたのである。

ところで、罪刑法定原則とは「構成要件なければ犯罪はなく、刑罰もなし」と表現されるように、この原則にとって「構成要件」の概念は決定的に重要である。そこで、構成要件をいかに理解すべきかは、罪刑法定原則の趣旨に照らして検討されなければならない。このような共通認識に立つ場合、罪刑法定原則の観点からは、いかなる構成要件概念が妥当であろうか。

ドイツや日本における従来の理論においては、構成要件の概念についてつぎのような大きく二つの理念型があった。第一は、実定法上の各個の刑罰法規（各本条または罰条）における規定内容に即して理解する考え方（以下、「実定法的概念」という）であり、第二は、このような各個の刑罰法規に規定された諸要素のうち、一定の目的論的観点から、ある種の類型的要素（例えば、客観的かつ行為的要素）を理論的に抽出しようとする考え方（以下、「理論的概念」または「目的論的概念」という）である。そして、第一の理念型を前提とする場合には、違法責任類型説のように、各個の刑罰法規に規定されたすべての要素が構成要件要素に属することになり、第二の理念型を前提とする場合には、違法類型説のように、行為主義かつ客観主義を重視して、行為の構造を構成する諸要素について「客観面と主観面」また「行為者と行為」を峻別して、構成要件は客観的・行為的要素によって構成されるべきであると主張したのである。

③　構成要件が実定法的概念か目的論的概念かは、いずれも罪刑法定原則を前提としてるが、この原則における民主主義的要請と自由主義的要請のうち、いずれを重視するかという前提問題に関連している。前者によれば刑罰法規（すなわち構成要件）のもつ可罰性付与機能を重視するが、後者は構成要件における客観主義かつ行為主義を強調することになる。

このような二つの要請に照らせば、構成要件が「犯罪の類型」であるという考え方は、一方では、民主主義的要請によって実定法を基礎としつつ、他方では、自由主義的要請から犯罪の「類型」として理解するものであり、これら要請を総合しようとする卓越した理論である。しかし、従来の構成要件の理論においては、罪刑法定原則における二つの矛盾する要請の狭間で、構成要件をどのように理解するかが争われてきたのである。このような二つの流れのなかで、かねてからの私の問題意識は、これらを矛盾無く両立しうる理論を構築することにあったが、本章では、その解決策を提示する。

(3)　「行為無価値論と結果無価値論の対立」と構成要件論

①　行為無価値論と結果無価値論の対立を反映して、日本における今日の学説はつぎのように大きく三つに別れるが、構成要件論を基調とする犯罪論を体系的に展開したのは行為無価値論である。

第一説は、行為無価値論が一般的に採用する見解であり、構成要件には客観的要素（すなわち客観的構成要件要素）と主観的要素（すなわち主観的構成要件要素）とがともに含まれると解する見解である。そのなかにも、構成要件は違法類型であると解する見解と違法責任類型である解する見解とがある。いずれの見解においても主観的構成要件要素（故意・過失など）を肯定する点では一致するが、違法類型説と違法責任類型説とでは、なぜ、また、どの範囲で主観的要素が構成要件に属するのかという点に関して見解を異にする。

違法類型説においては、目的論的概念としての構成要件概念を前提として、各個の刑罰法規に規定された諸要素のうちの違法要素を類型化したもの、すなわち、客観的違法要素のほか主観的違法要素を類型化したものが構成要件要素であり、この主観的違法要素が主観的構成要件要素に属するとされる。これに対して、違法責任類型説においては、実定法的概念としての構成要件概念の立場から、各個の刑罰法規に規定された諸要素のうち、違法類型の観点から違法要素（主観的違法要素を含む）が含まれるほか、責任類型の観点からは本来の責任要素であっても主観的構成要件要素に属することになる。

②　第二説は、従来の結果無価値論（すなわち、私のいう「一元的結果無価値論」）が一般的に採用する見解であり、実定法的概念としての犯罪類型と理論的概念である構成要件とを目的論的に区別する。すなわち、犯罪類型は実定法的概念であり、各個の刑罰法規を意味するから、（可罰的な）違法・責任の類型であるが、構成要件は理論的概念であり、行為類型として違法類型にとどめるべきであるから、犯罪類型に属する要素のうち、違法要素を類型化したものだけが構成要件要素に属しうるものと解される。

このような見解のなかにも、『違法は客観的に、責任は主観的に』という伝統的なテーゼを基本とするが、前述したように例外的に主観的違法要素（さらに超過的内心傾向）を認めるべきか否かをめぐって見解は二つに別れる。例えば、未遂犯における「故意」や行為者の目的・計画は未遂犯固有の主観的違法要素であるか否かがその典型である。このうち、主観的違法要素を否定する見解においては主観的構成要件要素をも否定することになるが、これを肯定する見解によれば、違法類型としての構成要件要素として、例外的に主観的構成要件要素を認めることになる。

③　第三説は、結果無価値論の立場から、近年、構成要件は実定法的概念であるとして、違法・責任の類型と解する見解である。このような立場からは、構成要件には客観的要素のみならず、主観的要素（故意・過失など）をも広く肯定することになる。その場合にも、第二説におけると同様に、主観的違法要素を例外的に肯定するか否かをめぐって争いがある。結果無価値論の立場から、私はこの第三説を基本的に支持するのであるが、同時に、『違法は客

観的に、責任は主観的に』を堅持する立場から、主観的違法要素を全面的に否定する見解を採用する。このような見解によれば、『違法は客観的に、責任は主観的に』というテーゼを前提とするから、違法類型としての構成要件要素が客観的構成要件要素に、また、責任類型としての構成要件が主観的構成要件要素に、それぞれ対応することになる。

2　各個の刑罰法規と構成要件論

(1)　各個の刑罰法規の諸要素とその分類

① 実定法における各個の刑罰法規には、明文における表現方法は別として、これを理論的に分析すれば、じつに多種多様な要素が含まれる。そこで、行為の構造に関する分析を踏まえて、これらを分類すればつぎのようになる。

客観面と主観面という区別に関しては、客観的要素として、身分、行為の客体、保護客体、行為（作為・不作為）、行為態様、行為の状況、因果経過、結果などであり、主観的要素としては、故意・過失、目的、行為者の傾向などである。これら諸要素のうち、すべてのまたはほとんどの犯罪に共通する要素（「一般的構成要件要素」と呼ぶ）として、客観的要素のうち保護客体・行為・結果・因果関係や主観的要素のうち故意・過失がこれに属する。なお、このうちの行為態様や行為者の傾向については、独自の意義を否定する見解がある。

行為的要素と行為者的要素というの区別によれば、現行刑法典における各個の刑罰法規は、行為主義の立場から行為的要素（「行為と結果」に関する要素。ここには故意・過失などの「行為意思」を含む）を基本として規定しているが、行為者的要素（人格・性格、思想・心情など）については、ごく例外的に「行為者の傾向性」を考慮している。これに対して、戦前には行為者的要素を基本とする刑罰法規が多く存在したし、戦後の特別法においても、行為者的要素を取り入れた規定が少なくない。

これらの要素は、いずも犯罪成立における積極的要素（「原則型」）であって、認定論の観点からは「罪となるべき事実」に属するから、当該犯罪が成立するためには、その存在が積極的に立証されなければならない。

このように各個の刑罰法規には多種多様な要素が含まれるのであるが、これらの要素を構成要件要素と解するか否かについては、各個の刑罰法規と構成要件は概念的にどのような関係にあるかという前提問題に関連するので後述する。

② 刑法（刑法典）の立法技術として刑法総則と刑法各則の区別があるが、刑法第八条が規定するように、刑法総則はすべての刑罰法規に関する通則であるから、「各個の刑罰法規」という場合にも、総則規定との有機的な関連のもとに解釈・運用されなければならない。

刑法の総則規定は、各個の刑罰法規に対して、方法的および段階的な観点から、処罰範囲を大幅に拡張する修正を行っている。未遂犯と共犯に関する総則規定がまさにそれであり、これらは犯罪（または刑罰）拡張事由とよばれる。そして、このような各個の刑罰法規を構成要件と解する立場からは、各個の刑罰法規は基本的構成要件、これを修正した刑罰法規は「構成要件の修正形式」とか「修正された構成要件」と呼ばれるのである。このうち、「各個の刑罰法規」とか構成要件と呼ばれるものは、基本的構成要件を意味するものと解すべきである。なぜなら、刑法総則における未遂犯や共犯の規定は、「実行」という用語を用いているが、この概念は基本的構成要件を前提として、これに該当する行為を意味するからである。このように、基本的構成要件と修正された構成要件とは、犯罪の積極的要素である点では同じであるが、両者は実定法的にも、理論的にも峻別する必要がある。

(2) 各個の刑罰法規と構成要件

① 各個の刑罰法規には多種多様な要素が含まれているため、(1)で検討したように構成要件の意義や機能をめぐって活発に議論されてきた。このような議論のうち、ここでは、1の(2)において指摘した「罪刑法定原則と構成

要件」との関係についてさらに検討することとする。

罪刑法定原則によれば、可罰性の根拠や基準は実定法に規定された各個の刑罰法規（各本条・罰条）に求めなければならない。罪刑法定原則を前提とする限り、いかなる構成要件論であっても、このことは否定できないはずである。そこで、つぎの問題は罪刑法定原則の趣旨をいかに理解するかにある。ところが、この原則には民主主義的要請と自由主義的要請という性質を異にする二つの要請があるため、構成要件についての理解の仕方が対立するのである。

第一に、民主主義的要請を重視すれば、何を犯罪とするかは、立法機関があらかじめ定めておくべきであるが、これを類型的に定めたものが各個の刑罰法規であると理解することになる。そのうえで、このような各個の刑罰法規が構成要件であるから、そこには犯罪の類型化や個別化に必要なすべての要素が含まれると解することになる。構成要件に関する違法責任類型や犯罪類型説がそれである。

第二に、自由主義的要請を重視する立場からは、各個の刑罰法規には雑多な要素が含まれ、国家や国民に客観的で明確な判断基準を示すためには、これらのなかから客観的・行為的要素によって構成される「行為類型」を理論的に構築する必要があるとされるのである。ベーリングの見解がその典型であるが、違法類型説も「違法行為の類型」と解する場合には、基本的にはこのような考え方であるといえよう。

これらのうち、第一説は、構成要件概念においては確かに民主主義的要請を優先させているが、自由主義的要請との関連では、構成要件諸要素について客観的要素と主観的要素とを区別する必要がある。これに対して、第二説は、構成要件概念については自由主義的要請に対応するものであり、民主主義的要請に対応するためには、可罰的違法・可罰的責任の類型としての犯罪類型（または可罰類型）の概念が必要となる。このように考えるならば、いずれの見解においても、罪刑法定原則によって各個の刑罰法規を前提としつつ、構成要件と犯罪類型との関係は別として、構成要件概念のレベルにおいては二つの要請を考慮している点では共通していることになる。

② このような検討を踏まえた場合、罪刑法定原則における民主主義的要請と自由主義的要請とを両立しうる理論はいかにあるべきか。

私の結論を要約すれば、第一に、構成要件とは各個の刑罰法規を意味すること、従って、第二に、構成要件は違法責任の類型であること、第三に、前述したように「違法は客観的に、責任は主観的に」というテーゼを堅持することである。このような私見について、それぞれ説明を加えておこう。

第一に、各個の刑罰法規には前述したように多種多様な要素が含まれるが、これらはすべてが構成要件要素に属することになる。従って、そこには、客観的および主観的な要素、行為的および行為者的な要素が含まれる。また、このような意味での構成要件には、基本的構成要件とその修正形式とがあるが、いずれもここに含まれる。

第二に、構成要件は違法責任の類型であるが、違法類型と責任類型とを明確に区別したうえで、それぞれの要素をいずれかに配属する必要がある。また、各個の刑罰法規に規定する要素について、客観的または一身的処罰条件という観念があるが、これらはいずれも違法か責任のいずれかに属する。

第三に、「違法は客観的に、責任は主観的に」における「客観」と「主観」とは、判断の対象が客観面か主観面かの問題であって、判断の基準が一般人か当該行為者かという問題ではない。そして、このような区別は判断の対象（素材）の問題である以上、行為の構造における客観面と主観面に対応することになる。

3　構成要件における行為と実行行為

(1)　前提問題の総括と検討

以下の考察を行うにあたってその前提問題として、これまでの検討結果について必要な限りで要約したうえで、若干の補足をしておこう。

① 構成要件要素には多種多様なものが含まれるが、近代刑法の価値観点の帰結である「客観主義かつ結果主義」の立場（結果無価値論）からは、構成要件該当性の判断において、客観的要素と主観的要素とを区別したうえで、前者を後者に優先・先行させなければならない。このうち、構成要件の客観的要素において中核をなす概念は「行為と結果」である。

ここに「行為」とは客観面としての「外部的行為」である。なぜなら、結果を惹起するのは外部的行為であり、主観面としての行為意思それ自体は結果に影響することは不可能であり、このような外部的行為を媒介としてはじめて可能であるからである。行為が「結果に影響する」という趣旨は結果発生の「客観的可能性」を有することであり、刑法における「危険性」とは、この客観的可能性を意味することになる。

② 行為の構造における「行為↓行為後の経過↓結果」を前提とすれば、危険性判断の対象が行為か行為後の経過かによって、「行為の危険」と「結果としての危険」とを区別しなければならない。

このうち、行為の危険とは行為が危険性を有するか否かを判断するのであるから、当該行為について行為時の客観的事情を基礎として判断することになるが、行為時にどのような客観的事情が存在したかは裁判において確定せざるをえない。従って、結論的には、行為の危険は客観的・事後的な判断であることになる。また、結果としての危険は、行為後の具体的経過における危険状態（＝切迫した危険）の問題であるから、このような判断は行為後の客観的事情を基礎とする客観的・事後的判断であることはいうまでもない。

③ 法益侵害原則の観点からは、「結果」としての法益侵害結果が問題となる。この場合の結果には実害が含まれることは当然であるが、「行為の危険と結果としての危険」および「抽象的危険と具体的危険」という区別に関連して、危険性の扱いが問題となる。一元的結果無価値論の立場からはいずれの危険も結果であるとされる。しかし、②で述べたことを前提とすれば、結果としての危険は行為後における危険状態であるから結果の一種であるが、行

為の危険は、行為を対象として行為時の事情を基礎として判断する危険であるから、この危険を客観的・事後的に判断するからといって結果の問題とすることはできない。このように行為の危険と結果としての危険は、いずれ客観的・事後的な判断であるが、両者の区別は危険判断の対象の問題であって、判断時点の問題ではない。

(2)　構成要件における実行行為の意義

①　法益侵害原則の観点からは、客観的構成要件要素のうちの「行為・結果・因果関係」が最重要の問題であるが、この場合の「行為」とは何かが問題となる。この点について、「行為無価値論と結果無価値論の対立」を反映して見解が対立するが、ここでは理論構成上の違いについて概観するにとどめる。

行為無価値論においては、罪刑法定原則に対応する「定型説」と呼ばれる見解を前提として、この場合の行為とは構成要件的な「定型性または類型性」を有する行為であり、このような行為が実行行為であるとされる（以下、「固有の実行行為」ともいう）。このように行為論における行為（以下、単に「行為」という）と実行行為とを厳格に区別したうえで、因果関係についても実行行為と結果との関係であると解される。このような実行行為論は「行為無価値論型」と呼ぶことができよう。

これに対して、従来の一元的結果無価値論の立場から、このような定型説おける定型性という概念は無内容で不明確であるばかりでなく、このように行為を結果と切り離して論じるべきではないとして、実行行為は「行為・結果・因果関係」の全体であるから、実行行為の一要素である行為は、行為論における行為（身体の挙動または社会的行為）で足りるとされたのである（以下、「広義の実行行為」という）。このような立場からは、犯罪論全体において「行為の因果性」、すなわち、行為の結果に対する客観的可能性（すなわち、危険性）が重視されるのである。なお、この場合の行為とは「行為論における行為」であることというまでもない。このような実行行為論は「一元的結果無価値論型」と呼ぶことができる。

② 固有の実行行為概念と広義の実行行為概念のうち、私のように二元的結果無価値論の立場からは、いかに評価すべきであろうか。これを検討するにあたっては、刑法諸原理を堅持するとともに、これらを整合的に理解する必要がある。

第一に、前述したように構成要件の原理的根拠は罪刑法定原則にあるから、罪刑法定原則をいかに理解するかは実行行為論においても決定的な意義を有する。

客観的構成要件は「行為と結果」を中核とする類型であるから、結果の類型とともに行為の類型として理解しなければならない。各個の刑罰法規には、明文上も、行為の類型に属する要素として、行為(作為・不作為)はもとより、行為の態様や行為の状況が含まれているからである。

罪刑法定原則によれば、結果を要する犯罪(実害犯と具体的危険犯)については、行為の類型と結果の類型の両方を充たす必要があることはいうまでもないから、結果の類型としての構成要件に該当するとしても、行為の類型としての構成要件を充たさなければ処罰できない。換言すれば、行為と結果および因果関係が認められたとしても、この行為が固有の実行行為でなければ処罰できないのである。これに対して、結果を要件としない犯罪(形式犯のほか私見によれば抽象的危険犯)の場合には、行為の類型だけが問題となるから、固有の実行行為において行為の態様・状況や義務違反等を考慮することは不可避である。また、前述した「構成要件の修正形式」は基本的構成要件を当然の前提としているが、未遂犯や共犯について、総則規定における「実行」の概念は、固有の実行行為を前提とするものと解すべきであるから、固有の実行行為概念は実定法上および理論的にも必要不可欠である。このように、構成要件が実定法的概念であるかぎり、実定法上の明文を無視することはできないし、後述するように、理論的にもこれらをあえて結果の類型として説明しなければならない理由はない。

第二に、法益侵害原則の観点からは、実行行為論においても法益侵害性が不可欠であるばかりでなく、実行行為と法益侵害との関係は「実質的実行行為」における最大の問題であるので、(3)において詳しく検討する。ただ、実質的実行行為においては、「行為の危険」と「結果としての危険」とはそれぞれ独自の意義と機能を有するとともに、すべての犯罪に妥当する実質的実行行為論を構築する場合には、「行為の危険」を度外視しては論じえないから、固有の実行行為概念は必要不可欠であることだけ指摘しておこう。

第三に、責任原則における「行為と責任の同時存在の原則」とは、実行行為と責任の同時存在を要するものと厳格に解すべきである。なぜなら、結果に対する危険性があるからといって、いずれかの時点でまたは何らかの行為（行為論の行為）に責任（故意・過失、責任能力）があれば足りるというのでは、事前の責任や事後の責任を肯定することになり、責任原則に反するからである。責任原則において、「行為者の行為」について固有の実行行為を論じる意義や必要性はここにある。例えば実行行為論における「実行の着手」や「実行の着手時期」の問題において、この場合の実行とは固有の実行行為であるから、いずれにおいても実行行為と責任の同時存在を要することになる。

③　以上のように、刑法諸原則を矛盾なく徹底するためには、行為無価値論型の理論構成のように、行為と実行行為とを厳密に区別したうえで、固有の実行行為概念の独自的な意義や機能を肯定すべきである。このような見解によれば、客観的構成要件は「実行行為・結果・因果関係」を一般的かつ基本的な要素とするが、この場合の「行為の実行行為性」については、つぎに検討する。

(3)　行為の実行行為性について

①　行為（行為論の行為）と実行行為とを厳密に区別する場合、行為が実行行為となるためには、「行為の実行行為性」を要する。行為の実行行為性とは、構成要件が予定する類型性（構成要件的類型性）を備えることであるが、行為の構造における「行為と結果」に対応して「行為の類型」と「結果の類型」とを区別する場合、固有の実行行為概念を前提とする「行為の類型」の問題である。このような実行行為概念を前提とする場合にも、行為の実行行為性

を論じるにあたって、これを「形式的実行行為」と「実質的実行行為」という二つの観点から分析・検討したうえで、最終的にはいずれをも充たしているかが判断されなければならない。

② 「形式的実行行為」とは、罪刑法定原則における厳格解釈の要請に対応して、構成要件の言葉的な意味や限界を踏まえた概念である。殺人罪を例にとれば、要するに当該行為が「人を殺す」といいうるかという問題である。このような形式的実行行為（定型性）の概念は、殺人など比較的日常的な犯罪については、確かに無規定で不明確であるといえるが、行政刑法や経済刑法などの領域では、技術的・専門的用語の意味内容が決定的な意義を有する。

つぎに、「実質的実行行為」とは、法益侵害原則に対応して、法益侵害性の観点から実行行為を論じるのである。換言すれば、実行行為にはどのような法益侵害性が要求されるかという問題である。「行為と結果」という区別に関していえば、実行行為は行為の問題であるが、その法益侵害性は結果を前提とするから、これを度外視して論じることはできない。この場合の結果とは法益侵害結果を意味するから、構成要件が規定する保護法益は何か、また、どのような法益侵害を要するかは、実行行為における法益侵害性を論じるにあたって先決問題となる。

実定法上の犯罪には、実害犯のほか、具体的危険犯と抽象的危険犯、さらに形式犯がある。従って、実行行為における法益侵害性の問題は、それぞれに対応して論じることが必要である。このうち、私見によれば、実害と具体的危険は結果に属するから、結果に対する「行為の危険」を論じうるが、抽象的危険犯については、行為それ自体の危険が問題となるにすぎないから、行為客体、行為態様、行為状況等が重要な意味をもつことになる。なお、形式犯は法益に対する危険をも要しないとすれば法益侵害原則に反する。

③ 最後に、犯罪の典型である実害犯について、行為の実行行為性を検討しよう。

実害犯における「結果」は実害であるから、この場合の実行行為性を基礎づける危険は、この実害に対する「行為の危険」である。しかも、形式的および実質的実行行為概念を前提とするから、この行為の危険は構成要件的類型性を備えた危険でなければならない。この場合の「構成要件的類型性」については、第一に、形式的実行行為概念に対応して、構成要件の言葉的意味に制約されるということ、第二に、実質的実行行為概念の観点からは、危険は程度概念であるが、行為の危険にも一定の危険がなければならないことに留意する必要がある。従って、行為論の行為があり、結果が発生したとしても、このような構成要件的類型性を備えた「行為の危険」がない場合には、既遂犯はもとより未遂犯も成立しない。例えば、交通事故死させる目的で運転者にごく微量の酒をふるまった場合、そのために運転者が事故死したとしても、一般的には殺人既遂はもとより、殺人未遂も成立しない。

「行為の危険」と「結果としての危険」という区別を前提とする場合、行為の実行行為性に関して、実行の着手や着手時期の問題があるが、前述したように、この場合の「実行」とは実行行為の意味に解すべきであるから、行為の危険の問題である。しかし、ここでは実害犯を前提としているから、その未遂犯が成立するためには、結果としての危険が必要である。

なお、このような実害犯における「行為の実行行為性」に関する見解は、間接正犯、原因において自由な行為、共犯などについても応用が可能である。

六　結びにかえて

1　本章の要約

本章では体系論に係わる多くの重要問題について総合的に検討したのであるが、「はしがき」で提起したいくつかの体系論に関する諸課題について、それぞれの検討結果を要約し、若干の補足説明を行なう。なお、ここでの要約は本章における記述の順序と必ずしも一致しないので、それぞれの内容や論拠については関係箇所をご参照願いたい。

(1) 体系論の意義と方法

① 犯罪論全体は原理論・要素論・体系論という三の領域に分かれるが、このうち、体系論は、原理論に基づく要素論を前提問題とするが、同時に、可罰性や認定論をも視野に入れて、要素論における諸要素（犯罪構成諸要素）を整序し、統括する機能を有する。刑事手続の観点からは、体系論は「客観的要素から主観的要素へ」また「類型的要素から非類型的要素へ」という認定論上の思考方法を要素論に反映させる機能を有する。このような観点からは、「犯罪は構成要件に該当する違法・有責な行為である」という犯罪概念は、要素論であるとともに体系論の表明でもある。

② 体系論においては、科学的な思考方法とともに刑法の価値観点の両方を視野に入れる必要がある。まず、科学的な体系論を展開するためには、要素論において前法的な対象・素材である行為の動態的構造を分析するとともに、そこにおける事物の論理を踏まえる必要がある。同時に、それを構成する諸要因を要素論や体系論おいてどのように位置づけるかという問題については、近代刑法の思想や諸原則を踏まえた価値観点が必要不可欠である。

(2) 違法と責任の関係

「違法は客観的に、責任は主観的に」という場合の「客観か主観か」は、結果無価値論のように評価の対象としての行為の動態的構造における「客観面と主観面」という分類に対応させて理解すべきであり、行為無価値論のように評価の基準（規範の対象）が一般人か当該行為者かによって区別すべきではない。また、主観的違法要素論において、行為者の主観面（故意、目的、計画など）は結果（法益侵害性）に作用するかという事実認識に係わる問題が議論されるが、行為の構造における「事物論理」に照らせば、これを否定すべきである。なぜなら、このような主観面が『行為』の在り方に影響することは否定しないが、これは外部的行為を媒介としてはじめて結果に影響するのであって、主観面それ自体が結果を惹起することは不可能であるからである。主観的違法要素肯定論は、これらのことを混同しているように思われる。

(3) 構成要件と実行行為

① 構成要件は実定法的概念か目的論的概念かについて対立があるが、前者の立場からは違法責任類型説が妥当である。しかし、行為の動態的構造における客観面と主観面という区別を前提とする以上、違法類型としての客観的要素（例えば、客観的構成要件の根幹である「行為・結果・因果関係」）と責任類型としての主観的要素（故意・過失、目的、計画等）とは厳密に区別すべきであり、またこのことを前提としてそれぞれの諸要素を理解する必要がある。

② 罪刑法定原則、法益侵害原則、責任原則（とくに実行行為と責任の同時存在の原則）という諸原則を矛盾することなく堅持するためには、客観的構成要件としての「行為・結果・因果関係」について、この場合の「行為」とは行為論の行為ではなく、「実行行為」、すなわち、構成要件的な定型性または類型性を備える行為でなければならない。また、このような実行行為は、罪刑法定原則の観点からは「形式的実行行為」、また、法益侵害原則の観点からは「実質的実行行為」という両面を有するから、行為の実行行為性については、行為の構成要件的な定型性または類型性もこのような両面から判断することになる。

(4) 行為の実行行為性

形式的実行行為と実質的実行行為のうち、後者における行為の実行行為性とは、法益侵害原則の観点から、行為と結果とを区別したうえで、『行為』の結果に対する客観的可能性（すなわち危険性）を有するかという問題であり、このような結果に対する行為の危険を「行為の危険」と呼ぶのである。従って、行為の実行行為性とは当該行為が行為の危険を有するかという問題にほかならないが、法益侵害原則を堅持する以上、あらゆる犯罪にとって法益に対する行為の危険は必要不可欠である。この場合の行為の危険は程度概念であるから、例えば、この危険性が軽微であれば、行為（行為論の行為）と結果の因果関係があっても、実行行為性は否定されることになる。

(5) **実行行為における危険性**

① 客観的構成要件の根幹としての「行為・結果・因果関係」について、行為と結果とは厳密に区別されるから、危険性についても「行為の危険」と「結果として危険」とは理論的に峻別すべきであり、また、(4)で述べたようにその必要もある。従って、この「行為・結果・因果関係」とは「実行行為・結果・因果関係」と理解されなければならない。

② 構成要件における「危険性」とは法益侵害結果に対する客観的可能性の問題であるから、「行為の危険」と「結果として危険」はいずれも客観的事情を基礎（データ）として客観的に判断されるべきであるが、両者には危険判断の対象（素材）が「行為」か「行為後の事情」（因果経過）という決定的な違いがある。危険性の判断時点をめぐって争われるが、結果としての危険が事後的判断であることは当然のこととして、行為の危険については行為時の事情を基礎として判断するのであるが、認定論の観点からは、行為時点で客観的にどのような事情が存在したかは事後的にしか確定できないのであるから、その場合の危険判断も客観的・事後的でしかありえない。なお、このような見解は、刑法が裁判規範であると解する私見によれば、当然の帰結でもある。

③ 実行行為における危険とは「行為の危険」の問題であるが、その内容については、構成要件的結果が実害、具体的危険、抽象的危険のいずれかによっておのずから異なる。そこで、実害犯を既遂形態とする未遂犯についていえば、実行行為においては「行為の危険」として抽象的危険の有無が問題となるが、未遂犯（可罰的未遂）が成立するためには、さらに「結果としての危険」として具体的危険が必要となる。

(6) 以上が本稿のまとめであるが、このような一連の考え方が私の提唱する二元的結果無価値論の立場からの体系論の骨子でもある。

2　体系論に関する理論モデル

(1)　今日の日本における体系論について、ベーリング型・行為無価値論型・従来の結果無価値論型・二元的結果無価値論型という四つの理論モデルを図式によって示せば、次のように整理することができよう。なお、私はかねてから最後の見解を採用しているが、本章ではこのような見解を理論的に検討したものである。

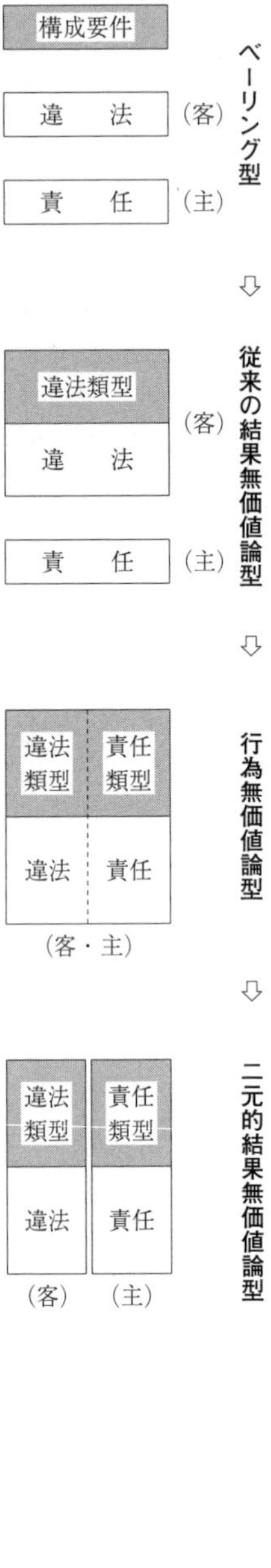

※あみ掛け部分は構成要件、(客)とは客観面、(主)とは主観面を意味する。

(2)　上記の図式について、つぎにいくつかの補足説明を行っておこう。

①　犯罪論体系における行為論の扱いについては、上記のように犯罪論の「基底」(対象・素材)とするか、構成要件の内部で処理するか、さらには独立した一個の要素と解するをめぐって対立があるが、図式を単純化するためにこの点については表示しなかった。

②　体系論の歴史や現状を踏まえて四つの理論モデルを設定したうえで、「行為無価値論と結果無価値論の対立」という観点から、それぞれの立場と四つのモデルとの関連性を示したものが「ベーリング型・従来の結果無価値論型・行為無価値論型・二元的結果無価値論型」という名称である。この点に関して、結果無価値論の立場から行為無価値論型を支持したり、逆に、行為無価値論の立場から二元的結果無価値論型を採用することはないが、例えば、

結果無価値論者がベーリング型を、また、行為無価値論者が従来の結果無価値論型を採用することはありうる。

③　この図のように、構成要件について、行為無価値論型と二元的結果無価値論型は違法責任の類型と解する点では同じであるが、従来の結果無価値論型は違法類型にとどめる。なお、従来の結果無価値論型は、可罰的な違法・責任類型を犯罪類型と呼んで、違法類型としての構成要件と区別する。

④　違法と責任の関係については、いずれの結果無価値論型も客観面と主観面とに対応させて厳密に区別するが、行為無価値論はこのような区別をしないため、主観的違法要素を広く肯定することになる。

⑤　体系論に関連して故意・過失の体系的地位をめぐって争われる。私見によればつぎのように解する。故意・過失は、本来には責任要素であるが、構成要件は違法責任類型であるから、まず責任類型に対応する主観的構成要件要素としての故意・過失を論じたうえで、責任要素としての故意・過失が問題となる。このうち、構成要件的故意・過失は違法類型としての客観面を対象とする判断であり、責任要素としての故意・過失は違法性、すなわち違法性を基礎づける事実および違法性の意識を対象とすることになる。

3　犯罪類型の概念図

以上のような検討結果を踏まえて、二元的結果無価値論の立場から、犯罪類型の概念図を示し、その説明を行っておこう（次頁）。

【犯罪類型の概念図】

客観面（違法）

違法類型

Ⅰ　客観的構成要件要素

犯罪の主体（自然人と法人、身分）
実行行為（行為の危険）
　※不真正不作為犯、間接正犯など
結果（法益と法益侵害）
　※実害と危険結果（結果としての危険）
因果関係（実行行為と結果の関係）
行為の状況（「火災の際」など）

Ⅱ　違法要素
構成要件の違法推定機能

違法性を基礎付ける事実
　→違法阻却事由の不存在

違法性（可罰的違法性）
　※違法の程度

主観面（責任）

責任類型

Ⅲ　主観的構成要件要素

構成要件的故意・過失
　（犯罪事実の認識・認容）

その他の主観的構要件要素
　（目的、記憶、表現など）

Ⅳ　責任要素
責任類型と責任推定の限度
責任能力
責任要素としての故意・過失
・違法阻却事由の不認識
　→違法阻却事由の錯誤
・違法の意識・その可能性
　→違法性の錯誤
期待可能性
　※責任の程度

（1）この図は、犯罪類型の全体像を図解したものである。
（2）この図は、「犯罪は構成要件に該当する違法かつ有責な行為である」という通説的な見解によった。
（3）客観的違法論の立場から、「違法は客観面（外面）、責任は主観面（内面）」というテーゼを前提とする。したがって、主観的違法要素は認められない。
（4）構成要件は、違法責任類型である。構成要件は違法推定機能を有するから、違法の段階では阻却事由の有無と程度（可罰的違法）が問題となる。
（5）構成要件は違法責任類型でもあるが、責任に関して、責任類型は責任推定機能を有しない。
（6）故意と過失についいは、構成要件の違法責任類型説によるから、構成要件的故意・過失と責任要素としての故意・過失とが体系的に区別される。
（7）二元的結果無価値論によって「行為の危険」と「結果としての危険」とを区別する。このうち、行為の危険が、構成要件該当性を基礎づける危険であり、その有無が実行行為性の問題である。
（8）「客観的要素から主観的要素へ」「類型的要素から非類型的要素へ」という訴訟法的思考方法により、「Ⅰ→Ⅱ→Ⅲ→Ⅳ」の順に判断される。
（9）違法と責任には、存否の問題とともに程度の問題がある。このうち、違法・責任の程度の判断は、刑の量定にとって必要不可欠である。
（10）基本的構成要件は故意と既遂が区別されるが、その段階的修正形式として未遂、方法的修正形式として共犯（任意的共犯）がある。

〈引用・参照文献〉

宗岡嗣郎『犯罪論と法哲学』（二〇〇七）
平野龍一『刑法の機能的考察』（一九八四）
鈴木茂嗣「犯罪論の体系㈠、㈡」法学論叢一三八巻一・二・三号、四・五・六号（二〇〇四）
宮澤浩一「犯罪論体系の意義」中山研一・西原春夫・藤木英雄・宮澤浩一編『現代刑法講座（第一巻）』（一九七七）
大野平吉「犯罪論の体系について」中山先生古稀祝賀第三巻『刑法の理論』（一九九七）
福田平『目的的行為論と犯罪論』（一九六四）
大塚仁「人格的行為論について」『団藤重光博士古稀祝賀第一巻』（一九八三）
米田泰邦『行為論と刑法理論』（一九八六）
上田健二「行為論の課題と展望」前掲『現代刑法講座（第一巻）』（一九七七）
佐伯千仭『刑法における違法性の研究』（一九七四）
小野清一郎『犯罪構成要件の理論』（一九五三）
団藤重光『刑法綱要総論』（第三版、一九九〇）
平野龍一『刑法総論Ⅰ』（一九七二）
大塚仁『刑法概説（総論）［第四版］』（二〇〇八）
福田平『全訂刑法総論［第四版］』（二〇〇四）
大谷實『刑法講義総論［新版第二版］』（二〇〇七）
中山研一『刑法総論』（一九八二）
内藤謙『刑法講義総論㊤』（一九八三）
藤木英雄『刑法講義総論』（一九七五）
町野朔『刑法総論講義案Ⅰ［第二版］』（一九九五）
西田典之『刑法総論』（二〇〇六）
曽根威彦『刑法総論［第四版］』（二〇〇八）

浅田和茂『刑法総論』（補正版、二〇〇七）
山口厚『刑法総論〔第二版〕』（二〇〇七）
松宮孝明『刑法総論〔第四版〕』（二〇〇九）
佐久間修『刑法講義（総論）』（一九九七）
前田雅英『刑法総論講義』（第三版、一九九八）
刑法理論研究会『現代刑法学原論（総論）』（第三版、一九九六）

第四章　犯罪論における危険概念

はじめに

刑法における危険の概念は、「学派の争い」や「行為無価値論と結果無価値論の対立」のなかで活発に論議され、発展してきた。また、最近では、危険は犯罪論に共通する基本的な概念であることが認識され、このことを踏まえた解釈論が自覚的に展開されるに至っている。私自身も結果無価値論の立場から総合的危険説を提唱し、未遂犯論に関する検討を行ったことがある。そこで、本章では、犯罪論全体を視野に入れながら、危険に関する統一概念を構築するために総合的危険説について敷延し、これを前提とした犯罪論の基本構想を提示することにする。

一　危険概念と犯罪論

刑法における危険概念は、かつては「学派の争い」の一環として論じられたが、今日では「行為無価値論と結果無価値論の対立」を反映して、活発に論議されている。すなわち、学派の争いにおいては「行為者の危険」か「行為の危険」かをめぐって争われたが、その後は旧派が支配的となるなかで、行為無価値論と結果無価値論の対立を反映して、「行為の危険」や「結果としての危険（危険結果）」という用語を用いるか否かは別として、実行行為論や未遂犯論などにおいては、実質的にはこの点をめぐって議論されている。しかも、最近では、危険の概念は犯罪論全般において決定的な重要性をもつことが再認識され、過失犯、共犯など多くの問題領域において、このことを自覚した新たな理論展開も生まれつつある。

ところで、今日では行為無価値論か結果無価値論かが犯罪論全体に共通する主要な論点であることはいうまでもない。しかし、それぞれの内部においても考え方に顕著な違いが見られる。私自身は結果無価値論の立場に立つのであるが、そのなかにも、従来の一元的結果無価値論に対して、二元的結果無価値論とでも呼ぶべき考え方が成り立ちうるように思われる。この点の詳細については第二章ですでに論じた。

従来の結果無価値論のなかには、犯罪の客観的な処罰根拠を法益侵害性に求める立場から、危険が結果の一種であることを強調するあまり、実行行為概念やそれを前提とする実行行為性を基礎づける『行為の危険』の意義や必要性を疑問視する傾向にあった。このような考え方は「一元的結果無価値論」であると本質規定することができる。これに対して、私は、実行行為の概念を維持するとともに行為（狭義の行為）と結果を峻別することを大前提として、それぞれに対応して「行為の危険」と「結果としての危険」とは理論的に区別すべきであり、いずれの危険も犯罪論において決定的な意義を有し、それぞれが独自の機能を担うものと考えるのである。その際、行為の危険は、結果としての危険と同様に、あくまで法益に対する「行為の危険」（すなわち、行為の法益侵害性）を問題としているのである。このように結果無価値論によりながら、行為と結果の双方から法益侵害性を論じる点で、私の見解は「二元的結果無価値論」であり、これを前提として、行為の危険と結果としての危険とを区別すべきであると解するのである。これが私のいう「総合的危険説」である。そこで、本稿では総合的危険説の学説史な位置づけを明らかにしたうえで、この見解の内容やその論拠を検討し、これに基づく犯罪論の基本構想を提示することにする。

二　刑法論争と危険概念

1　学派の争い

「学派の争い」において、新派は、周知のとおり、行為者主義・主観主義・徴表主義の立場から、危険とは「行為者の危険」であり、行為者の意思を重視する「主観的危険」であるとされる。このような見解は主観的危険説であり、「行為者危険説」と呼ぶことができる。ただ、新派のなかにも、未遂と不能の区別に関する抽象的危険説のように、行為者の認識を基礎として「行為の危険」を判断する見解がみられる。このような見解はもはや行為者危険説ではなく、行為危険説の一種であるといえなくもないが、行為を行為者の危険性の「徴表」と解する徴表主義を前提とするものであるから、その本質はやはり行為者危険説である。

ところで、学派の争いにおいて旧派が支配的となることによって、新派の危険性論も克服されたかに見えるが、次に述べるように、行為無価値論が広く採用する「折衷的行為危険説」においては、新派理論との共通性がみられ、これからの訣別は不徹底に終わっている。

2　行為無価値論

行為無価値論は旧派の客観主義・行為主義・現実主義を基本とするが、この立場においても、旧派と新派は必ずしも相克するものではなく、両派を「止揚」または「総合」すべきであるとする考え方が支配的である。このことを反映して、行為無価値論では、危険とは新派のような行為者の危険ではなく、行為の危険であると解する「行為危険説」の立場に立つが、未遂と不能の区別に関する見解に象徴されるように、行為の危険を一般人の予見や行為者の認識を基礎として事前に判断する折衷的行為危険説が広く採用されている。この折衷的行為危険説は、次に述べるように、いくつかの特色を有するが、いずれも妥当性を欠く。

第一に、危険は構成要件の問題であり、しかも構成要件が社会通念または社会的意味を類型化したものである以上、行為の実行行為性を基礎づける危険は、一般人を基準とする類型的判断であり、行為に対する一般人の危惧感や印象という社会心理にその本質があると解される（危惧感説）。しかし、危険は実体的・客観的な可能性であるから、このように危険を危惧感・印象という社会心理的な概念であると解することには本質的な疑問がある。

第二に、行為危険説を前提として、危険はあくまで行為の属性であるから、危険の判断は行為時において事前に判断すべきであると解される（事前判断説または行為時判断説）。しかし、第一点に関して述べたように、危険が実体的・客観的概念であるとする立場からは、行為の危険であるからといって、行為時の客観的事情を事後的に確定したうえで、これを基礎として、行為時を基準として判断することも可能である。このことは、行為危険説の立場から、危険を行為時の客観的事情を基礎として判断する「客観的行為危険説」が存在することからも明らかである。

第三に、行為とは「行為者の行為」または「客観と主観の総合」であるとか、構成要件は違法・責任の類型であるとして、実行行為性を基礎づける行為の危険は、行為者の主観（故意や意図・計画など）をも基礎として判断されるべきであると主張する（折衷的行為危険説）。しかし、このような考え方は、前述した危惧感説および行為時判断説と密接不可分の関係にあり、その論理的な帰結である。危険の本質が危惧感や印象にあると解する危惧感説に立てば、一般人の危惧感や印象は行為者の主観によって左右されると解されるからである。また、行為時判断説によれば、行為の危険であるから行為時に判断すべきであると解されるから、その基礎となるべき判断事情も、全能の神を除いて、一般人が予見した事情や行為者が認識した事情しかありえないからである。これに対して、前述したように、行為の危険であっても客観的・事後的に判断すべきであるとする立場からは、行為時にどのような事情が存在したかは一般人や行為者の主観とは無関係に客観的に確定することができ、これを基礎として客観的に危険判断をすることも可能となるのである。なお、客観的要素（違法要素）と主観的要素（責任要素）とは厳密に区別されるべきであるから、構成要件が違法・責任類型であり、ここには行為者の主観が含まれると解するとしても、危険判断の基礎や基準に行為者の主観を加える論理的な必然性はない。

3　従来の結果無価値論

結果無価値論は『違法は客観的に、責任は主観的に』という共通の考え方を前提として、危険は違法の領域に属し、客観的な法益侵害性の有無・程度の問題であるとする。このような立場において、最近では、「行為の危険」と「結果としての危険」という用語法を用いるか否かは別として、危険とは行為の危険ではなく、結果としての危険であるから、客観的・事後的に判断すべきであるとする「危険結果説（結果危険説）」が一般的に採用されるのである。

ところで、このような従来の結果無価値論における危険説はおおむね次のような特色を有する。すなわち、第一に、危険には抽象的危険と具体的危険という区別のほか、行為の危険と結果としての危険という区別があるが、後の区別を概念的に認めるか否かは別として、行為と結果との区別を前提とする場合、いずれの危険も結果の一種であり、結果に属すること（危険結果説）、第二に、危惧感説のように危険の本質を一般人の不安感・危惧感に求めるのではなく、あくまで客観的な可能性・蓋然性にあること（実在的危険説）、第三に、危険の判断時点について、行為時の事情を基礎として事前に判断するのではなく、行為時および行為後に存在した客観的な全事情を基礎として事後的に判断されること（事後判断説）、第四に、危険判断は客観的事情を基礎とすべきであり、行為者の主観（故意、目的・計画など）を考慮すべきではないこと（客観的危険説）、第五に、抽象的危険と具体的危険を危険（可能性）の程度の差と解することを前提として、高度の危険（「さしせまった危険」）か否かを基準として判断すること、などがそれである。

このように、結果無価値論の立場からは、実在的危険説・事後判断説・客観的危険説はいずれも方法論的に妥当である。しかも、このような見解は、客観的・事後的危険説と呼びうるものであり、訴訟法的思考方法にもなじむ点で優れている。この意味において、危険結果説の思考方法に正しい核心があり、その学説史的な意義は大きい。しかし、結果無価値論においても、危険結果説やこれが前提とする一元的結果無価値論には疑問の余地がある。これらの問題を解決しようとするのが、次に述べる総合的危険説である。

4　総合的危険説の提唱

今日の危険説においては、行為無価値論の具体的危険説（折衷的行為危険説）と結果無価値論の客観的危険説（危険結果説）の対立がある。このことは、未遂と不能の区別に関する見解において典型的に示される通りである。このうち、行為無価値論の折衷的行為危険説についてはすでに批判的な検討を行ったが、結果無価値論の立場からは、実在的危険説・事後判断説・客観的危険説が方法論的に妥当であることもすでに述べた。

それでは、このような立場からは危険結果説が当然の帰結であろうか。この点についても問題提起のところですでに述べたように、従来の結果無価値論は一元的結果無価値論を前提として、危険とはそもそも結果の一種であり、結果としての危険であると解するのである。しかし、私のいう二元的結果無価値論に基づく総合的危険説によれば、行為の危険と結果としての危険とは理論的に峻別すべきであり、いずれの危険も犯罪論において独自の意義と実益を有する。このような総合的危険説の意義と特色を要約すれば、次の通りである。

第一に、犯罪の客観的要素は『行為・結果・因果関係』という三つの要素によって構成され、それぞれは厳密に区別されるべきであるから、行為と結果に対応して、行為の危険と結果としての危険とは峻別する必要がある。このような行為と結果の区別は従来の結果無価値論も承認するところであるが、前述したように、危険結果説は危険のすべてが結果に属するもの解して、行為の危険の意義や必要性を疑問視する傾向がある。その背景には、行為の危険という概念を肯定することは、行為無価値論における行為危険説（折衷的行為危険説）に陥るという考え方があるように思われる。

第二に、罪刑法定原則に関連して、構成要件は行為と結果とを基本として類型化したものであるから、この行為が構成要件該当性（実行行為性）を有するためには、行為の危険という観念が必要不可欠であり、このような行為の危険も構成要件的な類型性をもつものでなければならない。ところが、従来の結果無価値論においては、結果犯においては行為（行為論の行為）と結果および両者の因果関係（または客観的帰属性）が備われば構成要件が充たされるものと解して、行為の危険が実行行為性を基礎づけるうえで必要不可欠であることを軽視している。しかし、総合的危険説によれば、行為と結果（実害と危険結果）との因果関係が認められる場合でも、実行行為性を基礎づける行為の危険がなければ構成要件該当性を欠くことになる。

第三に、責任原則の観点からも、行為（実行行為）と責任の同時存在を要するから、実行行為の概念は必要不可欠であり、しかも実行行為時に責任諸要素（故意・過失、責任能力、期待可能性）が備わることを要する。このような観点からは、例えば実行の着手やその時期について、従来の結果無価値論において危険結果説を採用する者が多いが疑問である。

第四に、行為の危険と結果としての危険を理論的に峻別する総合的危険説は、抽象的危険と具体的危険とを理論的に区別するうえで有効である。私見によれば、抽象的危険は行為の危険であり、具体的危険は結果としての危険であると解すべきであるからである。従来の結果無価値論においては、抽象的危険と具体的危険とを危険の程度によって区別する見解が支配的であるが、両者を程度の差と解することは妥当ではない。なぜなら、このような見解は、危険判断の対象について、何が結果に対して危険であるのかを理論的に説明できないばかりでなく、これらを程度概念とすることは区別の基準も不明確にならざるをえない。

第五に、総合的危険説では、行為の危険は行為の問題であり、行為の属性であるから、危険のなかでも結果としての危険（すなわち具体的危険）だけが実害と並ぶ結果の一種であることになる。ところで、因果関係は行為と結果の関係であるから、実害と結果としての危険については因果関係の存否が問題となるが、私のように行為の危険は「実害に対する危険」であるが、行為の範疇に属する以上、行為と結果の因果関係を論じる余地はない。このことは、行為の危険と結果としての危険に対応する抽象的危険と具体的危険においても同様である。これに対して、従来の結果無価値論によれば、危険のすべてが結果に属するものと解されるから、理論的には抽象的危険についても因果関係が問題となるはずである。しかし、このような抽象的危険と具体的危険を程度問題と解する以上、危険性と因果関係とを理論的に区別することができなくなる。

三　行為の危険と結果としての危険

1　危険の本質と危険判断

刑法における危険は、特定の結果に対する客観的・実在的な可能性である。従って、このような危険の本質から、行為の危険か結果としての危険かを問わず、いずれも客観的・実在的な事情を基礎として判断されなければならない。行為無価値論における折衷的行為危険説のように、一般人の予見や行為者の認識を基礎とする場合、このような認識が客観的事実と一致する場合は別として、ここには実在しない事情も含まれるから、このような危険はおよそ客観的・実在的な可能性とはいえず、危惧感説に行き着くことになる。

このように危険は客観的事情を基礎とする判断であるが、仮に私のように行為時の事情と行為後の事情とを区別するとしても、どのような事情が客観的に存在したかは、万能の神でないかぎり、事後的に判明するのであり、訴訟法的には裁判時に確定することになる。この意味において、私のように行為の危険と結果としての危険とを区別するとしても、いずれの危険も客観的・事後的に判断せざるをえないのである。従って、行為の危険は、実体法的（すなわち観念的）には、確かに行為時の事情を基礎として、行為時に判断するべきであることになるが、客観的事情を基礎として判断するかぎり、上述したように事後的判断とならざるをえないのである。なお、このような思考方法は、実害発生の有無はもとより、正当防衛における侵害の違法性や公務執行妨害罪における職務の適法性の判断などにおいて、広く採用されるところである。折衷的行為危険説は、危険が『行為』の危険であるという理由で、行為時の事情を基礎として、行為時に判断すべきであると主張するが、だからといって行為時で判断する論理必然性はない（二の**2**および**3**参照）。この点の無理解から、折衷的行為危険説は行為時の事情を一般人や行為者の認識・予見によって確定せざるをえない結果となるのである。

2　行為の危険と結果としての危険

総合的危険説は、行為と結果という区別に対応して、行為の危険と結果としての危険とを峻別することを大前提としている。そこで、これらをどのように理論的に区別するのか、また、実際的にも、このような区別は、離隔犯か否かを問わず、結果犯のすべてに妥当するのかが問題となる。この点についてはさらに立ち入った検討を要する。

結果無価値論の立場からは、危険とは特定の結果（法益侵害結果）を想定して、「結果に対する危険」であることは何ら異ならない。このことは行為の危険についても妥当するのであり、これを度外視して行為の危険を論じるならば、行為無価値論、とくに一元的行為無価値論における規範違反説に陥る。このように解するならば、結果としての危険はもとより、行為の危険も法益侵害性に係わる問題であり、結果無価値性の領域に属する。

以上のように、危険の本質は客観的・実在的な可能性であるとともに「結果に対する危険」であり、これを客観的・事後的に判断すべきであるとすれば、行為の危険と結果としての危険とは、どのように理論的に区別すべきであろうか。

まず、この区別が危険の程度の違いに過ぎないと解するとすれば、抽象的危険と具体的危険の区別に関してすでに述べたように、理論的にも、実際的にも妥当ではない（二の4の第四参照）。そこで、総合的危険説では、これらの危険は客観的・事後的判断であることを前提として、どの時点における客観的事情を基礎とするかによって区別し、行為の危険は行為時の事情を基礎とするのに対して、結果としての危険は行為後の事情を前提として、危険状態が存在するか否かを判断することになる。このように、行為の危険は行為時の客観的事情を基礎とする判断であるから、行為後に発生した事情は判断の基礎から除かれる。ただし、行為時において行為後に発生する客観的可能性が認められる場合、換言すれば、行為後に現に発生した事情のうち、これが行為時にすでに客観的に予測可能な事情は、やはり行為時の客観的事情にほかならないから、行為の危険を判断する基礎とすべきである。また、結果としての危険は、行為後に判明した客観的事情のもとで、法益に対する実害こそ発生していないが、その危険状態（すなわち、被害者領域への危険の侵入）が現に発生したか否かによって判断される。

ところで、このような見解に対して、次のように大きく二つの批判や疑問が予想される。すなわち、第一は、危険はすべて結果であるという立場から、行為の危険という観念自体を否定する考え方であり、第二は、実行の着手やその時期に関する見解にみられるように、離隔犯においては行為と結果とが理論的かつ実際的にも区別できるから、この場合に限って行為の危険と結果としての危険を区別する考え方である。このような見解においては、離隔犯について、行為の危険があれば結果としての危険が推定されるものと解して、結果としての危険は違法阻却原因にすぎないとされる。

このうち、第一の批判や疑問に関してはすでに批判的に検討したが、結果犯について行為と結果との理論的な区別を否定する者はいないであろうから、離隔犯か否かを問わず、行為と結果に対応する行為の危険と結果としての危険という観念は理論的には否定できない。このことは、結果犯について、行為と結果の因果関係が理論的には常に問題となりうることからも明らかであろう。

つぎに、第二点については、離隔犯の概念とも関連してそれなりの根拠があるから、理論および実際の両面から検討する必要がある。

まず、行為の危険と結果としての危険という区別は、離隔犯に固有の問題であり、即時犯については無意味であろうか。これに答えるためには、その前提である「行為と結果」の関係について理論的な検討を要する。このことは、法益侵害行為における主体と客体とを厳密に区別することによってより明確になる。行為はその主体（行為者）に対応する観念であり、結果は客体（被害者または保護客体）に対応する観念である。このような『行為』と『結果』との理論的区別を前提とすれば、この『行為』を危険判断の対象とするのが「行為の危険」であり、「結果としての危険」は、実害とともに『結果』に属するから、行為の危険が行為後に危険状態に発展したか否かを問うものである。行為者と被害者とを区別するとすれば、行為の危険は行為者に着目するのに対して、結果としての危険は被害者における危険状態（被害者領への危険の侵入）を問題とすることになる。このような認識を前提とするならば、行為の危険における行為時の事情とは、『行為』（行為者の行為）に関する客観的事情であり、結果としての危険は『結果』（被害者）をめぐる客観的事情を意味することになる。このうち、危険判断において、前者が行為時の事情を、また、後者が行為後の事情を基礎とするということは、このように『行為』と『結果』とが理論的に区別しうるばかりでなく、後述するように、実際的にも両者には時間的・場所的な離隔があるという認識に基づくのである。

また、離隔犯とは行為と結果とが時間的または場所的に離隔することを前提とする概念であるから、この場合には行為と結果は理論的および実際的に区別しうることはいうまでもない。しかし、即時犯についても、結果犯である場合には、前述したように法益侵害行為の主体と客体とは峻別しうるから、行為と結果とは理論的に区別しうる。また、実際的にも、即時犯において、行為と結果が厳密に同時であることはありえず、このことは因果関係が問題となりうることからも明らかである。このように解するならば、離隔犯か否かは単に程度の差にすぎず、いずれについても行為と結果とは理論的・実際的に区別しうるのである。

ところで、総合的危険説において、行為の危険の独自的な意義を肯定して、これを結果としての危険と区別する場合、両者の実質的な関係が問題となる。それでは、行為の危険があれば、結果としての危険も一般的に肯定しうるのであり、これが否定されるのは例外に属するから、例えば離隔犯の未遂については、結果としての危険は未遂犯に独自の違法要素（違法阻却原因）であるといえるか。これを肯定する論拠として、次のようなことが考えられる。第一に、危険は程度概念であるが、実行行為性を基礎づける行為の危険は一定の程度以上を要するからであり、このような行為の危険があれば、例外的な事案を除いて、結果としての危険も認められるのではないか、第二は、行為の危険の判断基礎は行為時の客観的事情であるが、ここには行為時に客観的に予測可能な行為後の事情も含まれると解する場合、一般的には行為時の事情と行為後の事情とではそれほど違いがないのではないかという点である。

このうち、第一の論拠について言えば、前述したように『行為』（行為の危険）と『結果』（結果としての危険）とは範疇を異にするから、行為があれば結果が推定されると解することは不合理である。また、仮にこれらの危険は危険の程度の差に過ぎないと解する見解を採用する場合には、低度の危険があれば高度の危険が推定されることになって、これまた不合理な結論になる。現実問題としては、確かに行為後にある事情が現に発生したということは行為時にすでに客観的に予測可能である場合も多いであろう。しかし、このような指摘が実体法的または訴訟法的にいかなる意味と実益を有するのかが問われなければならない。『行為』と『結果』とを厳密に区別する立場からは、これらの危険は理論的な性格を異にするから、単なる思考経済を理由として、行為の危険によって結果としての危険を推定し、結果としての危険の認定をあいまいにすることは許されない。従って、行為後に発生した事情について、行為時に予見可能性であるものと法的に擬制することはもとより、挙証責任を転換することも許されない。

3　行為の危険と実行行為性

犯罪は行為であり、行為がなければ犯罪はない。しかも、行為と実行行為とは厳密に区別されなければならない。なぜなら、罪刑法定原則やその帰結である刑法の厳格解釈・厳格適用の要請に基づき、犯罪が成立するためには、この行為がいわゆる（基本的）構成要件に該当すること、すなわち実行行為性を要するからである。また、責任原則を徹底すれば「実行行為と責任の同時存在」を要するから、実行行為の概念は必要不可欠である。従って、仮に行為・結果・因果関係が認められるとしても、行為の危険がなければ実行行為性を欠くから、そもそも犯罪は成立しない。

このような実行行為性は、形式的には行為が構成要件的な類型性を有することであるが、法益侵害原則の観点からは、実質的に行為が法益侵害性を有することを意味する。それでは、実行行為性を基礎づける法益侵害性とは何か。この法益侵害には実害のほか危険が含まれうるが、実行行為性とは『行為』の実行行為性であるから、行為と結果の区別に対応する行為の危険と結果としての危険とを峻別することも可能であり、実行行為性を基礎づけるのは行為の危険にほかならない。

このように行為の危険は実行行為性にとって必要不可欠であるばかりでなく、犯罪論全体において根幹をなす概念である。私見によれば、行為の危険と結果としての危険とは抽象的危険か具体的危険かの区別に対応するが、法益侵害原則を前提とするかぎり、犯罪にとって少なくとも抽象的危険を要するから、すべての犯罪にとって抽象的危険（すなわち、行為の危険）は必要不可欠であることになる。従って、形式犯は抽象的危険をも要しないとされるが、法益侵害原則から犯罪の処罰根拠に欠けることになる。そこで、形式犯の可罰性を根拠づける意図のもとに、形式犯においても何らかの危険を予定していると解する見解があるが、この危険は私のいう「行為の危険」ではありえないから、その内容が明らかではない。

さらに、行為の実行行為性にとって、法益侵害原則により行為の危険は不可欠の前提であるが、罪刑法定原則からは、この行為が構成要件的な類型性、すなわち、構成要件の予定する態様・方法・状況などを充たさなければならない。しかも、危険は程度概念であるから、謙抑主義によって、この場合の行為の危険は刑罰に値する程度の危険であることを要する。このような実行行為性を充たす行為の危険は、「構成要件的危険」または「類型的危険」と呼ぶことができよう。

四　結びにかえて

犯罪論における統一的な危険概念を構築するために、私のいう「二元的結果無価値論」の立場から、従来の諸見解を歴史的・理論的に検討し、総合的危険説を提唱した。このような見解はさらに検討を要するとしても、このような考え方が一定の意義を有するとすれば、危険概念が犯罪論全般において決定的な重要性をもつ以上、多くの問題領域において新たな理論の構成と解決方法が可能となるはずである。このことは未遂犯論がその典型であるが、総論の領域に限っても、因果関係、不真正不作為犯、間接正犯、原因において自由な行為、共犯、過失犯など、様々な領域において応用が可能であるように思われる。

〈引用・参照文献〉

山口厚『危険犯の研究』（一九八二）
中山研一『刑法の論争問題』（一九九一）
宮内裕「危険概念について」瀧川還暦記念『現代刑法学の課題(下)』（一九五五）
振津隆行「刑法における危険概念」刑法雑誌二四巻二号（一九八一）
拙稿「犯罪論における危険概念について」中山研一先生古稀祝賀論文集第三巻『刑法の理論』（一九七七）
村井敏邦「不能犯」芝原邦爾他編『刑法理論の現代的展開（総論Ⅱ）』（一九九〇）
日本刑法学会共同研究報告「刑法における危険概念」刑法雑誌三三巻二号（一九九三）
その他（雑誌特集）
　ロースクール三九号（一九八一）
　法学セミナー三四六号（一九八三）
曽根威彦『刑法の重要問題（総論）』（第二版、二〇〇五）
平野龍一『刑法総論Ⅰ』（一九七二）
内藤謙『刑法講義総論(上)』（一九八三）
団藤重光『刑法綱要総論』（第三版、一九九〇）
大塚仁『刑法概説（総論）』（第三版補正版、二〇〇五）

第五章　未遂犯の理論

はじめに

実定法上の未遂犯には、その当否は別として、実害犯の未遂のほか、具体的危険犯の未遂、抽象的危険犯の未遂の三種類がある。このうち、実定法的にも理論的にも、実害犯を既遂犯とする未遂犯がその典型である。そこで、本稿では、この種の未遂犯を中心に未遂犯論全般について、刑法上の諸原則との適合性・論理構造の整合性をとくに考慮しつつ、刑法四三条の解釈論をはじめ関連諸問題に関して基礎的な検討を行うことにする。

従来の未遂犯論においては、かつてはいわゆる『学派の争い』に関連して「行為者の危険」（主観的未遂論）か「行為の危険」（客観的未遂論）かが論じられたが、旧派的立場からの客観的未遂論を前提とする場合にも、いわゆる『行為無価値論と結果無価値論の争い』に関連して、最近では、「行為の危険」か「結果としての危険」かという新たな論争へと発展することとなった。しかし、既遂犯と未遂犯とをパラレルに理解すべきであるという私の基本的立場からは、犯罪の客観的な基本要素である『行為・結果・因果関係』に対応して、未遂犯の実行行為性・未遂犯における結果・未遂犯における因果性と危険性の関係などの基本問題について、さらに検討すべき課題が多く残されているように思われる。

ところで、未遂犯の論争史を一口で総括するならば、そこで展開されてきたいくつかの考え方にはそれぞれ傾聴すべき論点が含まれており、未遂犯の全体構造を体系的に解明するためにはそれらのすぐれた点を総合する立場が妥当ではないか、と私は考えている。このような思考方法に対しては余りに折衷的・妥協的に過ぎるという批判が予想されるが、後述するように私の未遂犯論は従来の理論を全面的に再構成することにつながる。そこで、このような見解はさまざまな角度から慎重に検討する必要があるために、危険犯や未遂犯に関して私が考えてきた全体的な基本構想を述べて批判を仰ぐこととした。ただ、本章では、新しい未遂犯論に関する基本構想を提示することにとどめ、学説や判例に関する具体的な検討やこれを踏まえた自説の詳細な展開は他日を期さざるをえない。

一　刑法論争と未遂犯論

未遂犯をめぐっては、実行の着手やその時期、未遂犯と不能犯の区別など、理論構成や具体的結論において様々な見解が対立しており、今や錯綜した理論状況にある。そこで、未遂犯論全般を視野にいれながら、従来の基本的な対立点をできるだけ浮き彫りにするとともに、これらに関する私の基本的立場を明らかにしておこう。その際、従来の未遂犯論全般において基本的な考え方は同じであるが、問題領域によって学説のネーミングを含め、理論状況の整理の仕方に関して統一性・整合性を欠く場合がみられるために、以下では、学説の新しいネーミングを含め、相互の関連性を重視することに努めた。

1　未遂犯論の問題状況

(1)　未遂犯論において、かつては、『学派の争い』に関連して、新派の立場からの主観的未遂論と旧派の立場からの客観的未遂論との対立があったが、旧派的立場が優位を占めたことに伴って、今日では後者が定説ともいいうる見解となっている。しかし、今日の客観的未遂論においては、実行の着手とその時期、未遂犯と不能犯との区別などに関する学説にみられるように、行為者の犯意・認識・計画といった主観的事情をも危険判断の基準や基礎の一つに加える見解が支配的であり、新派における行為者の主観的危険が実質的に排除されているかという問題は残る。このような現状を踏まえるならば、客観的未遂論が今日の定説であるといっても、このことは未遂犯における危険が「行為者の危険」（主観的危険）ではないという消極的意味を有するに過ぎない。そこで、客観的未遂論の立場から、未遂犯論全般において未遂犯の危険が客観的危険であることを徹底させることが本稿の基本的な課題である。

ところで、客観的未遂論において、実行の着手の問題に関する見解に見られるように、かつては形式的客観説と実質的客観説の対立があった。すなわち、各個の刑罰法規（構成要件）を基準として客観的危険を形式的に判断する形式的客観説と、法益侵害に対する（客観的）危険を実質的に判断する実質的客観説がそれである。このうち、犯罪論において法益侵害性を強調する考え方（法益侵害説）が定着するなかで、実質的客観説が支配的見解となっており、私もこの立場が基本的には妥当であると考えている。しかし、実定法上の犯罪には、保護法益の種類はもとより、その侵害の程度・形態の観点からもさまざまな類型が存在するから、未遂犯の実行行為性を基礎づける危険は、法益に対する実質的危険を要することはいうまでもないが、さらにこの危険は当該構成要件の予定する「定型的・類型的危険」でなければならない。罪刑法定原則やその要請である「刑罰法規の厳格解釈」を強調する立場からは、未遂犯における実行行為性を確定するにあたって、この「定型的・類型的危険」の内容を各論的に考察することが必要不可欠である。従って、実質的客観説を基本とする立場においても、形式的客観説のもつ本来の意義をも再評価することが必要であり、このかぎりではいわゆる「構成要件の欠欠」の理論も重要な意義をもつであろう。この点に関して、私があえて「総合的客観説」を主張することにより、実質的客観説を基本としつつ、形式的客観説の考え方を取り入れようとする論拠はここにある。

(2)　いわゆる『行為無価値論と結果無価値論の対立』に関連して、客観的未遂論を前提とする実質的客観説の内部にも発展がみられ、いくつかの基本的な対立が生まれた。まず、従来の通説においては、未遂犯の危険は「行為の危険」（行為の属性）であり、行為時の事情を基礎とする事前判断であるという前提のもとに、危険判断の基準や基礎についてもっぱら論議されてきた。その後、未遂犯は具体的危険犯であるという見解の登場や危険犯論（とりわけ具体的危険犯論）の進展と相俟って、未遂犯における危険は一種の結果（「結果としての危険」）であるから、危険判断は客観的・事後的なものであるという考え方が有力となってきた。例えば、未遂犯と不能犯の区別に関して、このような見解を支持する者が増えているのもその現れである。このように、未遂犯における危険につき、それが「行為」の問題か「結果」の問題かという点に関連して、「行為の危険」か「結果としての危険」（危険結果、危険状態）かということが未遂犯論全般における一つの焦点となっている。このうち、「行為の危険」と解する考え方を「行為危険説」と呼び、「結果としての危険」と解する考え方を「危険結果説」（または「危険状態説」）と呼ぶことができよう。

このように、現在の未遂犯論においては行為危険説と結果危険説とが対立しているが、未遂犯の危険を客観的危険と解するとしても、「行為の危険」と「結果としての危険」とは区別されるべきであるが、両者は矛盾するものであろうか。この点に関して、後述するように、私の結論をいえば、前者は事後的に確定された行為時の客観的事情を基礎とする「行為」についての事後的な危険判断であり、後者は客観的・事後的な危険結果（危険状態）であると解するから、いずれにおいても、危険判断自体は客観的・事後的なものであると考えている。このような考え方を前提として、「行為の危険」と「結果としての危険」の両方を要すると解する見解を「総合的危険説」と呼ぶことにする。

2　行為危険説の検討

ここに「行為危険説」と呼ぶ考え方は未遂犯における危険が「行為の危険」と解する点に本質があるが、行為の危険を判断する以上、その判断は行為時の事情を基礎とする事前判断であると一般に解されている。その際、この危険判断における行為の「危険」とは何か、また、どのような事情（資料・データ）を基礎とすべきかという点に関して、つぎのような三つの立場に別れる。

(1)　第一は、行為者の認識など主観的事情を危険判断の基礎とする新派的立場からの見解である。このような見解は、行為危険説のうち、行為者の主観的事情を重視する点で、「主観的行為危険説」と呼ぶことが許されよう。未遂犯と不能犯の区別に関するいわゆる抽象的危険説（主観的危険説）がその典型である。このような見解は、危険判断の対象を「行為者の危険」ではなく「行為の危険」とする点では、確かに主観的未遂論とは異なるように見える。しかし、この主観的行為危険説は、確かに主観的未遂論のように故意の存在だけで危険性を判断するわけではないが、故意を行為の危険の客観的「徴表」として重視するのであるから、主観的未遂論と主観的行為危険説の間には実質的な違いはないであろう。

(2)　第二は、未遂犯の危険が「行為の危険」であると解する点では同じであるが、行為の危険を行為時での事情を基礎として判断する以上、その危険は行為当時における一般人の認識・予見とともに行為者が現に認識した事情を基礎として判断すべきであるという見解がある。この見解は、一般人および行為者の認識・予見をも危険判断の基礎または基準とする点で「折衷的行為危険説」と呼ぶことにする。このような考え方は、未遂犯と不能犯の区別に関するいわゆる具体的危険説がその典型である。実行の着手に関して、行為者の故意を主観的違法要素と解する見解や行為者の意図・計画をも考慮する見解（「折衷説」と呼ばれる）なども、未遂犯における危険判断において客観と主観の両面を考慮する点では折衷的行為危険説の一種である。

このような見解は、危険判断の基礎となる事情を一般人の認識・予見により限定する点において危険判断の客観化が見られるといえなくもないが、そもそも行為時における一般人の認識・予見を明確に確定できるかという疑問があるばかりでなく、仮にこれが確定できたとしても、そのような事情と客観的事情（行為時に客観的に存在した事情）とはどのような関係にあるのかが問題となる。この点について、未遂犯に関する具体的危険説にみられるように、危険判断において一般人および行為者の認識・予見を基礎とするから、一方では客観的に実在する事情を無視するとともに、客観的には実在しない事情をも付け加えることになる。従って、このような見解が客観的未遂論であるといっても、危険判断の基礎となる事情が客観的事情に反しうることを当然の前提とするものであるから、このような危険は行為の客観的危険とは異なり、一般人や裁判官の不安感または印象という社会心理的根拠を有するに過ぎないことになる。

(3)　第三は、同じく行為危険説の立場から、未遂犯における「行為の危険」はあくまで客観的危険であるから、危険判断の基礎は行為時の客観的事情のみに限定すべきであり、これに反するような単なる一般人や行為者の主観的事情は除外されるべきであるという見解がある。この見解は「客観的行為危険説」と呼ぶことができる。客観的行為危険説は、行為の危険を行為時の客観的事情を基礎として判断するという点で事前判断であるとされるのである。しかし、ここに行為時の「客観的事情」のなかにはすでに一般人や行為者に判明している事実も含まれるが、この事実が実在したか否かは最終的には事後的に確定されざるをえない。従って、このような事情は、結局、行為時または行為後のいずれの時期に判明したものかにかかわりなく、「行為時の客観的事情」を基礎とする危険判断であることになる。さらにいえば、このような判断は事前判断であるとされるが、判断の基礎となる客観的事情が事後的にしか確定できないとすれば、このような判断自体も事後的なものと言わざるを得ないであろう。このことは、一般人に認識可能な客観的事情を基礎として危険を判断する場合にも、客観的事情を前提とするかぎり同じである。

ところで、未遂犯においては、法益に対する「行為の危険」と「結果としての危険」を要するとともに、いずれの危険も客観的危険でなければならないと解する私の立場からは、前者に関してこの客観的行為危険説が基本的に妥当であるということになる。なお、この危険は形式的客観説につき前述したように、この客観的危険は「定型的・類型的危険」でなければならず、また、この範囲に限定すべきである。

3　危険結果説の検討

2の行為危険説が行為自体の危険を行為時の事情を基礎として判断するのに対して、私が「危険結果説」と呼ぶ見解は、『結果』無価値論の考え方を徹底して、未遂犯における危険は法益侵害に対する客観的危険である以上、この危険判断は客観的・事後的であり、判断の基礎となる事情も客観的・事後的に判明したものであるという考え方である。実行の着手やその時期に関して客観的・事後的に判断する見解や、未遂犯と不能犯の区別に関するいわゆる客観的危険説がこれに属する。しかも、前述した客観的行為危険説が、「行為の危険」を問題とする行為危険説を前提として、これを行為時の客観的事情を基礎として事前に判断するのに対して、危険結果説と呼ぶ見解は、「行為の危険」ではなく、むしろ「結果としての危険」(事後的な危険状態)を問題にしているものといえよう。この見解が「行為の危険」(行為自体の客観的属性)を単に客観的・事後的に判断するにすぎないというのであれば、本説と客観的行為危険説との区別はないことになる。なぜなら、前述したように、客観的行為危険説において、危険判断の基礎となる客観的事情は事後的にしか確定しえないからである。

ところで、危険結果説の考え方は、法益侵害原則との関連で未遂犯の客観的・実質的処罰根拠を明らかにするとともに、未遂犯処罰の基準や限界を示すうえで画期的な意義がある。しかし、行為危険説に関してすでに検討したように、既遂犯におけると同様に、未遂犯においても、当該行為から危険結果が発生したとしても、この行為に実行行為性が認められない以上、未遂犯を肯定しえないはずである。そこで、私は、未遂犯における危険に関して「行為の危険」と「結果としての危険」とを区別するとともに、その成立にとっては両方を要すると解するのである。このような見解によれば、未遂犯（実害犯の未遂犯）の要件の一つとして、この「結果としての危険」が不可欠であるが、その前提として、未遂犯の実行行為性を基礎づけうる「行為の危険」をも要することになる。このように、私の「総合的危険説」は（客観的）行為危険説と危険結果説の考え方を総合するものであり、単なる危険結果説とは異なるのである。

4　未遂犯論の対抗図式

従来の未遂犯論に関する理論的検討を行ったが、その締めくくりとして、私見を含む未遂犯全般に関する考え方を図式的に整理しておこう。

未遂犯論の諸相

- 主観的未遂論
  - 行為者危険説
- 客観的未遂論
  - 形式的客観説
  - 実質的客観説
    - 行為危険説
      - 主観的行為危険説
      - 折衷的行為危険説
      - 客観的行為危険説
    - 危険結果説（危険状態説）
  - 総合的客観説または総合的危険説（私見）

二　未遂犯論の新展開

1　総合的危険説の要約

一において、従来の未遂犯論を検討するなかで、私の提唱する総合的危険説または総合的客観説の内容について述べたが、その内容はつぎのように要約できる。

(1)　客観的未遂論を徹底する立場から、未遂犯における危険は一般人による危険判断（不安感や危惧感）ではなく、あくまで法益に対する客観的危険（＝実在的可能性）である。従って、その危険判断は客観的事情を基礎とする客観的かつ事後的な判断であるから、危険判断の基準や基礎に主観的事情（一般人や行為者の犯意・認識・計画など）を考慮すべきではない。このような観点からは、客観的行為危険説と危険結果説を総合する考え方が妥当であり、主観的未遂論はもとより、主観的行為危険説や折衷的行為危険説は支持できない。

(2)　未遂犯にも『行為・結果・因果関係』という論理構造は妥当するから、これに対応して、未遂犯の危険は「行為の危険」と「結果としての危険」とを理論的に区別するとともに、未遂犯（可罰的未遂）にとってはこの両方が必要不可欠である。これらの危険は(1)で述べたように客観的危険であることには変わりはないが、前者が行為時の客観的事情を基礎とする判断であるのに対して、後者は客観的・事後的な事情を基礎とする判断である点において異なる。従って、「結果としての危険」においてはもとよりのこと、「行為の危険」についても、行為時にどのような「客観的」事情が存在したかは事後的にのみ確定しうるのであり、従って、これらの危険性判断も事後的なものである。この点において、「行為の危険」が事前判断であるという考え方は理論的に一貫しない。

(3)　「行為の危険」は未遂犯の実行行為性の問題であるから、既遂犯におけると同様に、客観的危険の存在を当然の前提とするが、さらにこの危険は構成要件的な定型性または類型性を備えた危険（定型的・類型的危険）であり、これにより限定される。なぜなら、刑罰法規（構成要件）は実定法的な所産であるから、構成要件該当性（実行行為性）の判断には可罰性の評価が含まれることは否定できないからである。従って、客観的危険は存在するが、構成要件の予定する定型性・類型性が認められない場合（すなわち「定型的・類型的危険」がない場合）、未遂犯の実行行為性を欠く場合がある。

（4）このような未遂犯論を総称して「総合的危険説」とか「総合的客観説」と呼ぶのであるが、その内容や論拠について次の**2**で補足的に説明するとともに、解釈論的な意義・実益については**三**において述べることにする。

2　刑法諸原則と未遂犯論

ここでは、刑法諸原則との関連で私の見解の論拠を説明する。なぜなら、私の考え方は、刑法諸原則を尊重する立場から、未遂犯論全体において罪刑法定原則・法益侵害原則・責任原則を矛盾なく貫徹しうるかということを重視したからである。その帰結が私のいう「総合的危険説」であり、「総合的客観説」であった。

（1）罪刑法定原則との関連では、各個の刑罰法規（構成要件）が行為類型（法益侵害行為の類型）である以上、当該行為について構成要件該当性＝実行行為性が要求される。従って、未遂犯において、『行為』の実行行為性を基礎づける「行為の危険」が必要であり、しかもこの危険は構成要件的な定型性・類型性を備えるものでなければならない。このような観点から、私は形式的客観説とともに実質的客観説のうち（客観的）行為危険説にそれぞれ独自の意義を認めるのである（総合的客観説）。

（2）法益侵害原則によれば、既遂犯か未遂犯かを問わず、法益に対する客観的な侵害性が要求される。このことに対応して、結果犯の未遂犯においても『行為・結果・因果関係』という論理構造が堅持されるべきであるから、法益に対する客観的危険の内容として「行為の危険」に加えて「結果としての危険」という一種の結果が不可欠であるとともに、両者の因果関係が必要である。このような観点からは、実質的客観説を基本としつつ、(客観的)行為危険説と危険結果説という双方の考え方を取り入れる必要がある。

(3)　責任原則によれば、『行為』(実行行為)と責任の同時存在が要求されるから、未遂犯における実行の着手やその時期などに関して、実行行為時において当該行為者に責任(責任能力や故意・過失)が認められなければならない。従って、未遂犯の実行行為性を基礎づけるための「行為の危険」を観念する必要があり、さらには『行為・結果・因果関係』という論理構成を維持する必要がある。このような観点から、結果危険説を基本としつつ、行為危険説に独自の意義を認めるのである。

3　未遂犯における危険と因果関係

未遂犯における「危険」とは何か、「行為の危険」と「結果としての危険」とをいかに区別すべきか、未遂犯において危険性と因果性(因果関係)とはどのような関係にあるか、という三つの問題について、相互に関連させながら私の基本的な考え方を述べておこう。

(1)　危険の概念は、因果性におけると同様に、実在の世界に属する問題であるから、未遂犯における危険は実在的・客観的危険である。しかし、法が対象とする世界は歴史的・社会的現象であるから、未遂犯と不能犯の区別に関して争われるように、厳密な科学になじまないような事例がしばしば登場する。従って、危険判断が客観的・科学的判断であるということは、事後的に確定(立証)された客観的事情を基礎(データ)として、科学法則を含む経験則により客観的に判断されることを意味するにすぎないであろう。そうだとしても、単なる主観的事情を基礎とする場合はもとより、客観的事実に反する事情を基礎とする危険判断は、客観的・科学的判断とは言えない。そこで、未遂犯においては、危険判断の基礎に関して事実認定の問題が決定的に重要である。

(2)　未遂犯と不能犯の区別に関して繰り返されるように、危険を客観的・事後的に判断する見解においては、すべての未遂犯は不能犯（絶対不能）となってしまうという批判がある。このような批判が妥当するとすれば、およそ未遂犯については実行の着手やその時期、中止犯などを問題にする余地がなくなってしまうのではないか、という批判にも発展する。確かに結果が発生しない以上、結果が発生しない何らかの客観的・科学的原因があるはずであることは否定できない。しかし、結果不発生の客観的原因があるからといって客観的危険がなかったことを意味するものではない。なぜなら、結果の不発生といっても、表現の問題は別として、その客観的原因には必然的原因と偶然的原因とがあり、両者は理論的にも事実的にも区別すべきである。絶対不能と相対不能を区別する見解はこのような考え方を前提とするものであろう。このような区別は具体的事案により両者を区別することが困難を伴う場合があることは否定できないが、だからといってその努力を放棄すべきではない。この点に関して、危険性と因果性とを観念的に区別して両者を対立的に把握するのではなく、両者が実在の世界に属するものとして統一的に把握する見解がみられる。確かに、危険性や因果性が客観的な実在の世界を問題とする点で認識の対象・方法は同じであるが、両者には問題関心の観点（視角）を異にするものであり、それぞれ独自の意義を有するものと私は考えている。

(3)　実害犯を前提とする場合、既遂犯か未遂犯かを問わず、客観的な論理構造として『行為・結果・因果関係』を考えることができる。すなわち、エンギッシュの「危険とその実現」という判断枠組を援用するならば、「行為の危険」があることを前提として、その危険が実害として実現した場合が既遂犯であり、「結果としての危険」（危険結果）として実現した場合が未遂犯であるということになる。さらにいえば、「行為の危険」が「結果としての危険」に実現された場合が未遂犯であり、この「結果としての危険」がさらに実害として実現された場合が既遂犯であるということになる。ここでとくに重要なことは、既遂犯と未遂犯とでは「行為の危険」（実行行為性）が存在することが共通の前提であり、しかも、その内容は両者において同一でなければならないから、前者ではこれを否定されるが、後者では肯定されたり、また、この逆のことはありえないという点である。

このように、既遂犯と未遂犯とでは、いずれの場合も実行行為の内容は同一であるとともに、それらが成立するためには、「結果」の内容こそ異なるが、「危険の実現」としての行為と結果の因果関係を要する点でも同じである。このような未遂犯における危険と因果関係に関する理解に対して、行為危険説や危険結果説では、「行為の危険」と「結果としての危険」のうちどちらか一方のみを問題とするから、未遂犯の危険性と因果性との区別を否定するか、この区別を認める場合にも両者の関連が不明確にならざるをえない。

(4)　未遂犯における『行為』と『結果』とを区別する場合には、両者の『因果関係』、すなわち、当該「行為の危険」から当該「結果としての危険」が実現したという関係が必要である。従って、これらの危険がいずれも肯定される場合であっても、両者の因果関係が認められなければ、不可罰未遂にとどまり、未遂犯(可罰的未遂)は成立しない。

そこで、因果関係論一般に関連して未遂犯における因果関係について結論だけを述べておく。私見によれば、因果関係とは、行為から結果に至る歴史的・具体的な経過において、その一コマ一コマが経験則に照らして合法則的に連続しているか、という客観的・事後的判断の問題である。従って、既遂犯と未遂犯とでは結果の内容に違いはあるが、このような因果関係の判断構造は何ら異なるところはない。それでは、未遂犯における危険性と因果関係とはいかなる関係にあるのか。まず、「行為の危険」は行為時の客観的・具体的事情を基礎とする判断ではあるが、因果関係判断におけるように行為から結果に至る歴史的・具体的な経過は判断の対象とするものでないことは勿論である。また、「結果としての危険」は行為後のある時点における「危険結果」(危険状態)を意味するものであるから、この危険判断も行為から結果に至る歴史的・具体的経過を問うものではない。このように、既遂犯におけると同様に、未遂犯についても、「行為の危険」と行為と結果との「因果関係」(因果性)とは実在の世界に関する認識の問題である点では本質を同じくするが、両者では認識の局面（視角）が異なるのであり、両者は理論的に区別されるべきである。このような理解の仕方は、未遂犯について精緻な理論構成を可能にするばかりでなく、認定論においても厳密な事実認定とその判断を可能にする。その解釈論的な意義と実益についてはつぎに述べることにする。

三　未遂犯の諸形態と危険

刑法における危険の概念は、犯罪論全般に共通する最も基本的な概念である。とりわけ、未遂犯の処罰根拠は法益に対する危険にあるところから、未遂犯における危険とは何かが危険性論の主要問題として活発に論じられてきた。この点に関して、私自身も、かつて「犯罪論における危険概念」と題する論文において、危険の統一的概念に関する総合的危険説を提唱するとともに、「未遂犯の論理構造」と題する論文では、未遂犯の基本型または原則型ともいうべき実害犯の未遂について理論的な検討を行った。そこで、本章では、総合的危険説の立場から、未遂犯の諸形態を念頭におきながら、「未遂犯における危険」について個別的な検討を行うことにする。

犯罪は、その発展段階に応じて、既遂・未遂・予備という段階的類型がある。このうち、法益侵害原則の観点からは、既遂犯の処罰が原則であるから、未遂犯は例外であり、さらに予備は例外中の例外ということになる。しかも、既遂犯における既遂形態には、実害のほか具体的危険や抽象的危険の場合がある。このことに対応して、実定法上の未遂犯にも、実害犯の未遂、具体的危険犯の未遂、抽象的危険犯の未遂の三種類が存在する。

刑法犯の領域では、実害犯の未遂は個人法益に対する罪のなかに数多く存在するが、危険犯の未遂は社会・国家法益に対する罪のなかに比較的多くみられる。また、危険犯の未遂については、抽象的危険犯のなかに重要な法益に対する危険を処罰する場合が数多く含まれているため、抽象的危険犯の未遂の方が具体的危険犯の未遂より多いといえよう。このような現象は、法益保護の在り方にとって興味ある事実であるが、未遂犯における危険とは何かを解明する場合にも重要な意味を有するであろう。

それでは、未遂犯一般に共通する危険を統一的に理解することは可能であろうか、また、実害犯・具体的危険犯・抽象的危険犯に対応する未遂犯について、それぞれにおける危険は何か。このような問題を検討することが以下の主要な課題である。

1　未遂犯一般における危険

(1)　問題の所在

未遂犯が前提とする実定法上の既遂形態には、実害のほか具体的危険と抽象的危険という三種類がある。これに伴って、未遂犯のなかにも、実害犯の未遂、具体的危険犯の未遂、抽象的危険犯の未遂があり、それぞれは理論的に区別されなければならない（なお、形式犯については、その性格から、その未遂を観念する余地はない）。このことは刑法各論の領域では自明のことであったが、未遂犯の一般理論としては、かつてはこのような問題意識は存在しなかったばかりでなく、今日においても必ずしも明確に意識されているとはいえない。そのために、従来の未遂犯論においては、未遂犯の典型である「実害犯の未遂」を暗黙の前提としたり、このことが曖昧のまま議論されていたように思われる。それでは、このように未遂犯の三形態を区別する場合、未遂犯一般に共通する危険概念を構築することはできるか、また、これが可能であるとすればこれをいかに理解すべきであろうか。

(2)　未遂犯一般の実行の着手

①　従来の定説によれば、刑法第四三条を根拠として、未遂と予備の区別に関連して、未遂犯は「実行の着手」があれば成立しうるものと解されている。そこで、未遂犯における危険は、実行の着手の問題とパラレルに論じら

れてきた。

実行の着手に関して、行為無価値論と結果無価値論の対立を反映して、形式的客観説と実質的客観説との対立があった。このうち、形式的客観説においては、いわゆる構成要件論およびこれを前提とする定型説の立場から、構成要件を基準として実行の着手の有無が形式的に判断され、構成要件に該当する行為（以下、構成要件的行為という）が開始されれば危険の発生が擬制される結果、未遂犯における危険は抽象的危険であるということになる（抽象的危険犯説）。なぜなら、形式的客観説の立場からは、抽象的危険犯に関する形式説または擬制説が採用されているからである（後述）。これに対して、いわゆる結果無価値論の立場から、実質的客観説は、未遂犯においても法益侵害性が必要であるから、具体的危険という一種の『結果』を要するものと解される（具体的危険犯説）。その後、この実質的客観説が支配的となることによって、具体的危険犯説は多くの支持を得ている。

このように、従来の未遂犯論においては、実行の着手の問題に関して、未遂犯における危険が抽象的危険か具体的危険かという形で論じられたのである。しかも、このような理論状況を反映して、未遂犯論において抽象的危険犯と具体的危険犯の概念や両者の区別の問題が活発に論じられるに至った。しかし、未遂犯が前提とする既遂形態には実害・具体的危険・抽象的危険の三種類が存在するから、未遂犯の危険が抽象的危険か具体的危険かという議論の仕方は未遂犯の一般理論としては一面的であり、妥当ではないことになる。それでは、未遂犯一般における危険を統一的に説明することは可能であろうか。

②　行為無価値論の立場において、前述した定型説を前提としつつ、未遂犯における危険は形式的には構成要件的行為を開始することであるが、実質的には構成要件の実現に対して、行為が現実的危険を有することであると解する見解がみられる。このような見解は、前述した具体的危険説と区別する意味から「現実的危険説」と呼ぶことにする（なお、実行の着手を形式と実質の両面が論じる点では、「折衷的客観説」と呼ぶこともできる）。

このような現実的危険説は、従来の未遂犯論とは本質的に異なり、未遂犯の一般理論を自覚的に展開しようとする意図がみられる。なぜなら、第一に、何に対する危険かという点（危険の対象）について、法益侵害ではなくことさら「構成要件の実現」という表現が用いられているが、ここには実害のみならず具体的危険や抽象的危険をも包含しうること、第二に、危険の内容に関連して、ここでは「現実的危険」という概念が用いられ、抽象的危険犯における「抽象的危険」や具体的危険犯における「具体的危険」とは区別されているからである。このように、現実的危険説では、未遂犯一般における危険は、法益に対する抽象的危険や具体的危険ではなく、「構成要件の実現に対する現実的危険」であると説明する点に大きな特徴がある。しかも、未遂犯の一般理論としては、構成要件の実現とは既遂犯におけるすべての既遂形態を包含しうる広い概念であり、未遂犯の危険はこれに対する現実的危険を意味するものと説明されるのである。

以上のように、現実的危険説は、行為の構成要件的な定型性・類型性を要求する点において形式的客観説と同様の思考方法を採用するが、その一方で、危険という実質的概念を用いて、「構成要件の実現」に対する危険を問題とする点において実質的客観説の考え方をも導入している。このように、現実的危険説は、形式的客観説と実質的客観説とを統一的に理解しようとする意図が伺われる点で、一定の学説史的な意義を認めうる。しかし、後述するように、現実的危険説は実質的客観説におけるように「法益に対する危険」を問うものではないし、それが前提とする行為無価値論の問題性にも関連して、「現実的危険」における危険の概念自体やその判断方法に本質的な疑問がある。

(3)　私見の展開

前述したように、実定法上の未遂犯には、実害犯の未遂のほか、具体的危険犯の未遂や抽象的危険犯の未遂の三種類が存在するから、未遂犯における危険が抽象的危険であるとか、具体的危険であると解することは、ある種の未遂犯にとっては一面の真理ではあるが、未遂犯一般における危険を説明したことにはならない。

ところで、結果無価値論はもとより、いわゆる『二元的行為無価値論』の立場からも、犯罪の成立にとって法益侵害性は不可欠の前提であるから、いずれの未遂犯であっても、少なくとも法益に対する抽象的危険を要することになる。このことは抽象的危険犯の未遂についても妥当するはずであるから、その場合の実行の着手は、法益に対する危険ではなく、行為客体に対する侵害の危険の有無によって判断することになる。これらの点については後に詳論する。なお、法益侵害原則を根拠として、形式犯の場合にも法益に対する一定の危険を要するという独自の見解がみられる。このような立場からは、抽象的危険犯の未遂は形式犯であるが、やはり一定の危険が必要であると解する考え方も成り立ち得る。しかし、このような形式犯に関する見解には原則的な疑問がある。

以上を総合すれば、未遂犯が犯罪である以上、いずれの未遂犯であっても法益侵害性が不可欠の前提であるから、少なくとも抽象的危険を要する。それでは、実害・具体的危険・抽象的危険という三つの既遂形態を念頭におく場合、刑法四三条の「実行の着手」はどのように解すべきか。実行の着手に関する一般の概念としては、前述した現実的危険説のように、形式的には構成要件的行為を開始することであり、実質的には構成要件の実現に対する現実的危険を生じさせるものと説明せざるを得ないであろう。そこで、このような見解について若干の説明を加えておく。

第一に、実定法上の構成要件は身分・行為客体・行為態様・行為状況など様々な要素によって構成される類型であるから、実行の着手の判断にあたっては、当該構成要件の予定する定型性・類型性を考慮する必要がある。このことに対応して、本説では「構成要件的行為」を開始するとか、「構成要件」の実現という表現を用いるのである。

第二に、既遂犯には実害・具体的危険・抽象的危険の三形態があるから、実行の着手を基礎づける危険が法益に対する抽象的危険や具体的危険であると一般的に説明することは不可能である。そこで、本説では、このような抽象的危険や具体的危険という用語を避けて、「構成要件の実現」というように表現しているのである。

第三に、構成要件的行為の「開始」が認められる否かは、構成要件を基準として形式的に判断できず、前述した意味での「構成要件の実現」に対する現実的危険の有無によって、実質的に判断せざるを得ない。しかも、このような「構成要件の実現」は、保護客体（保護法益）と行為客体とを理論的に区別する場合、法益侵害原則の観点からは、保護客体との関連で一般的に問題となるが、抽象的危険犯については、後に詳論するように行為客体に関して論じざるを得ない。

第四に、現実的危険説は、行為無価値論を前提として、危険の本質を一般人の不安感・危惧感に求める見解（危惧感説）や危険判断の基準や基礎に行為者の主観をも加える見解（「折衷的行為危険説」）を一般的に採用している。しかし、結果無価値論の立場からは、ここにいう「現実的危険」についても、危険概念一般と同様に、危惧感説や折衷的行為危険説を前提とすることには原則的な疑問がある。

2　実害犯の未遂における危険

(1)　問題の所在

法益侵害原則によれば、犯罪のなかでも実害犯が基本であるため、従来の未遂犯論においては、実害犯の未遂を想定して未遂犯の一般理論が展開された。このような立論の方法が一面的であることはすでに述べた通りであるが、未遂犯の典型とも言うべき実害犯の未遂について掘り下げた検討を行うことは、それ以外の未遂犯の意義や問題性を明らかにするために必要であり、有効でもある。このような理由から、私は本章で実害犯の未遂を対象として理論的な検討を行ったのである。

ところで、実害犯の未遂における危険とは何かは、従来、実行の着手やその時期、未遂犯と不能犯の区別などの問題をめぐって活発に論じられてきたが、これらは実害犯の未遂を基礎づける危険とは何かという問題に集約される。この点につき、そもそも危険とは何か、また、実害犯の未遂における危険は「行為の危険」か「結果としての危険」（危険状態）か、さらにその両者を要するのかが争われている。

(2)　**行為危険説と危険結果説**

従来の未遂犯論においては、いわゆる「学派の争い」に関連して行為者危険説と行為危険説が、また、「行為無価値論と結果無価値論の対立」を反映して行為危険説か危険結果説（または結果危険説）かが争われてきた。これに対して、私は『二元的結果無価値論』の立場から総合的危険説を提唱しているのである。このうち、ここでは、旧派を基調とする行為危険説および危険結果説について論点を整理する。行為危険説にも、主観的行為危険説・折衷的行為危険説・客観的行為危険説があるが、第一の見解は新派の立場からのものであるが、旧派刑法学を基調とする行為無価値論においては、一般に折衷的行為危険説が採用される。

①　折衷的行為危険説によれば、危険は行為の危険であるから、行為時に危険判断を行うべきであるとして、行為時における一般人の認識・予見とともに行為者が現に認識した事情をも基礎として危険を判断すべきであると解される。このような考え方は、未遂犯と不能犯の区別に関するいわゆる具体的危険説に象徴される。なお、実行の着手に関して、行為者の故意を主観的違法要素と解する見解や行為者の主観（所為・計画など）をも考慮する見解（「折衷説」と呼ばれる）は、未遂犯における危険判断において客観と主観の両面を考慮する点では折衷的行為危険説の一種である。

このような見解は、危険判断において一般人を基準としたり、その基礎となる事情を一般人の認識・予見により限定する点において危険判断の客観化が見られるといえなくもない。しかし、そもそも行為時における一般人の認識・予見を明確に確定できるかという疑問があるが、仮にこれが確定できたとしても、そのような事情は客観的に実在する事情を無視するばかりでなく、客観的には実在しない事情をも付け加えることになるから、もはや客観的未遂論とはいえず、このような事情を基礎として判断される危険は一般人の不安感または印象という社会心理的な根拠を有するに過ぎないことになる。

② 客観的行為危険説は、同じく行為危険説の立場から、未遂犯における危険が行為の危険であるとしても、危険は行為時の「客観的」事情を基礎として客観的に判断されるべきであるという見解である。このような見解の特色は次の二点にある。すなわち、第一に、危険は行為の危険であるから、行為時に存在した客観的事情を基礎として行為時点で客観的に判断すること、しかし、第二に、行為時にどのような事情が客観的に存在したかは、全知全能の神でないかぎり、事後的に確定せざるを得ず、最終的には裁判時で確定せざるを得ないことである。このように、客観的行為危険説は、危険を「結果としての危険」として客観的・事後的に判断する危険結果説とは異なり、行為の危険を行為時に溯って判断する点で行為危険説の一種ではあるが、行為時の客観的事情は事後的にしか確定できないから、これらのことを総合すれば事後判断説である。

ところで、行為の危険という独自の観念を承認し、かつ、この危険を客観的事情を基礎として客観的に判断するとすれば、この客観的行為危険説が妥当である。私自身は、総合的危険説の立場から、実害犯の未遂に関して、行為の危険と結果としての危険を要するとともに、いずれの危険も客観的危険でなければならないと解するのであるが、このうち「行為の危険」に関するかぎり、この客観的行為危険説が基本的に妥当であると考えている。このような行為の危険は、「法益に対する客観的危険」の一種であり、行為の法益侵害性の領域に属するから、同じ行為危険説であるとしても、行為無価値論における折衷的行為危険説とは本質的に異なる。

③ 危険結果説（結果危険説・危険状態説）は、『結果』無価値論の考え方を徹底して、危険は法益侵害に対する客観的危険であり、あくまで結果の一種であるから、「結果としての危険」として理解すべきであると解する。このような見解によれば、危険は客観的・事後的に判断すべきであるから、危険判断の基礎となる客観的事情も事後的に確定せざるを得ないと解される。その典型として、実行の着手やその時期に関して客観的・事後的に判断する具体的

危険説や未遂犯と不能犯の区別に関するいわゆる客観的危険説をあげることができる。

ところで、『行為』と『結果』という理論的な区別に対応して、行為の危険と結果としての危険とは峻別されるべきである。そうだとすれば、危険結果説は、未遂犯の危険を「行為の危険」ではなく、「結果としての危険」であると解する点において、これを行為の危険と解する客観的行為危険説とは本質的に異なる。とくに、両説においては、危険判断の時点について、事前判断説か事後判断説かという違いとなって現れる。

このような危険結果説は、未遂犯の一般理論として展開されたものであるが、正確には、実害犯を暗黙の前提として、その未遂における危険を論じていた。そのうえで、実害犯の未遂は、法益に対する実害こそ発生していないが、これに対する具体的危険、すなわち「切迫した危険」または「高度な危険」という一種の結果を要するものと解されたのである。

以上のように、法益侵害原則を堅持する立場から、危険結果説が実害犯の未遂における危険を客観的・事後的に判断することによって、その処罰の根拠や基準を明らかにしようとした点において画期的な意義がある。しかし、この見解の支持者は、私のいう『一元的結果無価値論』の立場から、行為無価値論やこれを前提とする行為危険説を批判するあまり、行為の実行行為性を基礎づける行為の危険を軽視または無視する傾向が強い。

(3)　私見の展開

私の提唱する総合的危険説は、刑法上の諸原則を堅持するためには、行為と結果の両面から法益侵害性を論じる必要があるとする『二元的結果無価値論』の立場から、実害犯の未遂について、客観的行為危険説と危険結果説の考え方を総合しようとするものである。すなわち、「行為の危険」と「結果としての危険」とは理論的に区別する必要があり、いずれの危険概念も犯罪論全般において独自の意義と役割を有する。

このような総合的危険説の立場からは、実害犯の未遂の要件として、結果危険説が強調するように「結果としての危険」を要するが、その前提として、客観的行為危険説におけるように、その実行行為性を基礎づけるためには、行為の危険、より厳密には、行為の「客観的・類型的な危険」が必要不可欠である。このことを前提として、私は、刑法第四三条の解釈論として、実害犯の未遂においては、当該行為が客観的かつ類型的危険を有するか否かが「実行の着手」の問題であるが、これが肯定される場合でもなお不可罰的未遂に止まり、未遂犯が成立するためには、さらに客観的・事後的に結果としての危険を要するもの解する。本条にいう「これを遂げない」とは、単に実害の不発生という消極的要素を意味するに止まらず、実害こそ発生しなかったが、これに対する結果としての危険（危険状態）の発生という積極的要素が含まれるものと解するのである。

それでは、行為の危険と結果としての危険とは理論的にいかに区別すべきか。この点については、結論的には、前者が行為時の客観的事情を基礎として行為時に立ち返って判断するのに対して、後者では、行為後の客観的事情のもとで、危険結果状態、すなわち、「被害者領域への危険の侵入」の有無によって判断されるのである。

3　具体的危険犯の未遂における危険

(1)　問題の所在

実質犯には実害犯と危険犯とがあり、危険犯にも具体的危険犯と抽象的危険犯の区別がある。このうち、特定の法益侵害を前提とする場合には、実害犯の未遂処罰が原則であり、具体的危険犯の未遂は例外、さらに抽象的危険犯の未遂は例外中の例外ということになる。

ところが、刑法犯において、抽象的危険犯の未遂を処罰する場合はかなり多いが、具体的危険犯の未遂犯は極めて少ないのが現状である。このように、ある種の犯罪類型においては、複数の法益が保護の対象とされているために、実定法的には必ずしも一貫していない。例えば、放火の罪（故意犯の場合）では、公共の危険という重大な法益侵害を伴うために、刑法一〇八条・一〇九条一項のように抽象的危険犯として構成され、その未遂は処罰されるが、刑法一〇九条二項・一一〇条一項のような具体的危険犯の場合には、公共の危険とともに財産犯的性格が考慮されているため、その未遂は不可罰としている（刑法一一二条）。これに対して、往来を妨害する罪においては、同じく公共危険犯でありながら、公共の危険のみが保護法益とされているために、抽象的危険犯（刑法一二六条一項）の未遂のほか、その具体的危険犯（刑法一二四条一項・一二五条）の未遂についても処罰している（刑法一二八条）。

しかし、法益侵害原則を徹底すれば、実害犯の未遂はもとより、具体的危険犯の未遂や抽象的危険犯の未遂であっても、法益に対する何らかの危険を要するはずである。それでは、具体的危険犯の未遂における危険とは何か、また、その場合の実行の着手は何に根拠を有するのであろうか。

ところで、行為と結果の区別に対応して「行為の危険」（抽象的危険）と「結果としての危険」（具体的危険）とを峻別する場合、実害犯の未遂における危険はその両者を要することすでに述べたが、具体的危険犯の未遂の場合はどうか。具体的危険犯の未遂は、具体的危険の前段階であるから、そこにおける危険は具体的危険ではあり得ず、抽象的危険であると解さざるを得ない。このように具体的危険犯の未遂は抽象的危険犯であるから、その前提問題として、抽象的危険とは何か、また、これは形式犯や具体的危険犯とどのような関係にあるのかを検討しなければならない。

(2)　具体的危険犯の実行の着手

①　抽象的危険犯とは何かをめぐって、行為無価値論と結果無価値論の対立を反映して、形式説（または擬制説）と実質説とが大きく対立する。

まず、行為無価値論の立場から、抽象的危険犯においては形式的に構成要件的行為（実行行為）が存在すれば法益に対する抽象的危険の発生が法的に擬制され、その立証を要しないから、非本来的危険犯であり、形式犯に接近するものと解された。これが形式説である。これに対して、結果無価値論の立場から実質説が提唱され、危険は一種の結果であり、抽象的危険であっても、実質的に法益に対する何らかの危険の発生を要するもの解された。そのうえで、抽象的危険犯と具体的危険犯を危険の程度によって区別し、前者では高度の危険（「切迫した危険」）を要するが、後者ではそれに至らない程度の危険で足りるものと一般的に説明される。

このような見解に対して、総合的危険説によれば、抽象的危険犯は「行為の危険」で足りるが、具体的危険犯の場合には「結果としての危険」が発生したことを要するものと解される。なお、行為の危険と結果としての危険との区別については前述した。

② このような抽象的危険犯に関する見解の対立を反映して、具体的危険犯の未遂における危険の理解の仕方にも違いが生じるはずである。しかし、このような問題意識はかつては必ずしも明確ではなく、実行の着手に関する一般理論のなかで論じられていた。

まず、実行の着手に関する形式的客観説によれば、構成要件的行為を開始すれば足り、これによって危険の発生が擬制されるものと解される。従って、例えば、往来を妨害する罪（刑法一二四条一項・一二五条）について、所定の目的物に対する構成要件的行為を開始した以上、具体的危険はもとより、抽象的危険も要しないことになる。これに対して、実質的客観説によれば、実行の着手に関する一般理論として具体的危険を要するものと解されるが、具体的危険犯の未遂において具体的危険を要すると解することは明らかに不合理である。このような見解は実害犯の未遂を暗黙の前提としているからである。この点を別とすれば、実質的客観説の立場から、具体的危険犯の未遂においても、具体的危険には至らないが、何らかの危険を要するものと解することは可能であり、このように解することが本来の趣旨であろう。そうだとすれば、具体的危険犯の性格からして、当該構成要件的行為が完成していれば、具体的危険が生じたであろう場合にのみ未遂犯は成立するものと解することも可能であろう。

(3)　私見の展開

私の提唱する総合的危険説によれば、前述したように行為の危険（抽象的危険）と結果としての危険（具体的危険）を区別したうえで、具体的危険犯の未遂における危険とは何かが検討されなければならない。

ところで、具体的危険犯は結果としての危険を要する場合であるが、その未遂はその前段階であるから、そこにおける危険は行為の危険、すなわち抽象的危険を意味するものと解することになる。なぜなら、抽象的危険は具体的危険の前段階であり、逆にいえば、具体的危険は抽象的危険の実現であり、その発展形態であるからである。実質的客観説に関して、前述した「具体的危険が生じたであろう場合」とは、まさにこの抽象的危険を意味するのである。例えば往来妨害罪（刑法一二四条）は具体的危険犯であるから、現に通行できなかったという実害を要しないが、客観的に通行を困難にする状態（危険結果・危険状態）を生じさせることが必要である。従って、その未遂犯は抽象的危険犯であり、行為の危険であるから、このような状態を生じさせる行為を開始すれば足りる。しかし、その場合にも、事後的に、すなわち行為が完了すれば、通行が困難になるような状態が生じうることを要することになる。

4　抽象的危険犯の未遂における危険

(1)　問題の所在

抽象的危険犯の未遂における危険を論じる以上、抽象的危険とは何かを検討することが前提問題である。この点に関していくつかの見解があることはすでに述べた通りである。それでは、これらの見解において、抽象的危険犯における「実行の着手」とは何か、また、この実行の着手には法益に対するどのような危険を要するのであろうか。

この問題は、放火の罪など個々の犯罪類型の解釈論として論じられることはあっても、未遂犯総論の領域では、いずれの立場からも自覚的に検討されることはなかったように思われる。そこで、抽象的危険犯に関する形式説と実質説の対立を踏まえて、それぞれの立場を前提とすれば、その未遂における危険をどのように理解することになるかを検討する。

(2) 抽象的危険犯の実行の着手

① 抽象的危険犯に関する形式説によれば、実行行為が認められるならば抽象的危険の存在も擬制されるのであるから、その実行の着手（未遂）についても、法益に対する危険を実質的に論じる余地はない。従って、抽象的危険犯の未遂は、構成要件を基準として、形式的にはこれに該当する行為を開始したか否かによって判断せざるをえないことになる。例えば、刑法一〇八条の現住建造物等放火罪において、その構成要件的行為は所定の目的物に「火を放つ」ことであり、このような行為の開始によって抽象的危険の存在は擬制されるから、本罪の未遂とは放火行為を開始すること、例えば点火行為の有無によって判断されることになる。このように、抽象的危険犯に関しては、形式説を前提とする以上、その実行の着手についても形式的客観説を採用せざるをえないのである。

それでは、同じく抽象的危険犯について形式説を採用する場合、実行の着手に関する前述した現実的危険説を前提とすれば、その未遂をどのように解することになろうか。このような立場からは、抽象的危険犯に関する形式説の趣旨からすれば、構成要件的行為によって抽象的危険が擬制されるから、法益に対する現実的危険の有無を論じる余地がないともいえるが、現実的危険説の観点からは、実行の着手は実質的に構成要件の実現に対する現実的危険を要するものと解することもできる。

② 抽象的危険犯に関する実質説は、結果無価値論を前提とするから、抽象的危険犯といえども、具体的危険犯におけるような高度の危険（「切迫した危険」）を要しないとしても、やはり法益に対する何らかの危険が必要であると解する。また、従来の実質説の論者は、同じく結果無価値論の立場から、実行の着手について実質的客観説を一般的に採用している。すなわち、実質的客観説においては、実行の着手（未遂犯）について、具体的危険（「切迫した危

険」）を要すると解する具体的危険説が一般的に採用されている。

しかし、抽象的危険犯を既遂形態とするにもかかわらず、その未遂について具体的危険を要すると解することは、前述した具体的危険犯の未遂の場合よりも、さらに不合理であることは明らかである。その原因は、未遂犯の一般理論を実害犯のみを想定して展開したことにあり、未遂犯が前提とする既遂には、実害のほか、具体的危険や抽象的危険が存在することを看過したことにある。

このように、未遂犯の一般理論としての具体的危険説は、抽象的危険犯の未遂における危険をも具体的危険であると解さざるを得ない点で本質的な疑問がある。そこで、同じく抽象的危険犯に関する実質説を前提として、抽象的危険犯の未遂について、具体的危険説とは異なった理論構成もありうる。なぜなら、抽象的危険犯の未遂は形式犯であると解しつつ、従来の定説によれば、形式犯とは法益に対する何らの危険も要しない場合であると解されてきたが、これに対して、前述したように、形式犯も犯罪である以上、法益に対する一定の危険を要するとする見解がみられるからである。このような見解を前提とすれば、抽象的危険犯の未遂は、抽象的危険の前段階であるから、犯罪の種類に関する従来の見解を前提とする限り、これを形式犯と解することになるが、形式犯であっても、法益に対する一定の危険を要するものと解することができる。このように、抽象的危険犯に関する実質説を維持しつつ、その未遂における危険を、形式犯に関する独自の見解によって解決する方法も考慮に値する。しかし、形式犯における危険とはどのような危険かが明らかではないばかりでなく、形式犯には法益侵害原則を形骸化する危険があるにもかかわらず、これを一般的に正当化しようとする点でも疑問である。

(3)　私見の展開

私の提唱する総合的危険説の立場から、抽象的危険犯の未遂について検討する。その前提問題として、総合的危険説を前提として、抽象的危険犯および実行の着手に関する私の見解を要約しておこう。

法益侵害原則を前提として、いかなる犯罪であれ「法益に対する危険」を要するから、犯罪が成立するためには少なくとも抽象的危険が必要不可欠である。このような観点からは、抽象的危険犯に関する形式説には疑問があり、実質説が妥当である。このような実質説を前提として、総合的危険説は、行為の危険と結果としての危険とを理論的に区別しつつ、抽象的危険とは「行為の危険」であり、この危険は行為時に存在する客観的事情を基礎として、客観的・事後的に判断すべきであると解する。また、実行の着手については、実質的客観説を基調として、実行行為性を基礎づける危険は「行為の危険」であるが、同時に、罪刑法定原則に照らして、このような行為の危険は、形式的客観説が強調するように、当該構成要件の予想する「類型的危険」であることを要する。

このような総合的危険説を前提とすれば、前述したように、抽象的危険犯の未遂を形式犯である解することは妥当でない。そこで、抽象的危険犯の未遂であっても、犯罪である以上、法益に対する抽象的危険を要するものと解すべきである。しかも、このような抽象的危険犯の未遂が肯定されるためには構成要件的な類型性を要するから、法益に対する抽象的危険が肯定されるとしても、それ以外の構成要件要素を充たすか否かが問題となる。

ところで、「保護の客体」と「行為の客体」とは厳密に区別すべきであるが、当該構成要件が法益侵害につき、行為客体の侵害を手段とすることを予定している場合には、行為客体に対する侵害をも要する。従って、抽象的危険犯の未遂においては、法益に対する抽象的危険とともに、行為客体に対して、どのような侵害性を要するか検討されなければならない。このような抽象的危険犯については、前述したように法益に対する抽象的危険を前提とするから、その未遂の成否は行為客体に対する危険の有無によって判断されることになる。

そこで、その場合の危険は、行為客体の侵害に対する具体的危険か抽象的危険か、すなわち「結果としての危険」を要するか、「行為の危険」で足りるかが問題となる。例えば刑法一〇八条の現住建造物等放火罪について、その未遂犯が成立するためには、目的物の「焼損」（実害）に対する具体的危険を要するか、抽象的危険で足りるかが理論的に問題となるのである。この点について、法益侵害原則におけると同様に、行為客体の侵害性についても、実害が原則、具体的危険は例外、抽象的危険は例外中の例がであるから、基本犯が抽象的危険犯であるからといって、本罪における目的物焼損についても抽象的危険で足りると解することは妥当ではない。従って、本罪の構成要件は「焼損」という実害を予定しているから、総合的危険説を前提とすれば、「行為の危険」（抽象的危険）とともに「結果としての危険」（具体的危険）を区別したうえで、その両者を要するものと解するべきであろう。

ところで、保護客体と行為客体とを区別する以上、保護客体に対する危険と行為客体に対する危険とは峻別されるべきである。従って、抽象的危険犯の未遂において、行為客体に対する具体的危険が存在するからといって、法益に対する抽象的危険が肯定されるわけではない。結論的には、抽象的危険犯の未遂犯は、行為客体に対する実害が生じたならば法益に対する抽象的危険が認められる場合に限って成立する。このような場合には、行為客体に対する危険（抽象的危険と具体的危険）が存在するならば、一般的に法益に対する抽象的危険も肯定しうるであろう。例えば現住建造物等放火罪において、所定の目的物を焼損したならば公共危険が発生したであろう場合には、目的物の焼損行為の開始があれば、一般的には抽象的公共危険が認め得るから、本罪の未遂犯が成立しうるであろう。

四　未遂犯の解釈論

1　刑法四三条と未遂犯の要件

⑴　刑法四三条本文は「犯罪の実行に着手してこれを遂げなかった者は、その刑を減軽することができる」と規定する。本条の解釈に関する従来の定説によれば、未遂犯の要件として「実行の着手」があること（積極的要件）並びに「これを遂げなかった」こと（消極的要件）により成立するものとされてきた。このような見解によれば、実行の着

手の有無により予備と可罰的未遂が区別され、これを遂げたか否かにより未遂と既遂の区別がなされる。これに対して、私見においては未遂犯における危険を「行為の危険」（抽象的危険）と「結果としての危険」（具体的危険）とに区別して、未遂犯が成立するためにはこの両者を要すると解するのである。このような見解によれば、実行の着手はもとより着手時期・未遂と不能の区別・中止犯など未遂犯全般に関する従来の解釈論とは全く異なったものとなるはずである。そこで、この見解を論理的に徹底すればどのような未遂犯論を構想することになるか、また、それはいかなる実益があるかを明らかにすることにしよう。

ところで、この実行の着手＝実行行為性の問題が、着手の時期、未遂と不能の区別、さらには中止犯など未遂犯論全体の前提問題または基本問題である。しかし、実定法上の未遂犯には三つの形態があり、これらすべての場合を想定した未遂犯一般に関する実行の着手を実質的に定義することは困難であるから、形式的客観説に従って、それらの実行の着手は「構成要件的行為」を開始することであり、その時期はこのような行為を開始する時点であるというように形式的に観念する以外にない。未遂犯と不能犯の区別についても、従来は実害犯を前提とする未遂犯を想定して論じられてきたが、具体的危険犯の未遂犯においても問題となりうる。ただ、このうち、本章では、実害犯を既遂形態とする未遂犯に関して検討することにする。

(2)　刑法四三条本文にいう「これを遂げなかった」の意義につき、従来の定説においては、既遂に至らないこと、すなわち、実害犯の未遂形態を暗黙の前提として犯罪的結果＝法益侵害結果を実現しない場合というように単に消極的要件と解している。このような結果が現に発生すれば、因果関係の問題を除くとして、実行の着手が認められる以上、もはや未遂犯ではなく既遂犯であると解されるのである。

しかし、私のように行為危険説と結果危険説の考え方を総合する立場からは、実行行為における「行為の危険」とともに未遂犯における一種の結果として「結果としての危険」を要する。従って、四三条の解釈論としては、「これを遂げなかった」とは法益侵害結果（実害）こそ発生しなかったが、法益に対する具体的危険（危険結果）が発生したことを意味するものと解することになる。このように解する場合には、「これを遂げなかった」とは、単に犯罪結果の不発生という消極的要件のみならず、具体的危険の発生という積極的要件をも包含することになる。

ところで、未遂犯に対する刑に関して、旧刑法の必要的減軽から現行刑法は任意的減軽に改正された。このような変化は新派的な考え方の投影であると一般に説明されているように、確かに歴史的経緯の説明としては妥当であろう。しかし、客観主義、とくに法益侵害説の立場からは、現行刑法は、犯罪こそ完成していないが、それに近似した「結果としての危険」（危険結果または危険状態）が生じた場合に限定したものと解釈すべきである。

(3)　このような四三条の解釈に関して、その理論的根拠についてはすでに論じたので、このような解釈は「未遂犯の未遂」を認めることになるとか、「これを遂げなかった」という文言に反するという批判について私見を述べる。

四三条の文言だけからは、実行の着手があれば未遂の概念に当たると解することもできるから、このような行為は刑法上も違法であり、正当防衛の対象となりうる。しかし、未遂犯の実質的な処罰根拠に照らせば、この段階ではいまだ不可罰的未遂にすぎず、未遂犯（可罰的未遂）が成立するためには、さらに具体的危険を要するのである。また、実行の着手は単に「行為の危険」が認められるにすぎず、可罰的未遂（未遂犯）の成立にとって「結果としての危険」を要するものと解する立場からは、具体的危険が現に発生することが「これを遂げなかった」ことの前提または内容となっているものと解するべきである。このように本条を制限的に解することは、法益侵害原則に適っているばかりでなく、少なくとも罪刑法定原則には抵触しないはずであり、しかも、後述するような多くの難問が解決できるという実益がある。

2　「実行の着手」に関する検討

(1)　未遂犯における危険の問題に関連して、「実行の着手」については理論的および解釈論的な検討をすでに行ったので、ここでは諸学説についての若干の補足的検討を行う。

従来の通説的見解は、行為危険説の立場から、未遂犯における「行為の危険」を判断するにあたって、行為者の主観的事情を何らかの形で考慮しようとする考え方を一般的に採用してきた（主観的行為危険説および折衷的行為危険説）。すなわち、既遂犯の場合と異なり、未遂犯における危険は故意を度外視して判断できないから未遂犯に固有の主観的違法要素であるという見解、さらには、実行の着手における危険判断に際して、その基礎（データ）に行為者の主観（認識・計画全体）をも加えようとする見解などがそれである（「折衷説」と呼ばれる）。

しかし、私のように既遂犯と未遂犯の（客観的）論理構造（違法要素）をパラレルに理解するとともに、危険は既遂・未遂を問わず客観的危険（＝客観的可能性）であると解する基本的立場からは、未遂犯について行為者の主観が危険の存否・程度を左右するという考え方には方法論的な疑問がある。このような見解の理論的検討は省略するとして、その実質的論拠は、行為者の主観面を考慮しなければ、未遂犯の成立にとって狭すぎたり、逆に、広すぎる場合があるという点に帰着する。前者に関しては、なぜそのように広く解する必要があるのか疑問であるし、後者であれば、必要な限りにおいて責任論の問題として処理すれば足りるであろう。未遂犯の故意を主観的違法要素と解する見解についていえば、故意か過失によって行為の（客観的）危険が異なるとは思われない。

そこで、私見によれば、実行の着手に関しては、行為危険説のうち客観的行為危険説の考え方を採用して、実行の着手を判断するにあたって、行為時の客観的事情だけを基礎とすべきであり、一般人や行為者の主観的事情（認識・計画など）をいっさい考慮すべきでないと考えるのである。

(2)　つぎに、同じく実質的客観説を前提としつつも、未遂犯における危険は客観的危険であるという前提のもとに、この危険は「行為の危険」という事前判断ではなく、事後的・客観的判断であるから、客観的・事後的事情を基礎として判断すべきであるという立場が有力になってきている（危険結果説）。

ところで、このような見解は、客観的未遂論を徹底する点において基本的に支持しうるが、刑法原則との関連でつぎのような疑問がある。まず、罪刑法定原則に照らして、犯罪が成立するためには、既遂・未遂を問わず、刑罰法規の厳格な解釈・適用を前提として、当該行為が構成要件的な定型性・類型性を具備するとともに、このような『行為』（実行行為）により『結果』（実害や具体的危険）が惹起されることを要する。また、責任原則に関していえば、行為（実行行為）と責任（責任能力や故意など）との同時存在の原則に照らして、実行行為時に責任を要する以上、歴史的かつ論理的に、結果やそれに至る因果経過に先行する『行為』を想定せざるをえないはずである。このことは、後述するように、間接正犯・原因において自由な行為などのように離隔犯または離隔犯的場合における実行着手の時期、さらには未遂と不能の区別に関して明らかである。

3　「実行の着手時期」に関する検討

未遂犯にも「行為の危険」と「結果としての危険」を観念することが必要であり、また、これが可能であるという立場からは、未遂犯における「実行の着手時期」に関して、既遂犯におけると同様に、行為と結果とが時間的・場所的に離隔している場合（「離隔犯」と呼ばれる）はもとよりのこと、両者が近接している場合（仮に「即成犯」と呼ぶ）であっても、行為と結果（結果としての危険）とを理論的に区別することが必要である。ただ、離隔犯や離隔犯的な場合においては「行為の危険」と「結果としての危険」とを実際に区別しうるから、両者を区別する実益が明瞭である。これに対して、これら以外の場合には、両者が近接しているために「行為の危険」が決定的な意義を有するが、このことは既遂・未遂に共通していえることであり、未遂犯についてこれら二つの危険を区別する意義を否定する論拠とはなりえない。このうち、実行の着手時期が問題となるのは、このような離隔犯の場合のほか、離隔犯的な性格を有する間接正犯・原因において自由な行為などについても同様である。これらの場合について、私の立場から実行の着手時期の問題を検討する。

(1)　離隔犯とは『行為』(実行行為)と『結果』とが時間的または場所的に「離隔」する場合であるが、既遂犯か未遂犯かを問わず、その着手時期は行為者が実行『行為』を開始した時点である。この場合の未遂犯に関していえば、「行為の危険」と「結果としての危険」とを区別する立場からは、実行の着手時期は、行為者が結果に対する危険を有する行為を開始する時点である。しかし、この時点では実行の着手が存在するにすぎず、今なお不可罰的未遂にとどまるから、未遂犯が成立するためには、事後的に「結果としての危険」を要することになる。なお、未遂犯の実行行為性が認められるためには、行為につき行為時の客観的事情のもとで「類型的かつ実質的危険」を肯定しうることを要することはすでに述べた通りである。

これに対して、従来の通説的な行為危険説の立場からは、実行の着手時期につき、行為者の行為につき論じる点では私見と同様であるが、この時点でただちに未遂犯(可罰未遂)が成立するものと解する点で本質的な疑問がある。また、危険結果説の立場からは、この場合の着手時期につき、行為者が行為を開始した時点ではなく、客観的・事後的に「結果としての危険」が発生した時点と解されることになるが、未遂犯における実行行為性を無視し、行為と責任との同時存在の原則にも抵触する点で疑問があることは繰り返し述べた。

(2)　間接正犯や原因において自由な行為の理論に関しては、これを肯定するか否か、その基準・限界は何かなどをめぐって争いがある。仮にこれらを部分的にではあれ肯定する場合、行為者の行為により、第三者・被害者・行為者自身の身体活動を「道具」として犯罪を実現する点で離隔犯的性格を有するから、これらにおける実行の着手時期も離隔犯の場合と同様の考え方により処理することができる。従って、これらの着手時期は、行為者の行為自体、すなわち、行為者による利用行為や原因行為につき論じることになる。なお、これらの場合において、実行の着手が存在するとしても、未遂犯（可罰的未遂）が成立するためには「結果としての危険」を要することについては、離隔犯について述べたことと同様である。

ところで、「行為の危険」と「結果としての危険」とを峻別しつつ、実行の着手やその時期は「行為の危険」の問題であるという見解に対して、実行の着手時期を客観的・事後的に判断する見解、すなわち、間接正犯に関しては被利用者説、原因において自由な行為については結果行為説（責任無能力下の活動に求める見解）があるが、このような見解に対する批判は、離隔犯について述べたので繰り返さない。ただ、行為危険説の内部において、間接正犯に関する不作為犯説やいわゆる個別化説にみられるように、行為者の行為（利用行為・原因行為）につき実行の着手や着手時期を論じることを基本としながら、ある種の場合には、これ以外の事後的な行為に着手時期を求める中間的な考え方がある（なお、原因において自由な行為についても同様の考え方がありうる）。しかし、これらの見解についても、実行の着手やその時期を事後的に判断することを肯定する点で、同様の批判が妥当するばかりでなく、このような技巧的説明を施さざるを得ないのは、行為の危険と結果としての危険とを理論的に区別しないからである。

(3)　ここに述べたと同様のことが問題となる場合は少なくない。いわゆる「不真正不作為犯」について、この本質が義務違反にあると解する定説を前提とする場合、義務違反があれば実行の着手を肯定して未遂犯の成立を認めるが、私見によれば、この段階では単に実行の着手（行為の危険）があるに過ぎず、結果としての危険があってはじめて未遂犯が成立することになる（過失犯においても同様である）。なお、毒物を微量ずつ繰り返し与えて殺害する場合、私見によれば、最初の投与行為（量的な問題もあるが論外とする）に実行の着手があるが、この場合にも「結果としての危険」が肯定しうる段階で未遂犯が成立することになろう。

4　未遂犯と不能犯の区別

(1)　「未遂犯と不能犯」という区別をめぐって、客観的未遂論の内部でも、いわゆる「行為無価値論と結果無価値論との対立」を反映して、危険判断の対象につき「行為の危険」か「結果としての危険」かという点に関して、行為危険説と危険結果説との基本的対立がある。具体的危険説と客観的危険説の対立がそれである。

ところで、このような従来の諸学説においてほぼ共通していることは、いずれの説も、可罰的な未遂（未遂犯）と不可罰的な不能（不能犯）との関係につき二者択一的なものとして理解している点である。このうち、「行為の危険」と「結果としての危険」とを区別する私のような立場からは、未遂（犯）か不能犯かの区別は『行為』の実行行為性の問題であるから、この区別に関する限り行為危険説の考え方が妥当であるということになる。しかし、未遂犯（可罰未遂）が成立するためには「行為の危険」とともに「結果としての危険」を要するという立場からは、仮にこの「行為の危険」（＝実行行為性）が肯定され不能犯ではないとしても、これはいまだ不可罰的未遂に止まり、さらに「結果としての危険」を要することになる。

このように「行為の危険」の有無を基準として未遂（犯）と不能犯とを区別する場合にも、未遂犯論一般について述べたように、危険判断の基礎をめぐって、主観的行為危険説（一般に「抽象的危険説」と呼ばれる）・折衷的行為危険説（一般に「具体的危険説」と呼ばれる）・客観的行為危険説とが対立する。このうち、客観的未遂論を純粋に維持するかぎり、客観的行為危険説が妥当である（なお、後述するようにこの見解は危険結果説＝客観的危険説とは別である）。このような立場によれば、未遂（犯）と不能犯との区別は、行為時の客観的事情を基礎として、「行為の危険」、より具体的には「類型的かつ具体的危険」が認められるか否かを基準として判断されることになる。従って、このような危険が認められるか否かを基準として判断されることになる。従って、このような危険が認められる場合にはもはや不能犯ではないから、未遂犯が成立する可能性がある。しかし、「行為の危険」と「結果としての危険」とを要すると解するのが私の立場であるから、未遂犯が成立するためには、さらに事後的に「結果としての危険」が必要である。

(2)　このように不能犯と不可罰的未遂とを区別する意義について、行為と結果とが時間的・場所的に接着している場合（即成犯）とそうでない場合（離隔犯または離隔犯的場合）に別けて検討する。

まず、即成犯については、既遂犯における因果関係の問題と同様に、未遂犯においても両者の区別は理論的には可能であり、またその必要性もある。ただ、この場合には、両者の危険が接着しているため、一般的には、行為時の事情を基礎として危険を判断すれば足りるから、これらを区別する実益は少ないであろう。

つぎに、離隔犯や離隔犯的場合（間接成犯、原因において自由な行為など）において、不能犯と不可罰的未遂とを区別する意義は大きい。私見によれば、このような場合につき、当該行為に法益に対する「行為の危険」が認められるが、行為後に「結果としての危険」が認められない場合は不能犯ではなく不可罰的未遂に当たるから、せいぜい予備罪が成立するに過ぎないことになる。逆に、行為当時の客観的事情のもとで当該行為につき「行為の危険」が認められない限り、仮に行為後に「結果としての危険」が存在したとしても、実行行為性が否定されるから不能犯である。さらに、この両方が認められる場合でも、この両者に因果関係がなければ、実行行為性が存在する以上、不能犯ではなく不可罰的未遂ではあるが、せいぜい予備罪が成立するに過ぎない。

なお、このような論理構成は、未遂犯（可罰的未遂）の成否について結論が同じであっても、例えば、正当防衛の成否や予備罪の成否などに関して実益があることはすでに述べた。ここで述べたことは、未遂（犯）と不能犯の区別に関しても重要な意味をもつ。

(3)　「行為の危険」の判断にあたっては、客観的危険説における判断の枠組、すなわち、絶対不能と相対不能とを区別したうえで、さらに客体の不能と方法の不能などを区別する考え方が参考になる。ただし、実行行為に関して（客観的）行為危険説を前提とする以上、この説のように危険性を事後的事情を基礎として判断することはできず、あくまで行為時での客観的事情に限定したうえで、これを基礎として絶対不能（不能犯）と相対不能（実行行為性あり）とを区別することになる。すなわち、絶対不能か相対不能かを問わず、「不能」とは法益侵害結果（実害）が発生しないことを当然の前提とするが、「絶対不能」とは行為当時の客観的事情からして、結果が発生する危険（抽象的危険）が認められない場合であるが、「相対不能」とはこのような危険がある場合ということになる。

ところで、危険を客観的事情を基礎として判断する場合、行為時の事情に限るか、行為後の事情をも加えるかの違いは、行為時では抽象的危険が存在したが、行為後に発生した事情により具体的危険がない場合には、絶対不能ではなく相対不能にあたる。なぜなら、このような場合には、当該行為につき実行行為性において必要とされる危険があるから、不能犯ではないことになる。なお、行為時の事情や行為後の事情は客観的事情であるから、事前・事後のいずれに判明したかを問わないことはすでに繰り返し述べたところである。

(4)　このような考え方を前提として、客体の不能と方法の不能の場合を区別して具体的に検討しよう。

(ア)　「客体の不能」とは（法益）保護客体が不存在の場合である。未遂と不能を行為時の客観的事情を基礎に判断する立場からは、このような事態が行為時の事情か行為後の事情かを区別すべきである。

まず、「行為時」に保護客体が実在しない場合には、これがどのような事情に基づくにせよ、およそ法益侵害の客観的可能性がないから、客体に関する絶対不能として不能犯である。例えば、死体に対する殺人がその典型であるが、空ベットへの射撃事例、想像妊娠者に対する堕胎の事例などもこれに当たる。ただし、空ベットへの射撃の事案において、二つ並んだベットのどちらかに人が寝ている場合、狙ったベットには人はいないが、隣のベットに寝ていた人がいたような場合には、客観的には客体が存在し、これに対する危険が認められるから不能犯ではない。その際、このような錯誤（方法の錯誤）の処理は錯誤論による（この人が死亡した場合を想定せよ）。なお、空ポケットからのスリの事案につき、狙ったポケットは空であったが、反対のポケットに金品が存在した場合には、先の空ベット事例に対すると同様の理由で相対不能といえなくもないが、狙ったポケットに金品が存在しない以上、やはり絶対不能であると解するのが妥当であろう。これに対して、防弾チョッキや防弾ガラスにより防護された人へ射撃する場合には、全身が完全に防護されている場合を除き、防護されていない身体への危険が認められるから一般には客体に関する相対不能であろう。従って、このような場合に、実害が現に発生すれば既遂犯、結果としての危険にとどまれば未遂犯が成立しうる。

つぎに、「行為時」に客体が存在したため行為の危険は認められるが、「行為後」にこの危険が現実化する以前に客体が不存在となった場合はどのように解すべきか。例えば、人が現存する部屋に爆弾を仕掛けたが、その直後にこの人が外出してしまった場合がそれである（なお、客体の不能と方法の不能の関係は択一的ではないから、この場合には方法の不能という面もあるが、客体の不能である以上、方法の不能を問題にすることは無意味である）。このような場合は、行為の時点では行為の危険は存在したのであるから客体の不能（絶対不能）ではなく「結果としての危険」が問題となるが、一般的には、これが欠けるものとして未遂犯は成立しないであろう。これに対して、行為後にこの部屋に別人が入ってきたため負傷した場合は、行為と結果としての危険との因果関係の問題として処理される（なお、錯誤の問題もある）。

(イ)　「方法の不能」とは、保護客体そのものが存在することを前提として、当該行為（方法）によっては結果の発生の危険がなかった場合である。このような場合を前提として、「方法に関する絶対不能」とは当該方法自体には結果発生の危険（可能性）がない場合であり、「方法に関する相対不能」とは当該方法自体には結果発生の危険（可能性）がない場合であり「方法に関する絶対不能」とは当該方法自体にはその危険（必然性）はあったにもかかわらず、行為時に存在した特別の事情（偶然的事情）によって結果の発生に至らなかった場合である。換言すれば、当該方法につき、特別の事情の有無とは無関係に結果発生の可能性がない場合が絶対不能であり、この特別の事情がなければ結果が発生したが、このような事情があったために結果が発生しなかったに過ぎない場合が相対不能である。

このような区別を前提とする場合、方法に関する絶対不能は不能犯、方法に関する相対不能は未遂犯といいうるであろうか。従来の定説はこれを肯定するが、「行為の危険」と「結果としての危険」とを区別する立場からは、結果不発生が「行為時」と「行為後」のいずれの客観的事情に基づくかによって結論が異なる。

まず、「行為時」の客観的事情を前提とする場合、絶対不能は不能犯であり、相対不能は不能犯ではない。ただし、後者であっても、具体的危険がなければ不可罰的未遂である。例えば、迷信犯が絶対不能の典型であるが、空ピストル事例、砂糖による殺人の事例などもこれに当たる。このような場合には、同じ行為を繰り返しても結果は発生しないからである。これに対して、例えば、ピストルで射殺しようとしたが手元が狂ったため狙った相手に弾が命中しなかった場合、一般的には致死量に至らない程度の毒物投与や空気注射を行った場合（ただし、微量の場合は後述する）は、被害者（第三者を含む）の生命に対する危険がないとは言えないから、相対不能として未遂犯が成立しうる（方法の錯誤の事例を想起せよ）。従って、このような場合は危険が存在するのであるから、この危険が現実化して実害が発生すれば既遂犯であり、結果としての危険にとどまれば未遂犯が成立する。

つぎに、「行為時」には当該方法には危険（相対不能）が認められたが、「行為後」の事情によりこれが不発に終わった場合をどのように解すべきか。例えば、行為時には時限爆弾を正しく仕掛けておいたが、行為後の事情によりこれが不発に終わった場合がそれである。このような場合には、行為の危険があり実行行為性が認められるから不能犯ではないが、「結果としての危険」が欠けるであろうから、結論としては不可罰未遂にすぎない（なお、因果関係の問題については省略する）。これとは逆に、「行為時」に危険がなければ「行為後」に危険が発生しても未遂犯の成立する余地はない。ただ、例えば、列車が定刻に通過するであろうことを予定してレール上に障害物を置いたが、この列車が事故のため通行不能に陥った場合のように、一定の事情が将来的に生じる可能性が高い場合には、やはり「行為時」に存在する客観的事情の一つであるから、「行為の危険」を判断するための事情に加えることができる。従って、右のような事案は不能犯ではないが、「結果としての危険」が認められないのが一般であろうから不可罰的未遂となりうる。

ところで、客体の不能が危険（可能性）の量や程度を問題にする余地がないのに対して、方法の不能においては、空ピストル事例のように程度が問題になりえない場合と、致死量に至らない毒物の投与のようにこれこそが問題となる場合とがある。前者については客観的・科学的判断によって絶対不能と相対不能を区別することが比較的容易である。これに対して、後者では行為（方法）や被害者などの具体的事情によって左右されることが大きいため、個別具体的な判断を要する。従って、行為時における客観的・具体的な事情を基礎とする危険判断（客観的危険の判断）に加えて、刑罰法規の予定する「定型的・類型的危険」を認めうるかという法的・規範的判断が要求されるとともに、事後的な「結果としての危険」の有無を問題にする必要も大きい。例えば、健康な人に微量の毒薬を与える場合が典型的事例である。投与された毒薬がごく微量であれば「定型的・類型的危険」（実行行為性）がなく不能犯となりうるが、このような危険を肯定しうる場合であっても、被害者の健康に影響を与えない場合には、「結果としての危険」を欠くからやはり不可罰的未遂である。後者の場合に、「定型的・類型的危険」と「結果としての危険」のいずれで処理するかの問題は残るが、私のように二段階的なチェックを設けることにより慎重な事実認定と可罰性の評価が必要であろう。

(ウ)　いわゆる「構成要件の欠缺」論に関連して、「主体の不能」について一言しておく。犯罪の成立にとって特定の行為主体による行為が要求される場合にも、主体の性格により法律的主体（公務員など）と事実的主体（男性など）とを区別することができる。いずれの場合であっても、仮に保護客体に対する危険が存在するとともに前法的行為と危険結果との間に因果関係が認められたとしても、当該構成要件が予定する行為主体が客観的に欠如する場合には、構成要件該当性が認められない。なぜなら、「主体の不能」といわれるものは、客体の不能や方法の不能の場合とは本質的に異なり、実害やその危険の有無にかかわらず、そもそも当該構成要件が予定する犯罪主体が欠けるからである。このような「主体の不能」を不能犯と呼ぶか否かは別として、実行行為性においては客観的危険とともにその「定型的・類型的危険」を論じることは必要不可欠である。このような意味において、「構成要件の欠缺」論の考え方に一定の意義を認めうる。

5　中止犯に関する検討

(1)　私の未遂犯論を前提として、中止未遂犯に関する基本的な考え方をつぎに述べておく。刑法四三条によれば、中止犯とは未遂犯の一種であり、中止犯となるためには未遂犯の成立を前提とする。従って、未遂犯の実行行為性(「行為の危険」)が認められる場合でも、「結果としての危険」(具体的危険)が存在しないかぎり不可罰的未遂に止まると解する立場からは、中止犯の理論展開も従来の定説とは異なったものとなる。

(ア)　実行の着手があっても、具体的危険がなければ未遂犯の一種としての着手中止を論じる余地がない。例えば、殺意をもってピストルの引金を引こうとしたが、これを自己の意思で中止した場合、そもそも実行の着手があるかが問題であるが、仮にこのような行為に実行の着手を認めるとしても、具体的危険が生じていないから未遂犯は成立せず、着手中止(未遂犯)を論じる余地はない。このような場合はせいぜい「予備の中止」に止まる。

(イ)　従来、中止行為の要件につき「実行の着手」の場合(着手中止)と「実行の終了」の場合(実行中止)とを理論的に区別して、前者においては不作為で足りるとか、後者では真摯な結果防止行為(作為)を要するとされる。しかし、未遂犯の成立にとって実行の着手では足りず具体的危険を要するから、このように区別することは無意味であり、その必要もない。なぜなら、中止行為として作為を要するか不作為で足りるかという問題は、本来、実行の着手か終了かとは論理的に関係がなく、実害への危険が継続しているか否かの問題であるからである。私見によれば未遂犯は具体的危険の発生を前提とするから、この危険が行為後に継続している場合とすでに消滅している場合があることになる。このうち、結果防止行為（具体的危険を解消または減少させる行為）が要求されるのは前者においてであり、後者に関しては具体的危険が消滅しているのであるから、中止犯を論じる余地はないし、その必要性もない。

(ウ)　中止未遂と障害未遂との区別にあたって「自己の意思」とは何かが問題となる。私のように中止未遂犯の客観的要件を厳格に解する立場からは、その主観的要件としての「自己の意思」を広く肯定することができる。すなわち、未遂犯が成立するためには具体的危険を要するとともに中止行為として結果防止行為を要すると解する立場からは、このような結果防止行為とその意思がある以上、強制などの特殊な事情がないかぎり、一般的には「自己の意思」によるものと考えうる。このように、中止犯においては客観的要件を重視すべきであって、「自己の意思」という主観的で不明確な要件を重視すべきではない。

(エ)　「予備の中止」に関して、中止犯の規定を準用すべきかが大きな問題となる。未遂犯には具体的危険を要するというように制限的に解する場合には、従来よりも予備の範囲が広くなる（この点は危険結果説でも同様である）。従って、犯罪の未然防止という観点や刑のバランスの現実的観点から、これを肯定する必要性が大きい。なお、中止未遂の場合には作為（結果防止行為）を要するが、予備の中止においては単なる不作為でも足りること勿論である。

(2)　中止犯の理論的根拠について一言しておく。このような私の中止犯論によれば、結論的には、法律説に関しては違法阻却・減少説が妥当であることになる。しかし、犯罪（とくに法益侵害）の未然防止という政策的考慮がなされていることも否定できない。予備の中止に中止犯の規定を準用するのも、このような政策的判断に基づくのである。

未遂犯の実質的な処罰根拠は法益に対して危険を生じさせることにあり、この「危険」は法益に対する客観的危険（可能性）を意味する。さらに、未遂犯における危険は、特定の法益侵害に対する「行為の危険」（抽象的危険）と「結果としての危険」（具体的危険）とからなるが、前者が行為時の客観的事情を基礎として判断されるのに対して、後者は客観的・事後的な事情を基礎として判断される。その際、いずれの危険であっても客観的事情を基礎とするものであるから、それぞれの時点でどのような事情が実在したかは事後的にのみ確定されうるのであり、最終的には裁判時において立証されることを要する。

このような考え方は、法益侵害原則と罪刑法定原則・責任原則とを調和させうる唯一の方法であり、既遂犯と未遂犯とが『行為・結果・因果関係』という共通の論理構造を有することを明らかにする点で優れている。しかも、それは未遂犯をめぐる諸問題、例えば実行の着手やその時期、未遂犯と不能犯の区別、中止未遂などの解決にあたって、従来の定説とは異なった新しい解決方法を可能にすることにもなる。このような見解に対していくつかの疑問や批判が予想されるが、この点について私の基本的な考え方を補足的に述べておこう。

第一は、法感情や刑事政策の観点から、未遂犯（可罰未遂）の処罰範囲が狭すぎるのではないかという点である。しかし、実定刑法は未遂犯を制限的・例外的に認めるにすぎないのであり、このような法感情や政策を刑法上の原理・論理に優先させる考え方は、近代刑法の原理に示されたより高度の法政策（犯罪予防と人権擁護の調和）を犠牲にするおそれがある。

第二は、未遂犯の危険につき「行為の危険」と「結果としての危険」とを区別することに対する批判がある。し

五　結びにかえて

かし、既遂犯と未遂犯とを統一的に解決するためには、未遂犯においても『行為』と『結果』とを区別することが必要であり、このような理論構成によってはじめて精緻な未遂犯論の構築が可能となり、厳密な事実認定をも可能にする。

第三は、このような区別を前提として実行の着手が「行為の危険」に対応するという考え方は、未遂犯の未遂を認めることになり、実定法の解釈論として無理があるという批判である。しかし、未遂犯においても『行為』の実行行為性を観念することが必要不可欠であり、実行の着手の段階では未だ不可罰的未遂にとどまり、事後的に「結果としての危険」（危険結果または危険状態）を要するというように限定的に解釈することは罪刑法定原則に抵触するものではないはずである。

〈引用・参照文献〉

宗岡嗣郎『客観的未遂論の基本構造』（一九九〇）
野村稔『未遂犯の研究』（一九八四）
中山研一・浅田和成・松宮孝明『レヴィジオン刑法二未遂犯論・罪数論』（一九九七）
鈴木茂嗣「規範的評価と可罰的評価」小野慶二退官記念『刑事裁判の現代的展開』（一九八八）
内藤謙・法学教室一〇五～一一一号（一九八九）
大沼邦弘「未遂犯の実質的処罰根拠」上智法学論集一八巻一号（一九七四）
福田平・大塚仁『対談刑法総論㊦』（一九八七）
拙稿「未遂犯の論理構造」福田平・大塚仁博士古稀祝賀論文集『刑事法学の総合的検討㊦』（一九九三）
拙稿「未遂犯における危険」静岡大学法経研究第一巻二・三・四号（一九九七）

第六章　不作為犯の理論

はじめに

不作為犯、とりわけ、いわゆる「不作為による作為犯」または「不真正不作為犯」の問題は、ドイツ（西ドイツを含む）やその強い影響下にある日本では、様々な視角から、活発に論じられてきた。特に、一九六〇年代以降のドイツやこの影響下にある日本では、不真正不作為犯に関する解釈論や立法論をめぐり、華々しく議論されてきたこともあって、現在の理論状況は、方法論の多様性をも含め、ますます複雑な様相を呈してきている。

当時の日本と現在の日本とを比較すると、政治・経済・文化などの様々な点で、大きく変化してきたし、今後は、さらに急ピッチで変化していくであろう。このように急激な変化を遂げつつある日本にあって、過去に同じファシズムの道を歩んだ日本やドイツの歴史を振り返り、このような誤ちを二度とくり返えさないように監視していくことは現代刑法学に課せられた課題の一つであるように思われる。

このような観点から、日本やドイツにおける刑法学の歴史を念頭におきながら、両国の不作為犯論の歴史的な歩みを振り返り、不作為犯論の現状と今後の課題を明らかにしようというのが、本章の目的である。

一　不作為犯の意義と課題

1　不作為犯の問題性

(1)　不作為犯は、真正か不真正かの区別を越えて、ややもすると、それぞれの価値観が混入し、不作為犯の立法や理論において、何を、どの範囲で処罰すべきかをめぐり、価値観の対立に陥りがちである。この価値観の対立とは、理念型としては、個人と社会（または国家）の関係につき、いずれを優先させるか、換言すれば、個人の自由を優先するか、社会に対する個人の義務・責任を重視するか、という選択の問題である、と言えよう。ただ、個人の価値観としては、いずれも成り立ち得るし、それぞれの立場をお互いに尊重すべきことはいうまでもない。しかし、刑法の世界では、話は別である。犯罪となれば、国家が、刑罰または刑罰権により、一定の価値観を強制することを意味するからである。ここでは、個人と個人の価値観の争いではなく、国家の価値観と個人の価値観との争いを意味する。そこで、少なくても、近代国家である以上、個人の自由や権利を尊重すべきであり、過度な価値観を個人に強制すべきではない。

このことから、国家は、個人に過度の義務や責任を課し、これに服従しない者を、不作為犯として処罰することは、極力避けなければならない。不作為犯を広く肯定する考え方が、個人の義務や責任を重視する考え方に陥りやすいだけに、近代刑法においては、『不作為犯は例外である』という原則が強調されるのである。

ところで、近代国家とはいえ、個人に、他人の権利を侵害する自由（権利）まで認めるわけではない。否、むしろ、近代国家は、他人の権利を侵害することを抑止することを、その最大の任務としているといっても過言ではない。そこで、フォイエルバッハも言うように、他人の権利（主観的権利）を侵害する場合だけ、しかも、法律がこのことをあらかじめ規定している場合に限り、国家は個人を犯罪として処罰しうるのである。これが、権利侵害説であり、罪刑法定原則である。また、ベッカリーアも、国家は、明確な刑罰法規を定めたうえで、少なくても、社会侵害的な行為だけを犯罪として処罰しうる、といったのである。

このような観点からは、不作為犯は、犯罪一般と同様に、まず、形式的には、明確な法規的根拠を有する場合でなければならないし、実質的にも、いずれかの法益＝生活利益を侵害する行為でなければならない。従って、不作為犯のうち、真正不作為犯においては、法規的根拠を有するからといって、法益侵害性を度外視してこれを広く処罰することには問題があるし、不真正不作為犯については、明確な法規的根拠を欠くばかりでなく、果たして不作為が法益侵害性、すなわち、結果に対する因果性をもちうるのか、という優れて「存在論」的な問題がある。

このような原則的視野からすれば、真正不作為犯とはいえ、形式犯やこれと実質的に異ならない抽象的危険犯を広く処罰する現状には根本的な反省を要することになるであろうし、不真正不作為犯についても、不作為の因果性の問題が、因果関係論一般をも含めて再検討する必要があるとともに、いかに明確な法的根拠を規定するかという立法論の問題が検討されなければならない。

(2)　このことは、近代的な法思想や法理論からすれば、当然のことであったと言ってよい。その理由は、つぎのとおりである。

①　素朴な感情として、何もしていないのに、なぜ処罰されるのか、という疑問がある。仮に、不作為が、期待説の言うように、何もしないことではなく、「期待された作為」をしないことだと解するとしても、そもそも期待とは何か、市民に何が「期待」されているのかは、必ずしも明確ではない。もし、この期待が社会的期待だとすれば、道徳や倫理との区別ができないし、法的期待だとすれば、法的義務の言い換えにすぎない。

②　権利侵害説または法益侵害説によれば、犯罪の成立にとって、行為が権利または法益に対する侵害性をもた

なければならない。この説を前提とするかぎり、形式犯としての不作為犯、すなわち、作為義務違反自体を形式犯（または挙動犯）として処罰することは、何ら権利や法益侵害性をもたない場合を犯罪とする点で、原理的な疑問があるし、少なくてもこのような犯罪は必要最小限でなければならない。また、後述するように、不作為は、一般的に作為のように結果（権利または法益侵害）に対する惹起性（因果性・原因力・起因力）をもたないから、不作為につき、当該結果を惹起したことに対する刑事責任を問うことには疑問がある。

③　不作為犯とは、国家が、市民に対し積極的な行為を義務づけ、これを刑罰で強制することである。歴史的には、封建的な共同体社会や戦時下にある国家、さらにファシズム国家などでは、様々な義務や責任が課せられ、これを怠れば広く処罰された。

このように、いかなる不作為を、どの範囲で処罰するかは、国家や社会の在り方と密接にかかわっており、個人の義務や責任が強調されればされる程、不作為犯の処罰が拡大され、市民的な自由や権利が制限される傾向にある。不作為犯論において、しばしば不作為処罰と個人の「行動自由」との矛盾が説かれ、両者の比較衡量の必要性が強調される理由はここにある。

④　不作為犯の本質は、真正不作為犯であれ、不真正不作為犯であれ、義務違反性にあると解されている。このような義務違反説では、作為と不作為とは義務違反性により統一され、不作為が作為と同等に処罰されうる。例えば、ドイツでは、ナチス刑法学が、また、日本でも、「日本法理運動」においてこのような見解が肯定され、この影響で、両国では、判例が不真正不作為犯の処罰範囲を拡大した。このように、不作為犯論は、義務違反説と結び付き易いことに注意しなければならない。

(3)　以上のように、不作為犯は、「真正」であれ、「不真正」であれ、理論的にも、実際的にも、多くの問題性を有している。従って、その立法や法運用にあたっては、犯罪は作為犯が原則であり、不作為犯は例外であるという点が、特に強調されるべきであろう。

ところが、「不作為犯は例外である」という原則にもかかわらず、今日の日本の現状をみると、真正か不真正かを問わず、不作為犯一般について、その処罰範囲が、徐々に拡大されており、特に真正不作為犯では、この原則がすでに大きく崩れている。

このような観点から、まず、真正不作為犯の現状と問題点について概観してみよう。

2　真正不作為犯の歴史的、理論的検討

(1)　真正不作為犯とは、当該刑罰法規自体が、一定の作為義務を課し、これに違反する不作為を処罰する旨を明文で規定している場合である。しかも、近代以前においては、不作為犯といえば、この真正不作為犯を指し、刑罰法規が、多くの多様な不作為処罰規定をもうけていた。ここでは、一定の不作為自体を処罰する場合のほか、明文により一定の結果に向けられた不作為につき、結果に対する責任を問うものもみられた。
ところが、ドイツでは、ルーデンにより、不作為犯にも、単に作為義務に違反するに過ぎない場合と、権利侵害(結果)を伴う場合とがあることが発見されて以降、不作為の因果関係の問題や作為義務の内容の問題など、不真正不作為犯の問題が大いに議論されるに至った。

このうち、真正不作為犯が、その「真正」性のゆえに、アルミン・カウフマンなどの若干の例外を除けば、理論的および解釈論的に、大した議論はなかった。これに対し、不真正不作為犯については、「不真正」性のゆえに、様々な議論がなされてきた。それでは、真正不作為犯については、原則的な問題が存在しないのであろうか。

たしかに、真正不作為犯は、形式的には、当該刑罰法規自体が、一定の不作為を予定して、これを類型化しているから、罪刑法定原則や規範論理とのかかわりで、不真正不作為犯のような問題性をもたない。しかし、これを実

質的な観点から、日本の真正不作為犯の歴史や現状を見ると、近代刑法の原理や論理からして、以下のように本質的な問題性を有している。

(2)　まず、日本の現状を検討する前に、戦前における真正不作為犯の歴史について、ごく簡単に触れておこう。その際、刑事基本法としての刑法典（以下、刑法という）のみならず、それ以外の刑罰法規全体（以下、特別刑法という）を視野に入れることが重要である（以下、両者を併せて全刑法という）。なぜなら、全刑法の特徴と問題性は、刑法と特別刑法の全体を視野にいれなければ明らかにならないし、さらには、全刑法に現れた国家の性格や特色は、むしろ特別刑法に端的に示されるからである。また、近代刑法上の基本的な原則や論理は、刑法には妥当するが、特別刑法ではこれらに対する例外が多く、むしろ、原則と例外との逆転現象さえ見られるのである。

旧刑法時代には、旧刑法の外、すでに各種税関係法令や集会条例、改正新聞紙条例、改正出版条例（出版法）、保安条例、集会及政社法（治安警察法）、行政執行法などの警察関係法令、徴兵令のほか、軍機保護法などの軍事関係法令、さらに経済関係法令等、多くの特別刑法が存在していた。そして、旧刑法にも若干の真正不作為犯規定がみられるが、これらの特別刑法のなかには、広範かつ多様な真正不作為犯規定がみられたことは言うまでもない。

現行刑法、特にその戦前期についてみると、刑法では、不解散罪、不退去罪がその典型であるが、特別刑法では、改正治安警察法、治安維持法の制定やその改正法、不穏文書臨時取締法、言論、出版、集会、結社等臨時取締法などの治安関係法、さらに、軍需工場動員法、兵役法（徴兵令廃止）、軍機保護法、国家総動員法、国民徴用令、軍用資源秘密保護法、国防保安法などの戦時立法が目立つようになる。これらのなかにも、膨大かつ多様な真正不作為犯規定が存在する。

以上のように、旧刑法および現行刑法時代（戦前）の真正不作為犯規定につき、関係法令名だけを年代順に列挙することにより示したのであるが、これだけでも、真正不作為犯規定が特別刑法の領域において、重要な意義をもっていたことが理解できよう。

(3)　戦前における一連の治安法や戦時立法は、戦後、ほとんどの部分が廃止された。これにともなって、特別刑法における真正不作為犯規定は、その大部分が消滅することとなった。しかし、戦後では、これらに替わって、年を追ってあらたな特別法が制定され、特に行政刑法や経済刑法と呼ばれる領域が、急速かつ飛躍的に拡大した（両者を併せて、単に行政刑法と呼ぶ）。

ところで、行政刑法につき、佐伯千仭が、そこには「おそるべき刑罰の濫用」が見られることを指摘してから、この領域における「刑罰法規の氾濫」「刑罰インフレ」の現象が繰り返し指摘されてきた。このような現象は、一面では、現代社会の複雑化・多様化の反映といえなくもないが、他面では、今日のいわゆる「行政国家」における行政権の肥大化がもたらしたものでもある。

このような現代的な刑法現象を反映して、行政刑法の領域では、真正不作為犯が、作為犯と同等に幅広く処罰され、その数は膨大なものとなろう。行政刑法の領域では、真正不作為犯が「氾濫」し、「インフレ」状態にあるのである。

それでは、行政刑法における真正不作為犯は、近代刑法の原理や論理に照らして、いかなる特徴と問題性を有しているのであろうか。

①　刑事犯か行政犯かを問わず、犯罪である以上、何らかの明確な保護法益を有しなければならない。保護法益のない犯罪やそれが曖昧な刑罰法規は認められるべきではない。このような場合には、処罰の実質的な根拠そのものに欠けるか、それが曖昧であることに外ならないからである。

ところが、行政刑法の領域では、何が保護法益なのか、また、なぜこの程度の行為が犯罪とされなければならないのか、が明らかでないものが多くみられる。「行政刑法と保護法益」については、さしあたり、行政刑法上の保護法益といえども、それは単なる行政当局（国家）の取締りの必要性やその便宜だけでは足りないことを指摘しておこう。

②　行政刑法の領域では、形式犯か、せいぜい抽象的危険犯である場合が圧倒的部分を占めている。なぜなら、①で述べた点とも関連して、刑罰法規が明確な保護法益を欠く場合には、一定の規範違反自体、すなわち、行政上の禁止または命令に形式的に違反する行為を処罰することにならざるをえないからである。刑事刑法において、実害犯や具体的危険犯が多くの部分を占めていることと、じつに対照的である。しかも、抽象的危険犯が実質犯だといっても、通説・判例は、構成要件に該当すれば、抽象的危険の発生が「擬制」されると解する擬制説（または形式説）に立つから、実質的には、このような抽象的危険犯は形式犯と異なるところがない。

ところで、法益侵害説を基本とする客観主義の立場からは、刑事刑法か行政刑法か、といった観念的な区別をこえて、犯罪として刑罰を科し、国家刑罰権を発動する以上、少なくても法益侵害は不可欠の客観的要素である。このような基本的立場からすれば、今日の行政刑法に対する根本的な批判があってしかるべきであるし、少なくても、形式犯や抽象的危険犯が、いわば無原則かつ無限定に処罰されている状態は余りにも異常と言うほかはない。

③　行政刑法における主観面において、その一般的な特徴は、過失犯が、故意犯と同等に、しかも明文の規定なく広く処罰されていることである。このことに対応して、行政刑法の領域では、過失による真正不作為犯が非常に多いということになる。しかも、判例や学説の主流では、この領域では、行政取締りの必要性を根拠として、刑法第八条のいう「特別の規定」とは明文を必ずしも要しないとされる。しかし、近代刑法が故意犯原則主義をとっている以上、行政刑法だからといって、過失犯を故意犯と同様に、しかも明文の規定を欠くにもかかわらず、広く処罰するのは問題があろう。

④　なお、行政刑法における「刑罰法規の氾濫」または「刑罰インフレ」は、現代刑法現象の大きな特徴であり、これが今日の刑事司法全体にどのような問題を投げ掛けているかについては第四章で詳論する。その結論をいえ

ば、警察の権限を拡大するとともに、警察による刑法の恣意的運用に道を開き、さらには警察優位の刑事司法をもたらしている、ということである。

(4)　それでは、このような行政刑法における異常な事態をいかに克服すべきであろうか。この点に関して、今日のドイツにおける「秩序違反に関する法律」の考え方が大いに参考になるし、また、参考にすべきである。ドイツでは、近代刑法の原理やその運用にとって、行政刑法が様々な問題性をもっていることから、行政犯または法定犯を、原則として「非犯罪化」して、刑法の領域から解放するという大英断を行った。近代刑法の原理を堅持する立場から、まさに刑法および犯罪の純化をはかったのである。

もとより、このようなドイツの制度を、その効果や運用実態を検討することなく、手放しで評価するわけにはいかない。なぜなら、戦前のドイツや日本では、巨大な行政警察権が、司法的なコントロールのないまま、国民の自由や権利を踏みにじったという苦い経験をもっているからである。しかし、今日の日本において、「刑罰法規の氾濫」や「刑罰インフレ」という現象が、近代的な刑法や刑事司法にとって、様々な問題を投げ掛けていることを考慮するならば、戦前の教訓を踏まえたうえで、「行政犯の非犯罪化」の問題点について真剣に検討してみる必要があろう。

3　不真正不作為犯の理論的検討

(1)　不真正不作為犯の問題領域

ドイツやその影響下で日本でも、不真正不作為犯につき、多くの問題が様々な角度から活発に論じられてきた。そこで、これらの議論を踏まえて、不真正不作為犯に固有の問題性を、つぎに整理しておこう。

第一に、罪刑法定原則から、作為であれ、不作為であれ、実定的な根拠をもたない行為は、犯罪として処罰することはできない。同時に、いかなる行為を、どのような観点から処罰するかは、刑罰法規自体が決定することである。

不真正不作為犯とは、一般の用語法によれば、「不作為による作為犯」であり、作為構成要件を不作為で実現する場合である、と定義される。それでは、果たして作為犯が不作為で実現されうるのか。ここに、不真正不作為犯の「不真正」性がある。これが、不真正不作為犯の実定法的問題である。

第二に、作為と不作為とでは、これらが違反する規範自体に大きな違いがある。作為は禁止規範に違反し、不作為は命令規範に違反する、というのがそれである。それでは、不作為が命令規範だけに違反しうるとするならば、このような不作為が、果たして作為を予定する禁止規範に違反しうるのか。これが、規範論理的問題である。

第三に、作為と不作為とでは、存在構造上の違いがある。すなわち、作為と不作為とは、行為者との関係では、人間の行為（態度）として共通性を有しながらも、外界に対する働き掛け（結果）の点では、因果性（惹起性）に決定的な違いがある。

そこで、仮に不作為が結果（外界の変動）に対し因果性をもたないとすれば、不作為につき、結果に対する刑事責任は問えないことになる。そうだとすれば、不真正不作為犯が「不作為による作為犯」と呼ばれる場合、作為犯とは結果犯を一般に想定していたのであるから、不作為による結果犯が認められない以上、不真正不作為犯も存在論的に成立しえないことになる。これが、存在論的問題である。

このように、いわゆる「不真正不作為犯」には、第一は、実定法的な根拠に関するもの、第二は、規範論的な根拠に関するもの、そして、第三は、いわゆる「存在論」的根拠に関するもの、の三つの問題領域がある。これらの問題は、不真正不作為犯が可罰性をもちうるか、という本質的な問題ばかりであり、これらの問題が理論的に解明されないかぎり、不真正不作為犯は断念せざるをえないことになる。

これらの問題領域は、まず、それぞれを厳密に区別して検討を加えたうえで、最終的には、これらを関連づけながら、総合的に考察することが必要である。従来の不作為犯論をみると、これらのいわば範疇的な区別が曖昧にされたり、さらには、混同されたりする傾向にある。

そこで、不真正不作為犯につき、以上のような三つの問題領域ごとに、それぞれの問題点につき、さらに検討を加えておこう。

(2) 不真正不作為犯の実定法的根拠

(i) 不真正不作為犯と罪刑法定原則　不真正不作為犯は、「不作為による作為犯」と呼ばれるように、作為犯を規定した構成要件を不作為により実現する場合である、といわれる。それでは、なぜ、作為を規定した構成要件を不作為によって実現しうるのか。仮に、作為と不作為とが規範論理や存在構造を異にし、古くはラードブルッフ、その後、アルミン・カウフマンが指摘したように、両者がAと非Aの関係にあるならば、このような不真正不作為犯は罪刑法定原則が禁止する類推解釈ではないか。

また、仮に、不真正不作為犯が類推解釈ではなく、単なる拡張解釈に過ぎないとしよう。それでは、不真正不作為犯は、どのような犯罪類型につき、いかなる要件のもとで成立しうるのか。この点の基準や限界が明確でない以上、明確性の原理に反し、やはり（実質的）罪刑法定原則に違反することになる。

これらのことから明らかなように、不真正不作為犯につき、解釈論はもとより、立法論においても、罪刑法定原則にかかわる本質的な問題があることが指摘されてきたのである。その立法問題に関して、罪刑法定原則にかかわる問題は、不真正不作為犯に関する総則規定を置くだけでは決して解消されえない。そこで、まず、各個の刑罰法規がどのような考え方に基づいて規定されているのか、を実定法的に分析することから始めなければならない。

(ii) 刑罰法規の立法形式　実定法上の立法形式に関し、従来、各個の刑罰法規（構成要件）には、作為（または禁止）構成要件と不作為（または命令）構成要件の二種類しか存在しえないものという暗黙の前提があったと言ってよい。

これに対し、戦後の日本やドイツでは、作為と不作為を併せた第三の種類の構成要件（混合構成要件と呼ぼう）が存在することが指摘された。かつて、ナーグラーが、実定法上、構成要件自体が作為と不作為とを同置している場合があることに着目し、ここでは「保障人」が前提となっていることを指摘したのも、このことを示唆していたと言ってよい。

このような構成要件の三分類法は、とくに不真正不作為犯の概念とその法治国的問題性を明らかにするうえで実益がある。

①「作為構成要件」とは、作為のみを予定した構成要件のことであり、刑罰法規が一定の作為のみを処罰の対象とする場合である。この場合には、「……するな」という禁止規範を前提とし、この規範に違反する作為のみによって実現されうる。ここには挙動犯（厳密には、形式犯）としての作為犯がすべて含まれる外、結果犯（厳密には、実質犯）であっても、構成要件における法益の内容やその侵害態様からして、作為による場合だけに限定されるものがこれにあたる。

ところで、犯罪は作為犯が原則であるから、不作為犯を処罰するためには、これを処罰する旨の規定（真正不作為犯の規定）が必要となる。仮に、作為犯の規定が、一般的に、不作為によって犯しうるとするならば、真正不作為犯を独自に規定する意味がなくなるからである。従って、真正不作為犯の規定が存在しない限り、挙動犯であれ、結果犯であれ、各個の刑罰法規は、一般に、作為犯を規定しているものと解しなければならない（前述）。しかも、刑法犯のほとんどが結果犯であるから、刑法犯は、一般的に、作為による結果犯である、ということになる。なお、この例外として、ある種の「不作為による結果犯」の場合につき、(iii)で詳しく検討する。

このような趣旨からすれば、「不作為による作為犯」という概念には問題がある。なぜなら、ここにいう「作為犯」が、作為犯を規定する構成要件を意味するとすれば、この作為犯は、不作為によって犯しえないからである。

このことは、特に行政刑法の領域で重要な意味をもつ。なぜなら、行政刑法における「刑罰法規の氾濫」現象に関連して、形式犯としての作為犯も「氾濫」しているから、もしこの場合にも、不作為により実現されうるとなると、実際上、処罰範囲が著しく拡大されることになるからである。

② 「不作為構成要件」は、一定の不作為にでることを処罰するものであるが、この場合には、「……しろ」という命令規範を前提とし、この規範に違反する不作為のみにより実行されうる（不作為の挙動犯）。この場合が真正不作為犯である。この趣旨からいえば、「作為による不作為犯」という概念は無用である、ということになる（ただ、解釈論的に無意味というわけではない）。

なお、真正不作為犯が法治国的問題性を免れるからと言って、近代以前の刑法にしばしばみられるように、結果にむけられた一定の不作為（不真正不作為犯といってもよい）を、事実上、真正不作為犯の形式で処罰することにも、原則的な問題がある。なぜなら、不作為と結果との因果関係という存在論的な問題を度外視して、不作為による結果犯を認めることは行為主義に反し、一種の結果責任を肯定しうることになるからである。

③ 前述した「混合構成要件」とは、ある構成要件が、作為と不作為とを同時に予定している場合である。例えば、過失犯としての結果犯につき、その構成要件が作為とともに不作為によっても実行されうることは疑いの余地がない。この場合が、ここに言う混合構成要件である。また、刑法第二一八条の保護責任者遺棄罪における保護責任者の「遺棄」についても、日本の定説によれば、本罪における「遺棄」には、作為と不作為とをともに含みうるものと解されているから、この種の構成要件に属することになろう。

このような構成要件では、結果犯につき、刑罰法規自体が規定する行為類型や結果の特性からして、作為と不作為とが、結果に対する構成要件的な因果関係が肯定されている場合であるといえる。このうち、作為による場合を「作為による結果犯」、不作為による場合を「不作為による結果犯」と呼ぶことができる。

(iii) **不作為による結果犯**　このように、ある種の結果犯につき、刑罰法規自体が「不作為による結果犯」を予定している場合がありうることは否定できない。しかし、刑罰法規が「不作為による結果犯」を肯定している場合が見られるからと言って、結果犯が、一般的に、作為とともに不作為によっても実現できるという訳では決してない。

それでは、どのような場合に、また、いかなる論拠により、「不作為による結果犯」が認められうるのであろうか。このことを解明することは、「不作為による結果犯」の一種である不真正不作為犯の問題を解決するための不可欠な前提問題である。

この点については、不作為の規範論理および存在構造の両面から(3)において検討するとともに、最終的には、個々の結果犯の構成要件ごとに確定する外はない。これは構成要件の解釈問題であり、構成要件該当性の問題であり、結局は、刑法各論の問題である。

従って、ここでは、さしあたり解釈の一般的な原理または指針を述べるに止める。

第一に、1や2で詳しく述べたように、犯罪は作為犯が原則であるから、真正不作為犯の規定が存在しない限り、原則として結果犯の構成要件には不作為は含まれないものと解すべきである。

第二に、結果犯の構成要件は、これが予定する法益の内容、行為態様、因果経過などを考慮して個別具体的に確定されるべきである。

第三に、結果犯の構成要件が、不作為により実現されうるとしても、結果犯は当該結果を惹起したことに対する責任を問うのであるから、当該不作為の「結果惹起性（因果性）」が論証されなければならない。

(3) **不真正不作為犯の規範論理的根拠**

(i) **命令規範と禁止規範**　日本やドイツでは、かつては、禁止規範と命令規範とが明確に区別されるとともに、あらゆる刑罰法規は、禁止規範または命令規範のうち、いずれかを前提とするものと解されてきた。また、これらの規範のうち、作為が違反しうるのは命令規範であり、不作為が違反しうるのは禁止規範である、と説明されてきた。このことを特に強調したのが、アルミン・カウフマンであり、このような考え方は、その後のドイツで大きな影響を与えている。

このような規範論理は、観念のレベルの問題にとどまらず、実定法解釈のレベルでも重要な意義をもっている。なぜなら、この規範理論を前提とすれば、「……するな」という禁止規範と「……しろ」という命令規範とは峻別されるべきであるとともに、前者から直ちに後者を導き出すことはできないことを示しているからである。たとえば、単に「人を殺すな」という規範からは「人の命を救え」という規範は出てこないし、「人の命を救わない」からといって、「人を殺す」ことにはならないのである。ところが、ナチス刑法学は、犯罪の本質を義務違反性に求める立場（義務違反説）から、このような規範論理を無視した結果、後述するように不真正不作為犯の処罰を恣意と拡大に道を開いたのであった。

(ii)　**結果犯と禁止規範**　作為構成要件（作為禁止構成要件）を充たしうるのは作為だけであり、不作為構成要件（作為命令構成要件）を充たしうるのは不作為だけである。しかし、このような規範論理は、ある種の結果犯には当てはまらない場合がある。それでは、このような結果犯は、どのような規範内容をもつのであろうか。

結果犯とは、結果を惹起する行為を処罰する場合である。従って、結果犯が前提とする規範は、所定の結果を惹起するような行為を禁止する規範、すなわち、「結果を惹起するような行為をするな」という規範である。

刑法上の行為には、作為と不作為があり、しかも、仮に不作為によって犯罪的結果が惹起しうるとするならば、また、このかぎりにおいて、この不作為にも、当該結果に対する責任を問うことも許されるはずである。そして、この種の不作為は、結果犯が予定する禁止規範に違反しうるということになるのである。

このように、ある種の結果犯に限り、不作為が結果惹起性を有することを前提として、不作為が禁止規範に違反しうる場合がありうることが明らかとなった。

(iii)　禁止規範と作為義務

ある種の結果犯において、不作為が禁止規範に違反しうると述べた。この点に関して、禁止規範と作為義務との関係について論じておこう。

従来、不真正不作為犯の本質が義務違反性にあるという立場から、作為犯（または結果犯）の構成要件は、ある種の作為義務（「法的結果回避義務」または「保障人的義務」）に違反する不作為によっても実現されうる、と解されてきた。しかし、作為構成要件は禁止規範を内容とするから、なぜ禁止規範から作為義務が発生するのか、という規範論理の問題に悩まされた。この点につき、禁止規範は命令規範をも含みうるとか、禁止規範は命令規範を含まないが、禁止規範を具体化すると不作為義務とともに作為義務をも含みうる、などと苦しい説明をよぎなくされた。

しかし、作為犯を規定した構成要件は、いかに作為義務に違反したからといって、不作為で実現することはできない。また、結果惹起と結果不防止とは対立する概念であるから、結果惹起行為を禁止する構成要件は、いかに結果回避義務に違反したからといって、不作為によっては実現しえない。なぜなら、「人を殺すな」という禁止規範からは、「人の命を救え」という命令規範や作為義務は発生しえないからである。

これに対して、ある種の結果犯につき、「不作為が禁止規範に違反しうる」ということは、決して、禁止規範から命令規範やその具体化としての作為義務が生じるということを意味するものではない。前述したように、結果犯における禁止規範が、結果を惹起する行為を禁止するものであるという前提のもとに、不作為が結果を惹起しうる行為であるがゆえに、この禁止規範に違反するのである。不作為が禁止規範に違反しうるのは、あくまで不作為が結果惹起性を有するからに外ならない。

4　不真正不作為犯の存在論的根拠

(1)　結果犯と結果惹起性

不真正不作為犯は、結果犯の一種であり、当該不作為が結果惹起性（＝因果性）をもつことを必要とする。このことは、作為であろうと不作為であろうと本質的には同じである。従って、義務違反説をとらない限り、作為犯でも不作為犯でも、当該作為や不作為が具体的に結果惹起性をもたなければ、結果犯＝結果惹起犯の責任を負わない。このような不真正不作為犯論は、かつては、一九世紀後半のドイツにおける因果性説が、また、後述するように、一九六五年のE・A・ヴォルフの新因果性説や日本では、後述する梅崎の「因果論的再構成」がこの考え方に立脚している。

それでは、第一に、不作為はこの結果惹起性をもつ場合がありうるのか、第二に、これを肯定しうる場合があるとすれば、いかなる観点からどのような条件のもとで、不作為は結果惹起性をもつのか、第三に、不作為の因果性は、作為のそれとどのように因果構造を異にするのか、また、この違いは作為犯と不作為犯の理論にいかなる相違をもたらすのか、という前提問題が解決されなければならない。

(2)　不作為の因果性に関する諸見解の検討

「不作為の結果惹起性」は、従来、「不作為の因果性」または「不作為の因果関係」の問題として、様々な観点から多くの学説が提唱されてきた。

①（自然的因果性説）　不真正不作為犯は結果犯であるということが認識された当初は、不作為から結果が生じうるかということが本質問題として様々に論議された。これが一九世紀後半の「因果性説」である。

この因果性説は、当時の自然主義的実在論（古典物理学とそれを前提とするカントの因果律思想）を前提として、不作為を「無」と解し、「無からは何ものも生じない」という公理に従って、不作為の因果性を論証するために、不作為自体ではなく、不作為以外の自然的存在にその契機を求めた。すなわち、物理的観点から、他行為説や先行行為説は行為者の積極的身体活動に、また、心理的観点から、干渉説や心理的因果性説は行為者自身や他人の心理的経過に、それぞれ不作為の因果契機を求めたのである。前者は「物理的因果性説」、後者は「心理的因果性説」と呼ばれる。しかし、これらの説は、もともと不作為自体の自然的因果性を否定することを前提としていたのである。この意味で、後に、ラートブルッフやカウフマンが、同じく自然的実在論の立場から、不作為の因果性を否定したのもむしろ当然の成り行きであった。ただ、心理的因果性説は一面の真理を突いており、後に、H・マイヤーが干渉説と類似した見解を提唱しているし、心理的因果性説のいう「心理的因果性」は、因果の一形態として今日でも重要な意義をもっている。このことは、一定の不作為が特定の意味伝達機能を有していることから明らかであろう。

②（疑似因果性説）　自然主義にかわる新カント主義は、規範的または論理的観点から不作為の因果関係の問題を「解決」しようとした。この解決方法は、後述するように、実は、皮肉にも自然主義的行為論者リストの期待説に端を発している。

期待説によれば、不作為は単に「無」ではなく、「期待された作為」をしないことであると定義する。そして、不作為の因果関係につき「条件定式（c.s.q.n. 定式）」を適用して、『期待された作為がなされていれば、結果は発生しなかったであろう』ときに、不作為の因果関係は肯定されると解した（なお、ここに「期待」という場合、社会的期待説と法的期待説とがあるが、いずれも「仮定された作為」を前提とする点で、本質的に異なるところはない）。その後、右の定式において、結果は「発生しなかったであろう」という場合、何らかの可能性では足りず、高度の可能性を要するとして、一般に「確実性に境を接する蓋然性」と表現される。そして、この条件定式によれば、作為か不作為かの区別なく、因果性判断が統一的に可能であり、不作為の因果性も容易に肯定されうる、とされた。このような見解を「疑似（準）因果性説」と呼ぶが、この考え方は久しく通説的見解としてドイツや日本の学界を支配してきた。

しかし、このような見解につき、アルミン・カウフマンなどの批判的見解を念頭におきながら、私の主要な疑問を要約してみよう。

ⓐ　まず、方法論的に、本来、実在的（存在論的）概念であるべき因果関係を、形式論理的概念に置き換えようとすることには疑問である。しかも、このような因果性判断は形式論理的な判断だとされるが、実は、素朴な一般経験則を前提としており、従って、公害など新しい複雑な現象には、この定式は余り役立たないことになる。

ⓑ　次に、この見解では、作為と不作為とが同一の判断形式により処理しうる、という。しかし、作為の場合には、現に実在するものを「除いて考える」のに対し、不作為の場合には、仮定された作為を「付け加えて考える」点において、両者は全く異なった判断をしている。もともと不作為の場合には期待された作為として結果回避に向けられた作為を仮定しているのであるから、むしろ同義語反復にすぎず、当該不作為が条件定式を容易に充たしうることは当然のことである。

ⓒ　カウフマンが、不作為者と結果には「人的因果関係」が欠けると述べたことに対し、不作為者のいない不作為を想定することはできない、という反論がしばしばなされる。このことは形式論的には正しいが、多数の人が被害者の死を放置する設例にみられるように、すべての人が条件定式を充たしうるはずなのに、期待説を前提とする場合には、実際には、期待された人だけが因果関係ありと判断される。これでは、期待されているから因果関係があるという結果になる。このような批判は、実は、かつて違法性説が、期待説に基づく因果性説に対し行ったものであり、因果関係と違法性（期待または作為義務に対する違反性）とが混同されている。

ⓓ　条件定式による「因果」判断は、素朴な経験則による処罰限定機能をもつことは否定できない。しかし、当該不作為がこの条件関係を充たしたからといって、不作為の因果性を論証したことにはならない。不作為の条件関係判断において、期待された作為を仮定する点において、この作為の不存在という現実を無視するし、そうでなく

ても余りにも内容が空虚だからである。なぜなら、このような仮定的因果関係は、不作為の単なる結果回避可能性にすぎないからである。

③　因果理論が実在的・法則的世界の認識を前提とする以上、哲学上の認識論や科学方法論に触れざるをえないが、問題の指摘と解決方法について、結論だけを述べておこう。

先に述べたような自然主義やこれに対する新カント主義の因果理論は、実在認識の方法論として余りにも古典的であり、刑法上の因果理論としても採用するに値しない。しかも、両者の因果理論はあい対立するものではなく、歴史的にも、理論的にも、カント自身や新カント主義の因果理論は自然主義のそれを基礎とするものである。この意味で、ヴェルツェルがいみじくも指摘したように、新カント主義は「実証主義（自然主義）の補充理論」である。

このような新カント主義の因果理論に対する批判は、両者を批判したかつての「客観的帰属論」にもあてはまる。なぜなら、この客観的帰属論は、自然主義やこれと共通の基盤にたつ新カント主義の因果理論を唯一の因果理論であるとして、刑法理論において因果関係論が占める基底的地位を、あっさり放逐してしまったからである。新カント主義の因果理論や客観的帰属論にとって、まさに「不作為の因果性」の問題は、理論的なよりどころのようにみえるが、実はそれらのアキレス鍵でもある。

(3)　結果惹起性と結果回避義務違反性

①　(1)で述べたように、不真正不作為犯は、結果犯の一種であるから、当該不作為の結果惹起性を不可欠の前提とする。ところが、不作為の（自然的）因果性の論証に破綻した結果、不真正不作為犯の実質的処罰根拠を、結果惹起性にではなく、義務違反性に求めることとなってしまった。これが今日の通説的な義務違反説である。

このような義務違反説において、結果惹起性の問題はどのように考えられているのか。この点につき、大きく二つの考え方がある。第一は、通説のように、不作為にも「仮定的因果関係」が認められればそれで足りるという見解であり、第二は、アルミン・カウフマンや客観的帰属論のように、不作為の因果関係は認められないが、作為義務違反や客観的帰属が認められれば、それで足りるという考え方がそれである。しかし、いずれも、不作為の存在論的因果性を否定する点では、本質的な違いはない。

②　それでは、右の通説では、不作為と結果との客観的な相互関連性をどこに求めているのか。この点につき、作為義務とは「法的結果回避義務」違反性であり、法が結果回避を義務づけているのであるから、不真正不作為犯においては、結果惹起と結果回避とは、法的に同置しうると考えるのである。保障人説のように、作為義務を「保障人的義務・地位」と呼んでみても、内容的に異なるわけではない。

このように解する場合、同じ結果犯の構成要件でありながら、作為犯の場合には、作為の結果惹起性を要するのに、不作為犯の場合だけ、そのような作為義務違反性で足りるのか、という問題が生じる。ここには、第一に、実定法的根拠の問題、第二に、規範論理の問題とがある。そして、これらの点については、すでに論じたところである。その結論だけをいえば、不真正不作為犯が結果（惹起）犯である以上、不作為の結果惹起性が存在することなしにはいずれも説明がつかない、ということであった。それにもかかわらず不真正不作為犯を肯定することは、罪刑法定原則や規範論理に違反する。不真正不作為犯の立法問題はここから生じるのである。

③　そこで、最近の義務違反説は、作為と不作為との存在構造上のギャップを、価値論的に両者の「同価値性」の要件により補強しようとするのである。しかし、当該不作為といかなる作為との同価値性を判断するのか、という疑問があるし、そもそも同価値ならば処罰してよいという考え方そのものが、罪刑法定原則の考え方とあい容れない。

ところで、不真正不作為犯に対する疑問を緩和するために、最近では、後述するように作為犯の因果構造を念頭におきながら、作為義務や同価値性の事実的前提・基礎をできるだけ限定して、実質的に、作為犯に近付けようとする試みがなされている。

このような問題意識そのものは、不真正不作為犯の基準や限界を事実的・客観的に定めようとする点において評価に値する。しかし、もともと義務違反説を採用しながら、どのような理論的根拠からこれを限定するのか、また、より本質的に、これを限定したとしても、不真正不作為犯の本質を作為義務違反性に求めている点ではやはり同じであり、これは結果惹起性に代替できるものではない。そして、このような方向を突き詰めていけば、「不作為の因果性」、すなわち、結果惹起性の問題に行き着くことになり、やがて作為義務は本質的要素ではなく、結果惹起性こそが本質的要素であることになろう。

(4)　不作為の結果惹起性

1　刑法が対象とする人間のリアルな社会関係または社会過程は、単なる自然現象や自然と断絶した社会現象ではなく、「自然に対する人と人との関係」であり、しかもそこに内在する様々な矛盾や対立を契機に、絶えず歴史的に変化・発展している。従って、このような現実の社会過程の認識においては、「自然・社会・人間」がトータルに理解されるべきであり、しかも、これらに関する様々な因果法則を当然の前提としつつ、歴史的・社会的・動態的な分析方法によらなければならない。従って、このような現象を対象とする場合には、自然主義やこれを共通の基盤とする新カント主義・客観的帰属論の因果理論は、歴史的・社会的・動態的な視点を欠く点において、方法論的な批判を免れないのである。

ところで、このような認識論によれば、現実の社会現象において、一定の（可能的）結果が発生しないということは、これを促進する条件（促進条件と呼ぼう）とこれを阻止する条件（阻止条件と呼ぼう）とが「均衡状態」にあることを意味する。そして、このバランスが崩れた時に、結果発生の方向へと新しい因果は流れるのである。例えば、病める動物の病死を例にとれば、病原菌は促進条件であり、「抵抗力」は阻止条件であるが、前者が後者を凌駕したときに動物は死亡するのである。さらにいえば、このバランスを支える促進条件や阻止条件はそれぞれ複数ありうるから、結果の発生は、促進条件が阻止条件を全体として凌駕する場合に起こることになる。従って、ある具体的な結果がなぜ発生したかという因果経過を解明するためには、促進条件および阻止条件の全体のバランスを考慮して、個別具体的に確定する以外にないことになる。

このような分析によれば、可能的結果の不発生は、促進条件と阻止条件とのバランスが維持されていることになるから、このような従前のバランスを崩す行為は、作為であれ、不作為であれ、結果発生へと新たな因果を設定する一条件であり、この行為は「結果惹起性」の前提をなすことになる。従って、「結果惹起性」とは、抽象的には、促進条件を新たに設定するか、現在する阻止条件を消滅または弱体化（以下、減殺という）するかのいずれかである。例えば、危険な工事現場で、危険を新たに発生させる行為は促進条件を設定する行為（「促進条件設定行為」と呼ぼう）であり、この危険な工事現場で、危険の発生に際し、危険を回避すべく配置された者が、危険の合図を怠ったり、危険防止措置を構じない行為は阻止条件を減殺する行為（「阻止条件減殺行為」と呼ぼう）であるが、いずれも人の死に対し「結果惹起性」を有しうる点では同じである。しかし、現実の歴史的・具体的事象においては、先にみたように、促進および阻止条件のダイナミズムであるから、ある促進条件を設定したり、ある阻止条件を減殺しても、必ずしも結果発生を現に促進したと断定するわけにはいかない。

2（不作為の結果惹起性）　作為と不作為との因果構造を比較すると、「作為による結果惹起」と「不作為による結果惹起」には、次のような二つの類型がある。

①　一般的には、作為は促進条件設定行為であり、逆に、不作為は阻止条件減殺行為である。このうち、前者が「作為による結果惹起」であり、後者が「不作為による結果惹起」である。このうち、前者については例を挙げるまでもないが、「不作為による結果惹起」の例としては、日本の判例にみられるように、乳児の育児を一手に引き受け

ていた者が、授乳を放棄してこれを餓死させるような事例がこの典型である。これらが、一般的な「不作為による結果惹起」の類型であり、不真正不作為犯においては、この種の類型が特に問題となる。

②　これに対して、「不作為による促進条件設定行為」や「作為による阻止条件減殺行為」がある。例えば、前者の例として、心理的因果性にかかわる事例であるが、かつて「不作為による欺罔」とされた事例や「心理的幇助」のように、ある不作為が一定の意味伝達手段である場合には、不作為により促進条件の設定にあたる。また、後者の例としては、先に引用したような危険な工事現場において、危険信号や安全装置を破壊するような行為や生命維持装置を取り外す行為がこれにあたりうる。なお、作為と不作為との区別に関し、促進条件設定行為を「作為」といい、阻止条件減殺行為を「不作為」と定義することも可能であるが、このような見解は、第二の類型を看過する点で正確ではない。

以上のように、「不作為の結果惹起性」には、不作為による促進条件設定行為と不作為による阻止条件減殺行為、の二つの形態がありうることになろう。このうち、不真正不作為犯の成否が特に問題になるのは、「不作為による阻止条件減殺行為」の場合である。この場合には、先にも述べたように、法益侵害につきこの促進条件と阻止条件とのバランスを前提とするものであるから、このことを抜きにしては「不作為による結果惹起性」を肯定することはできない。

このような見解においては、「不作為による結果惹起性」という場合、その「惹起」概念やこれが前提とする促進条件・阻止条件の「バランス」の要件を個々の事例に即して、具体的に確定する必要がある。この点につき、ドイツでは、E・A・ヴォルフの見解があり、日本では、後述する梅崎進哉の見解があるが、いずれも、不作為の結果惹起性を解明するうえで参考になる。これらの見解につき立ち入る余裕はないが、両者の見解はそれぞれの表現こそ異なるが、おおよそ次のような共通点がみられる。

第一に、一定の自然的・社会的状況のもとでは、不作為は作為とは異なる因果形態ではあるが、法益に対する新たな侵害やその危険を生じさせる一種の原因力を肯定しうる場合であり、これが「惹起」および「危険」概念にかかわる問題である。

第二に、従前の法益保持に関する社会的システムのなかで、阻止条件として不作為者が決定的な地位と役割を占めている場合。これが、促進・阻止（積極・消極）条件のバランスの問題である。

第三に、このようなシステムに組み入れられるに当たり、単なる規範的な契機や偶然的な契機を排除して、不作為者の何らかの行為または意思が介在している、例えば、「引き受け」や先行行為と呼ばれるものがこれにあたる。

第四に、これらの状況のもとでは、当該不作為者の不作為が法益侵害を決定的に左右しうる場合であり、これが不作為の結果惹起性の問題である。

このような問題設定や解決方法自体は妥当なものである。これらの点に関して、三の6で分析・検討する。

5　不真正不作為犯の概念とその理論的限界

(1)　不真正不作為犯の概念

ドイツでは、真正不作為犯との対比において、不真正不作為犯をどのように定義すべきか、についていくつかの見解がある。その主要なものを挙げれば、以下の通りである。

①　挙動犯と結果犯の区別に対応して、挙動犯としての不作為犯が真正不作為犯であり、不作為による結果犯が不真正不作為犯であるとする見解。

②　命令規範と禁止規範の区別に対応して、不作為のうち、前者に違反するのが真正不作為犯であり、後者に違反するのが不真正不作為犯とする見解。

③　不作為犯において、保障人的地位（義務）の要否に対応して、これを必要としないのが真正不作為犯であり、これを必要とするのが不真正不作為犯であるとする見解。

④　実定法的に、各個の刑罰法規において、不作為が規定されているのが真正不作為犯であり、そうでないのが不真正不作為犯であるとする見解。

⑤　その他。例えば、アンドールラーキスの存在論的に区別する見解。

なお、ドイツや日本の立法論に関連して、不真正不作為犯が、別名「不作為による作為犯」と呼ばれるが、この定義が不正確であることは、既に述べたとおりである。

このような見解の違いは、要するに、不真正不作為犯の理解の仕方自体にかかわる。そして、前述したように、不真正不作為犯が結果犯であることを前提として、その一種であるという基本的な立場からは、結論的には、①の見解を基本として、②④の見解をも考慮する必要がある、ということになろう。

以上のように、不真正不作為犯は、「不作為による結果犯」、より厳密には「不作為による結果惹起犯」、と定義することが可能である。また、このように定義することは、不真正不作為犯につき、従来、その可罰性を基礎づけるために、「不作為の因果性（結果惹起性）」や「結果回避義務」の問題が論じられてきたことを考慮すると、不真正不作為犯の問題性を明らかにするうえで必要であり、有効であろう。ただ、この定義については、次の点に留意する必要がある。

第一に、不真正不作為犯は、真正不作為犯でないことを当然の前提とするから、刑罰法規が「不作為による結果犯」を予定している場合（すなわち、前述した「混合構成要件」）はここから除外される。

第二に、不真正不作為犯が「不作為による結果犯」であるとしても、実定法上、不作為による結果犯は例外である。なぜなら、不作為は、一般に結果惹起性を有しないからである。このことは、不真正不作為犯を広く肯定する考え方に対する警鐘として重要な意味をもっている。

(2)　不真正不作為犯の実定法的限界

ある人の不作為が当該結果に対する惹起性を有するからと言って、一般的に、この不作為が結果犯の構成要件に該当しうる訳ではない。この点につき、次の二つのことが考慮されるべきである。

①　結果犯の構成要件につき、仮に結果が不作為により惹起しうるとしても、構成要件が一定の行為類型や因果経過を予定しているために、不作為による結果惹起であっても、この構成要件を充たし得ない場合がある。このような構成要件では、不作為による結果犯は成り立ち得ない。

②　結果犯の構成要件において、法文からは、これに不作為が該当しうるか否かが必ずしも明らかでないとしても、犯罪は原則として作為犯であり、不作為処罰は例外であるから、このような大原則から、次のような原則が導きだされる。

第一に、結果犯の構成要件につき、仮に不作為が当該結果に対する惹起性をもち得る場合があるとしても、一般論としては、この構成要件は作為による結果惹起を予定しているものと解すべきである。

第二に、結果犯の構成要件が作為のみならず不作為をも予想している場合であっても、この構成要件に該当しうるのは、原則として作為であり、不作為が該当しうるのは例外である。

このように、結果犯の構成要件において、不作為による結果犯は、上記①②の実定法的な制約をクリアーしうる範囲でのみ成立しうることになる。

(3)　不真正不作為犯の存在論的限界

不真正不作為犯は結果犯（＝結果惹起犯）を不作為で実現することを前提とするから、不作為の存在と当該不作為の結果惹起性を要する。この「不作為の結果惹起性」の問題は、ある具体的な事象（場）を前提として、これを歴史的・社会的・動態的に考察する必要がある（場の理論）。このことを承知しながらも、以下では、一般的に考察しておく。

①不作為の存在　不作為とは、不作為者が一定の作為をしないことであるから、この限りでアルミン・カウフマンのいう「人的因果関係」の理論は失当である。この場合の「一定の作為」とは何を指すかにつき、通説は期待説の立場から「期待された作為」と解するのに対して、カウフマンなどは、「行為能力」または「目的的行動力」、すなわち当該行為者における作為可能性で足りるとする。

いずれの主張も不作為の概念として一定の意味や実益があることを否定しない。なぜなら、不作為は一定の作為を為さないことであるし、不作為というためには、少なくても作為可能性を要するからである。しかし、不作為の結果惹起性を確定するにあたっては、作為可能性だけでは無内容かつ無限定に過ぎるし、「期待された作為」といっても、法的期待説では作為義務と同じことである。社会的期待説も、現実の場を捨象して規範的・社会的意味のレベルでとらえるのも妥当でない。ここで「不作為の存在」とあえて表現したのは、いずれの不作為概念によるにせよ、この不作為を具体的事象において「存在」として実体的に認識する必要があることを指摘したのである。

②結果「回避」可能性　従来、「義務は不可能を強いることはない」という前提から、結果回避義務は結果回避可能性を要するものとされてきた。しかし、この義務に違反したからといって、結果惹起性が生じるわけではないが、不作為の結果惹起性を肯定するためには、結果「回避」可能性を要する。なぜなら、結果「回避」可能性がなければ、結果惹起性を具体的に論定するまでもないからである。この限りにおいて、不作為の「仮定的因果関係」は思考経済的には意義を有する。さらに、結果「回避」が容易であり、しかも「確実性に境を接する蓋然性」を必要とするといえよう。ただ、このことは、あくまで不作為の結果惹起性の一側面を一般的に論じたにすぎない。

③不作為による結果惹起　最終的に、当該不作為により当該結果が実現されたという事実的・具体的な認定が必要となる。これが不作為と結果との「因果関係」の問題である。不作為の「心理的因果性」のように、不作為が結

果に対する促進条件をなしている場合は別として、不作為は、一般的には、阻止条件を「減殺」する場合であるから、ここに不作為とは、前述した「阻止条件設定行為」をしないことである。従って、具体的事案の事実経過に即して、当該不作為により当該結果が惹起されたかどうかを判断することになる。

二　ドイツの不作為犯論

1　問題の提起

不真正不作為犯の領域において、日本の理論は、ドイツの理論の大きな影響のもとに展開されてきた。そこで、日本における不真正不作為犯論の歴史や現状を明らかにする前提として、ドイツの理論的発展を跡付けよう。このことによって、今日の日本における理論状況や問題の所在がはっきりすると考えるからである。

今日のドイツや日本における不真正不作為犯論の最大の特徴は、その方法論的な多様性にある、と言っても過言ではない。しかも、今日の大きな理論的対立は、それぞれの方法論の違いに深く根差していることが多い。この意味で、今日の不作為犯論において、どのような方法論によるべきかは、避けて通ることのできない課題である。しかも、今日の方法論の対立は、歴史的には決して今に始まったことではないし、その背景には、刑法思想そのものと密接にかかわっている。

ところで、ドイツの不作為犯論の歴史について、私は、その背景をなす刑法思想や方法論との関連で、すでに別稿で詳しく論じた。そこで、本章では、特に、ドイツ刑法思想の歴史的変遷をたどりながら、それぞれの時代において、当時の学者が、不真正不作為犯の問題性をどこに見いだし、また、これをどのように解決しようとしてきたかについて概観しよう。

2　近代刑法思想と古い法義務説

近代以前には、中世ゲルマン法に典型的にみられるように、法と道徳・宗教の未分化により、また、真正不作為犯と不真正不作為犯との理論的区別が認識されることなく、不作為犯が広く処罰されていた。

これに対し、フォイエルバッハなどは、近代における法と道徳の峻別の思想や権利侵害説、さらには罪刑法定主義を前提として、不作為犯が前提とする作為義務は法的義務でなければならず、「特別の法的根拠」を必要とするということを強調した。そして、この「特別の法的根拠」として、フォイエルバッハは法規、契約に限定し、その後、スチューベルなどにより先行行為、親密な生活共同体が追加された。

このように、すでに二世紀も前に、作為義務の根拠に関する「古典的三分説」（または法源説）は提唱されていたのである。ただ、この段階においても、なお前近代的要素を残しており、「親密な生活共同体」には、前近代的共同体におけるような主人とその奴隷との関係、兵士とその上官との関係などが含まれており、これらに基づく作為義務を広く認めていた。

3　自然主義の消長と因果性説

近代科学技術の発達を背景とする「自然主義」は、やがて刑法学にも強い影響を与えた。不作為犯の領域について言えば、『無からは何ものも生じない』という自然科学的因果観やそれを基礎とするカントの因果律の思想を前提として、「不作為の因果性」の問題、すなわち、なぜ「無」としての不作為から結果が生じうるのか、という重大な疑問が投げかけられた。

この問題の発見は、とりもなおさず、不作為犯には、命令規範に違反する固有の不作為犯（いわゆる真正不作為犯）の外、禁止規範に違反し、他人の権利を侵害する場合（いわゆる不真正不作為犯）がある、という認識を前提とするものであった。このような不真正不作為犯の問題性を明確に指摘したのはルーデンであり、一八四〇年のことであった。

これ以降、ほぼ半世紀にわたって「不作為の因果性」を論証するために、他行為説、先行行為説、干渉説、心理的原因説などがつぎつぎに主張された。これらの説は、いずれも自然科学的な思考を前提として、不作為を「無」と解し、これ以外の物理的または心理的な過程のなかに、不作為の因果性の契機を見いだそうとしたのである。しかし、いずれの見解も、不作為の（自然的）因果関係の論証に成功しなかった。

その後、自然主義は、新カント学派や新ヘーゲル学派の批判にさらされることとなった。不作為犯論の領域では、例えば、前者に属するバールやローラントは、リストが提唱した不作為概念に関する期待説を導入して、不作為は単なる「無」ではなく、「期待された作為をしないこと」である、と主張するとともに、自然主義的因果概念を批判しつつ、価値（関係）的な因果概念により、不作為の因果性を論拠づけようとした。また、後者に属するコーラーなどは、「社会的秩序」の観念を前提として、不作為の（社会的）因果性を肯定した。

このように、自然主義的な不作為概念や因果概念は、新カント主義を前提とする期待説および価値的な因果概念に取って替わられることとなった。

4　新カント主義の隆盛と違法性説

一九世紀末から一九三〇年頃までのドイツでは、新カント主義、特に西南ドイツ学派（ヴィンデルバント、リッケルト、ラスキなど）の隆盛の時代であった。その方法二元論、特に文化科学方法論は、不真正不作為犯の問題を、義務違反説により、徹頭徹尾、規範または価値の領域で解決しようとした。

まず、この違法性説は、リストの不作為概念や不作為の因果性に関する理論を前提として、次のような見解を採用する。すなわち、不作為の概念については、不作為とは「期待された作為」をしないことと解する期待説が広く採用されるとともに、不作為の因果性または因果関係についても、不作為の自然的因果性を否定し、「期待された作為がなされていれば、結果は発生しなかったであろう」という条件関係を前提として、それは容易に論証しうるとされた（疑似因果性説または準因果性説）。そこで、不真正不作為犯の中心問題は、「不作為の因果性」にではなく、「不作為の違法性」の領域にある、とされるに至った。このような考え方を「違法性説」と呼ぶのである。

この違法性説も、法律観自体の対立、すなわち、ザウアーの表現を借りれば、「形式的法律観と実質的法律観」（概念法学か社会学的法学と言ってもよい）という対立を反映して、形式的違法性説（ベーリング、M・E・マイヤー、メッガー、ヒッペル、フランクなど）と実質的違法性説（ザウアー、キッシンなど）とに別れる。前者は、法実証主義的な立場から、不作為の違法性を実定法を前提としつつ形式的に把握するのに対して、後者は、実質的・「社会学」的観点から、不作為の違法性を実質的に理解する。

① 形式的違法性説は、「新しい」法義務説と呼ばれるように、フォイエルバッハなどの「古い法義務説」と次の点において大きな違いがある。

第一に、ベーリングに始まる構成要件論およびそれ以降の構成要件を中核とする犯罪論体系を前提として、不真正不作為犯を基礎づける作為義務がまさに違法性の領域にあるとされたこと、第二に、不真正不作為犯は結果犯の一種であるから、この作為義務は「法的結果回避義務」でなければならないこと、の二点がそれである。

ところで、この説が「形式的」違法性説と呼ばれるのは、次に述べるように、この説が作為義務の性質・内容・発生根拠などを形式的・実定法的に論じるからである。

第一に、不真正不作為犯における作為義務は、「特別の法的義務」でなければならず、これは道徳的・倫理的義務と峻別すべきこと、第二に、この義務は「法的結果回避義務」であり、「単なる作為義務」または「一般的作為義務」と区別すべきこと、第三に、義務の発生根拠として法規・契約・先行行為をあげていること、がそれである。

②　実質的違法性説は、不作為犯（犯罪）が成立するためには、単に刑法規範に形式的に違反するのみならず、超法規的・社会学的にも「実質的違法性」が認められなければならない、と説く。

この実質的違法性は「国家社会にとって、行為が、一般的傾向として、有益である以上に有害である」という原理によって判断される。ここには、リューメリンやヘックなどの「利益法学」、すなわち、実定法の範囲内において対立する諸利益を比較衡量して、優越的利益を決定しようとする考え方がみられる。

このような観点から、この論者は、まず、作為と不作為との存在構造上の違いを強調するとともに、不真正不作為犯については、作為義務を課すことによる法益の保護と、不作為犯として処罰することに伴う「行動の自由」の侵害とを利益衡量すべきことを主張した。

5　ナチス法思想と義務違反説

ナチズムの台頭を背景として、新ヘーゲル学派（特に右派）の流れを汲むキール学派が、急速に勢力を拡大していった。刑法学においては、キール学派に属するシャフシュタインやダームが、民族共同体思想に基づく全体主義刑法学を高唱するとともに、罪刑法定原則や法益侵害説を基軸とする伝統的刑法学を、自由主義的で個人主義的であると批判した。さらに、彼らは、C・シュミットの具体的秩序論を前提として、新カント主義に依拠する刑法学を規範主義、法実証主義と批判するとともに、「義務刑法」「行為者刑法」「意思または心情刑法」と呼ばれるような独自の刑法理論を展開した。

不作為犯の領域についても、シャフシュタインやダームは、犯罪の本質を「民族的倫理秩序」違反性に求めるという立場（義務違反説）から、作為犯も不作為犯も義務違反性を有する点では何ら異なるところはないとして、特に不真正不作為犯の問題を好んで論じている。彼らによれば、不真正不作為犯は、「民族的倫理秩序」に根差した結果回避義務に違反するとともに、「民族感情」に従って犯罪的心情が認められる場合に成立する、と主張した。

このような刑法思想やその不作為犯論は、罪刑法定原則、法と道徳の峻別など近代刑法の基本原理を否定することにより、不真正不作為犯の処罰範囲を拡大し、その恣意的運用をもたらした。

6　近代刑法学の擁護と保障人説

ファシズムの嵐が吹き荒れるなかで、伝統的刑法学は、この狂気の時代を傍観したり、さらには、これに追随することを余儀なくされた。このような情況のもとで、近代刑法学を擁護する立場から、キール学派の刑法思想や不作為犯論を批判しつつ、不真正不作為犯につき、今日のような保障人説を提唱し、これを学説史的、理論的、実定法的に論証したのが、ナーグラーであった。

ナーグラーの保障人説の方法論的な意義は次の三点にある、と言ってよい。

① ナーグラーは、キール学派が伝統的刑法学を「抽象的・分裂的思考方法」と批判したのに対して、伝統的な「構成要件」「違法」「責任」からなる犯罪論体系を擁護し、なかでも、M・E・マイヤー流の構成要件理論に従い、構成要件を違法性の認識根拠と解し、その違法徴表機能を肯定する。

ところで、不真正不作為犯につき、前述した違法性説によれば、行為または構成要件の段階では、不作為（行為としての不作為）・結果・因果関係があれば足り、しかも、これらは容易に肯定されうるものと解されていたから、その中心問題は違法性の領域にあるものとされた。

これに対して、先に述べたような犯罪論体系を前提として、ナーグラーは、不真正不作為犯において作為と不作為を同一視してよいかという問題が、因果性や違法性にではなく、まさしく「構成要件」の領域にあることを、様々な観点から論証した。ナーグラーに始まる保障人説が、「構成要件的解決の理論」と呼ばれる所以はここにある。

②　前述したように、キール学派の不作為犯論が、近代刑法学の貴重な遺産を踏みにじり、不真正不作為犯の処罰を恣意と拡大に導いた。そして、その根本的な欠陥は、犯罪の本質を「民族的倫理秩序」の違反性に求める義務違反説を前提として、不真正不作為犯を基礎づける結果回避義務につき、法的義務と倫理的義務とを同一視したことにある。

これに対し、ナーグラーは、①で述べたような見解を前提として、作為と不作為との同一視問題は、従来のような刑法外的な「法的結果回避義務」やキール学派のような「民族的倫理秩序」により解決するのではなく、各個の刑罰法規（構成要件）の分析により、その媒介項を見いだしうる、と主張した。そして、ナーグラーは、作為と不作為とを構成要件的に同一視するための媒介項として、「保障人」という概念を導入して、不真正不作為犯を基礎づける作為義務は、この保障人に課せられた結果回避義務、すなわち、「保障人的義務」でなければならない、と説いた。このように、ナーグラーは、保障人的義務（地位）という概念を提唱し、作為義務の内容とその基準・限界を明確化しようとしたのである。

③　ナーグラーは、コーラーやビンディングの「保障人思想」に見られる「保障人」という概念を導入して、不真正不作為犯における作為義務を、法的かつ社会的に構想しようとした。これが、彼のいう保障人的義務・地位である。ただ、このようなナーグラーの保障人説には、キール学派の民族共同体思想の影響を受けていたことは否定できない。

ところで、ナーグラーは、一九三八年に保障人説を公表したのであるが、これに対し、キール学派のダームは、直ちに反撃し、結果回避義務を「保障人的義務」と言い換えてもタゥトロギーに過ぎないとか、ナーグラーの採用するマイヤー流の構成要件論では、この保障人的義務を構成要件の問題として体系的に処理しえない、などと批判した。

他方、キール学派に鋭く反対したE・シュミットは、ナーグラーの理論にただちに賛同したが、その当時には、シュミットに続く者は見あたらない。そして、この保障人説は、ヒトラー政権崩壊後、多くの支持をえて、やがてドイツの通説的見解となっていった。

7　戦後自然法思想と存在論的不作為犯論

第二次世界大戦後の西ヨーロッパにおける『自然法の再生』または『再生自然法』と呼ばれるような気運を背景として、一方では、ナチス法思想における「悪法も法なり」といった悪しき法実証主義が根本的に批判されるとともに、他方では、これに対抗しえなかった従来の新カント的な規範主義法学も反省を迫られた。刑法学の領域についていえば、キール学派、特にC・シュミットの具体的秩序論の影響下に形成されたヴェルツェルの『存在論的または事物論理的構造』の思想は、右のような気運を背景として、ドイツの刑法思想に大きな影響をもたらした。

ヴェルツェルは、すでに一九三九年の『刑法における自然主義と価値哲学―刑法学のイデオロギー的基礎』と題する論文において、伝統的な刑法学の方法論的な基礎をなしている新カント哲学を『実証主義の補充理論』と本質規定しつつ、その実在概念における自然主義の克服を意図するとともに、法および法学における規範主義をも鋭く批判した。このような思想を前提として、彼は、刑法学における行為論の意義と方法を明らかにし、刑法に先置された行為の構造が目的的行為であるとする目的的行為論を提唱した。

このようなヴェルツェルの法思想およびその目的的行為論を前提として、「新しい不作為犯論」を全面的かつ詳細に展開したのが、アルミン・カウフマンであった。彼は、一九五九年の『不作為犯の解釈論』と題する著書において、従来の通説的な不作為犯論に対し、不作為概念や不作為の因果性論証の前提をなす「期待説」や、不真正不作為犯論としての「保障人説」を、方法論的かつ理論的に批判するとともに、次のような独自の不真正不作為犯論を提唱した。

従来の通説が、「期待説」を前提として不作為の因果性を安易に肯定するのに対して、カウフマンは、作為と不作為との存在構造上の差異に着目して、不作為（厳密には、不作為者）には、結果に対する（人的）因果性はなく、従って、行為性も目的性（故意）も認められない、という。このように、作為と不作為とがAと非Aとの関係にある以上、規範論理や実定法のレベルでも、作為犯と不作為犯とは、これらを支配する論理が逆転することになる（「逆転原理」という）。

具体的には、カウフマンは次のようにいう。作為は禁止規範に違反し、禁止構成要件に該当するのに対して、不作為は、命令規範のみに違反し、従って、命令構成要件のみに該当しうる。従って、「不真正」不作為犯が、存在論的に不作為である以上、禁止規範には違反しえず、また、禁止構成要件にも違反しえないから、不真正不作為犯が該当しうる構成要件は、これとは全く別個の「保障人命令構成要件」であり、しかもこの構成要件は、実定法的根拠をもたない「書かれざる構成要件」である。

このようなカウフマンの『存在論→規範論理→実定法』という思考方法からすれば、不真正不作為犯を不可罰と解するのが首尾一貫するはずであるが、彼は、「法政策的要求」を根拠として、「価値論」という領域を設定して、結論的には、次の三つの要件を充たす場合に、不真正不作為犯の可罰性を肯定している。

① 法益の侵害または危険の惹起を処罰する作為構成要件が存在すること

② この法益の侵害または危険を回避することを内容とする命令が存在すること

③ この命令侵害が、不法内容、責任非難の程度、すなわち、当罰性において、作為犯と少なくともほぼ同程度であること。

ヴェルツェル・カウフマンの存在論的不作為犯論は、通説である期待説や保障人説に対する方法論的および理論的な反省を迫ったが、これに取って替わる程の力はもちえなかった。しかし、彼らの「新しい不作為犯論」は、次に検討するように、それ以降の不真正不作為犯論に大きな影響を与えた。

第一に、従来の保障人説が、「保障人的義務」を媒介として、安易に、作為と不作為とを構成要件的に「同置」していたのに対して、彼らは、両者の存在論的・規範論理的な相違を強調し、いわゆる「不真正不作為犯」の構成要件が実定法的根拠をもたない「書かれざる構成要件」であるとして、その法治国的問題性を指摘するとともに、これに固有の構成要件要素として、前記③のいわゆる「同価値性」の要素を別個に加えた。

第二に、作為義務（保障人的義務）の発生根拠に関して、古くから、法律・契約・先行行為の三類型を挙げる「法源説」（古典的三分説）が広く採用されてきたが、カウフマンは、この義務の存在論的基礎にある「保障人的地位」に着目して、これを機能の違いにより二つに類型化するいわゆる「機能説」を新しく提唱した。この考え方は、その後、六〇年代以降のドイツにおいて、保障人的義務と保障人的地位とを分離する考え方として定着することになるし、後述する「社会（学）的方法」へと発展していく。

第三に、従来の保障人説が、不真正不作為犯の可罰性の根拠や基準を一般的（総論的）に論じる傾向にあったのに対し、カウフマンは、第一および第二として述べたような考え方を前提として、作為と不作為との同置問題が、総論ではなく、各論の領域にあることを強調した。このような見解に基づき、カウフマンは、不真正不作為犯の立法問題につき、グリューンワルトなどとともに、保障人説を前提とした総則規定主義に強く反対し、これを犯罪類型ごとに各則で個別的に規定する各則規定主義を主張した。

8　社会科学の発展と社会（学）的不作為犯論

不真正不作為犯が結果犯の一種であるところから、因果性説は、自然主義的立場から、不作為の（自然的）因果性を論証しようとしたが、いずれもこれに成功しなかった。そこで、新カント主義の方法二元論に基づき、その可罰性を「法的結果回避義務」違反性に求める義務違反説が支配的となった。保障人説も、その本質は「新しく改良された義務違反説」（H・マイヤー）である。この両説の方法論は、因果性説が自然主義であるとすれば、義務違反説は規範主義である、といえる。

ところが、現代における社会科学の発展と普及を背景として、法現象を社会現象として理解しようとする考え方が広く見られるに至った。戦後における「社会学的法学」や「法社会学」の隆盛も、その一つの現れである。このような考え方は、刑法学にも大きな影響をもたらした。

不作為犯論について言えば、ここに言う「六〇年代の社会（学）的不作為犯論」がそれである。その方法論的な特徴は、不作為をめぐる法現象、すなわち、不作為者の不作為と、被害者における結果との関係を、かつての因果性説のように、自然的な現象として把握するのではなく、まさに社会現象として分析・検討しようとするところにある。このようなアプローチは、かつての因果性説のような自然主義的アプローチとは異なるし、また、従来の義務違反説やそれが前提とする期待説のような単なる価値論的アプローチとも異なる。そこで、このようなアプローチは、「社会学的法学」にちなんで「社会学的不作為犯論」と呼ぶことができよう。

この「社会学」的思考方法は、すでに、ビンディングやコーラーの保障人思想やこの強い影響下にあるナーグラーの保障人説に、その萌芽がみられる。ただ、六〇年代の「社会学的不作為犯論」に大きな影響を与えたのは、C・シュミットの具体的秩序論の影響下に展開されたフォークトの「より親密な社会的秩序」の理論（一九五一）の提唱であった。さらに、カウフマンによる、保障人的義務とその事実的前提としての保障人的地位を分離する考え方や、これらを機能的に二分類する「機能説」の提唱も、その素地を用意した。

このような社会学的アプローチにより、一九六〇年代には、多くの学者が、次々と本格的な著書を発表するに至った。すなわち、フォークトの理論を発展させたアンドルラーキスの「社会的近接」の理論（一九六三）を契機として、その後、ヴォルフの「本来的依存」の理論（一九六五）、ルドルフィーの「社会的保護関係」の理論（一九六六）、ヴェルプの「特種な依存」の理論（一九六八）、ベルヴィンケルの「社会的役割」（一九六六）の理論、などが提唱された。これらの理論については、すでに別の機会に詳細に論じたので、ここでは総括的に検討しておこう。

①　彼らの不真正不作為犯論は、自然的存在のレベルでは、作為と不作為とが存在構造を異にすることを当然の前提として、不作為をめぐる社会現象につき、前述のような特種な社会的関係に着目し、これにより、不真正不作為犯の社会実体的な根拠や基準・限界を見いだそうとしたのである。

②　彼らは、不真正不作為犯の当罰性判断において、それぞれが着目した特種な社会的関係を、存在論または価値論のいずれかに位置付けていた。

このような観点から、存在論の領域において、アンドルラーキスは、不真正不作為犯の存在論的前提として、作為と同一視しうる「不真正不作為」を見いだそうとしたし、ヴォルフは、新因果性説と呼ばれるように、不作為の因果性を論証しようとした。これに対し、その他の人々は、存在論と価値論とを関連づけて、作為と不作為との存在論的な同一視を断念し、両者の同価値性（価値的同一性）または保障人的義務の存在論的前提として、前述したような特種な社会的関係を考慮している。

従って、前説では、作為と不作為とが存在論的に同一視可能とするから、不真正不作為犯の本質につき、必ずしも義務違反説をとる必然性はないが、後説では、価値論のレベルでのみ両者は同一視が可能であるという考え方を前提とするから、この見解は、おのずから義務違反説と結びつかざるをえない。

このうち、今日のドイツでは、義務違反説としての保障人説が支配的である。しかも、この社会学的不作為犯論は、今日の保障人説における保障人的義務とその存在論的前提としての保障人的地位とを分離する考え方に、方法論的および理論的根拠を与えるとともに、この保障人的地位に関する社会実体的な分析の意義と必要性を認識させた。

③　ドイツにおいて、従来の保障人説が、「保障人的義務」という価値的かつ一般的概念により、不真正不作為犯の根拠や基準・限界を判断しようとしていたのに対して、ここに言う社会学的不作為犯論は、作為と不作為との存在論的相違を強調することにより、不真正不作為犯の法治国的問題性（罪刑法定原則違反）を指摘するとともに、不真正不作為犯の社会実体的な前提を明らかにすることにより、客観的で事実的な処罰の基準や限界を示そうという実践的意図を持っていた。このことは、この論者が、判例における処罰拡大の傾向を批判し、これに限定を加えようとしていることからも明らかである。

④　このように、六〇年代の社会学的不作為犯論は、方法論史的および実践的に、積極的な意義をもっていたと言いうる。しかし、このような不作為犯論に対して、七〇年代のドイツでは、多くの学者により、次に述べるような疑問が提起されている。

その主要な疑問は、彼らの主張する社会実体的概念が、法的根拠を欠くとともに、不明確性を免れないから、やはり法治国的問題性を免れないという点にある。また、前述したように、不真正不作為犯の存在論的前提となるべき社会的関係とは何か、といった点があれこれと議論されることになるが、このことに関連して、シューネマンは、従来のような規範主義的概念法学に代わって、「現代の概念法学」へと発展する可能性を指摘している。

⑤　六〇年代の不真正不作為犯論において、社会学的アプローチは一大潮流をなしたが、これも緒に就いたばかりであるため、方法論的にも、理論的にも、不十分さを免れない。しかも、このようなアプローチは、刑法改正作業という焦眉の実践的な課題にはばまれて、さらに突っ込んだ議論が展開されないまま、今日に至っているように

思われる。

ただ、社会学的不作為犯論が提起した方法論や社会実体的分析は、通説的な保障人説に少なからず影響をあたえており、とくに保障人的地位の理解を深めるのに役立ったことは否定できないであろう。

9　刑法改正と不真正不作為犯

不真正不作為犯の立法問題は、刑法改正という特種な政治過程における問題でありながら、一面では、それまでの学説や判例を総括するという理論的な課題をも含んでいる。そこで、日本の事情を念頭に置きながら、ドイツにおける不真正不作為犯の立法問題につき、これまでの理論史的な考察を踏まえたうえで、全体的な総括を行うとともに、今後の課題を明らかにしたい。

(1)　不真正不作為犯の立法をめぐる背景

①　ドイツの判例についてみると、一八八〇年のプロイセン大審院は「あらゆる犯罪と同様に、殺人罪が、法が人に命じていることをしないことによって犯されうることは、疑いの余地がない」と明言した。その後、様々な学説にもかかわらず、このような不真正不作為犯を原則として処罰するという判例の基本的立場は、今日でも余り変わっていない。このような事情もあって、不真正不作為犯は、様々な犯罪類型につき、広く処罰されており、これを認めた判例は膨大な数にのぼっている。

今回の不真正不作為犯に関する新立法においても、多くの学者により、判例においては不真正不作為犯の処罰範囲が不当に拡大されていることが指摘されており、これを立法によりチェックすることが、不真正不作為犯に関する条項を設ける一つの根拠とされている。

②　学説の推移をみると、ドイツでは、因果性説など若干の例外を除いて、フォイエルバッハ以降の「古い法義

務説」以来、義務違反説を前提として、作為義務の発生事由として、法規・契約・先行行為のほか、親密な生活共同体が挙げられてきたし、今日では、法規・(任意の)引受け・先行行為が、その典型として広く承認されている。

特にナーグラーの保障人説は、戦後のドイツで通説的見解となり、その後、最近の保障人説では、保障人的義務と保障人的地位と分離するという考え方が支配的となってはいるものの、「新しく改良された義務違反説」としての本質は何ら変わっていない。

このように、ドイツにおける今回の新立法の背景として、学説上、保障人説が広く定着している、ということが指摘できよう。ただ、保障人説といっても、後述するように考え方に大きな違いがみられ、保障人説の理論をどのような立法により表現するか、ということになると見解が別れる。

③　ドイツでは、H・マイヤーを始めとし、特にアルミン・カウフマンの新不作為犯論を契機として、しばしば不真正不作為犯の法治国的問題性が指摘されてきた。その背景として、次の点を挙げることができる。

第一に、古くから判例において様々な犯罪類型につき、不真正不作為犯が幅広くみとめられ、しかも、ここには行き過ぎさえ見られる。

第二に、通説である保障人説において、作為と不作為との同置問題が(特別)構成要件の領域にあるとされながらも、保障人的義務または地位を媒介項として、不真正不作為犯を広く認める傾向にある。

第三に、カウフマンに代表されるように、禁止構成要件には作為だけが該当し、命令構成要件には不作為だけが該当しうるという考え方が支配的であったために、不真正不作為犯は、「不作為による作為犯」、すなわち、禁止構成要件を不作為で実現する場合であるから、類推解釈にあたる恐れがある。

このようなドイツの実情を前提とするかぎり、不真正不作為犯の法治国的問題性は明らかであり、これを処罰する旨の何らかの規定を設けておくべきだ、という主張には理論的および実践的な根拠があろう。

(2)　新刑法総則第一三条の内容と特色

大戦後のドイツにおいては、不真正不作為犯の立法化が必要であるという前提のもとに、その立法作業は、一九五六草案、一九六二草案、一九六六代案（対案と呼ぶ）、連邦司法省参考案を経て、最終的に、刑法改正第二法律草案が議会で可決、成立することにより完了した。この「刑法改正第二法律」は、一九七五年一月一日に施行された。これが、現在のドイツ刑法総則（総則と呼ぶ）である。この総則は、不真正不作為犯につき、次のように規定する。

第一三条（不作為による遂行）

1　刑罰法規の構成要件に属する結果を回避しなかった者は、結果が発生しないことを法的に保障すべきであり、かつ、その不作為が作為による法定構成要件の実現に準じる場合に限り、本法規により処罰できる。

2　その刑は、第四九条第一項によりこれを軽減することができる。

この総則一三条は、それに至る激しい論争を踏まえるとき、どのような特色をもっているか。

①　戦後の一連の諸草案（対案も含む）では、不真正不作為犯の実定法的根拠として、総則に一般的規定を設けるという総則規定主義が、一貫して採用されてきた。これに対して、総則・各則を問わず、立法化に疑問を抱く考え方や、各犯罪類型ごとに具体的に規定すべきである、とする各則規定主義も有力に主張された。

このような異論に対し、このような総則規定を設ける理由につき、刑法改正第二法律草案を審議した特別委員会の「報告書」（以下、報告書と略記）は、法治国原理に照らし、不真正不作為犯に実定法的根拠をあたえ、その要件を示すことになる、と説明している。また、各則規定主義につき、同委員会での司法省当局の趣旨説明によれば、多くの犯罪類型ごとにいちいち規定を設けるのは余りに煩雑であるうえに、処罰に空白が生じる、というのが実質的な反対理由であろう。

②　保障人説を前提として、不真正不作為犯が成立するためには、まず、保障人的地位が必要であることが表明

されている。すなわち、本条の「結果が発生しないことを保障すべき」場合とは、六二年草案の文言と同じであり、同草案の理由書によれば、保障人的地位により保障人的義務が基礎づけられるという前提のもとに、この保障人的地位を表明したものと説明されている。これに対して、五六年草案では、法的結果回避義務（保障人的義務）と保障人的地位とを区別して、両者が重ねて規定されていた。

③　不真正不作為犯において、作為と不作為とを同置するためには、価値論的に、両者の「同価値性」が必要であるとされてきた。そこで、六二年草案は、明文上、「同価値である」という同価値条項を設けていた。これに対して、総則は、対案が「同価値である」という表現に代えて「不法に準じる（entsprechen）」という表現を用いていることに着目して、対案の「準じる」という中立的な表現を採用したのである。その理由として、報告書は、⑤で述べるように、刑の任意的減軽規定を設けたことによるとしている。

④　保障人的地位や保障人的義務の発生根拠として、五六年草案や対案は法規・引受け・先行行為を制限列挙していたが、総則は、六二年草案と同様に、この条項をいっさい設けなかった。その理由は、六二年草案の理由書によれば、このような制限的列挙では狭すぎるから、学説や判例の発展に委ねるべきである、ということに外ならない。

⑤　作為による挙動犯（単純行為犯）につき、不真正不作為犯が成立しうるか、は大きな問題である。この点につき、総則が、明文で「刑罰法規の構成要件に属する結果」を前提としている以上、結果犯についてだけ「不作為による遂行」を処罰しうる旨を規定しているものと解いすべきであろう。この場合に、この結果犯と実質犯との関係が問題となるが、実際上、不真正不作為犯は、実害犯か、少なくとも危険犯、とくに具体的危険犯について認められることになろう。

⑥　総則は、第一三条二項において、刑の任意的軽減規定を新設した。その理由につき、報告書によれば、不作為による遂行は作為による場合と較べ一般的に悪質性が小さいとされている。

(3) 総則第一三条への疑問

本条に対する私自身の基本的な疑問を、次に挙げておこう。

① 立法者は、この規定が法治国原理または罪刑法定原則に照らして必要である、と説明している。確かに、罪刑法定原則を形式的に理解するならば、このような総則規定が、不真正不作為犯が処罰されうる旨を立法的に確認する意味をもつことは否定できない。

しかし、実質的な罪刑法定原則からすれば、可罰性の宣言は、あくまで刑罰法規が処罰の基準や限界を明確に示しうる場合にのみ肯定されうる。ところが、②で述べるように、総則では、どの犯罪類型につき、いかなる場合に、不真正不作為犯が処罰されるのか、何ら明確に示されていない。

② 不真正不作為犯が、どの犯罪類型につき、いかなる場合に処罰されるのかを多少とも限定し、明確化しようとすれば、各則規定主義が理想的であることは疑いがないし、保障人的地位・義務の発生事由を制限的に列挙する方法も積極的な意義をもつものと考えられる。

③ この規定は、通説的な保障人説の見解を立法的に確認したものとされるが、果たしてそうであろうか。ここでは、ナーグラーに始まる保障人説の真髄が何であったのか、また、総則の通則的な意義と機能からして、このような総則規定を設けることがいかなる効果をもつのか、が検討されなければならない。

第一に、保障人説は、不真正不作為犯の本質問題（保障人的地位または保障人的義務）が、構成要件にあることを明らかにしたが、このような見解からすれば、不真正不作為犯を通則としての総則で規定することは、本質的な矛盾を犯すものである。なぜなら、構成要件は、保護法益やその侵害態様につき、それぞれ類型性と個別性を有している以上、不真正不作為犯が、どの犯罪類型につき、いかなる場合に成立しうるかを、一般的、通則的に規定することは不可能だからである。

第二に、総則は、通則的意義をもち、原則としてあらゆる犯罪に適用されうるから、総則は、立法者の意図を越えて、未遂犯規定や共犯規定などと同様に、処罰拡張事由としての意味をもち、いわゆる「構成要件の修正形式」または「修正された構成要件」を規定することになる。少なくても、この総則は、多くの犯罪類型につき不真正不作為犯が成立しうる実定法的な根拠をあたえたことは否定できないであろう。

④　総則が、以上のような意義と機能をもつとすれば、本条を根拠に、判例における処罰拡大傾向をチェックすることを期待することはできず、むしろこの傾向を助長・促進することになろう。

⑤　結論として、総則第一三条は、不真正不作為犯を立法的に確認するというにとどまらず、不真正不作為犯を一般的に認めることに、いわばお墨付きを与えることになる。しかも、一連の審議過程をみるかぎり、司法省当局の基本戦略は、必要に応じて様々な犯罪類型につき、不真正不作為犯を弾力的に認めうる立法を手にすることにあったといえよう。そこで、ドイツの刑法学において、これら一連の立法過程をいかに総括するか、また、新立法が実務にどのようなインパクトを与え、学説がこれをいかにチェックしうるか、注目したい。

三　日本の不作為犯論

1　問題の提起

日本の不作為犯論につき、不真正不作為犯を中心に、学説・判例・立法の三者を関連させながら、その歴史的経過と現状、および問題点を検討する。ただ、これらの点につき、すでに詳細な研究があるので、最初に、本稿における課題設定とアプローチの方法について、やや具体的に指摘しておこう。

ところで、日本の不真正不作為犯論は、明治の前半期におけるフランスの影響を除けば、ドイツの理論の圧倒的な影響のもとに展開されてきた。このような事情を考慮するならば、日本の不作為犯論が「輸入法学」である、という性格も否定できない。

そこで、本稿では、日本の学説・判例・立法につき、ドイツのそれと対比しつつ、以下のような基本的な観点から、これらを歴史的かつ比較法的に検討する。

①　二で検討したドイツにおける不作為犯論の理論史・思想史と対比させながら、日本における不作為犯論の流れを歴史的にフォローする。このことによって、ドイツでの理論に依拠しつつ日本で主張された様々な見解が、どのような意義と内容をもつのか、さらには、その方法論的基礎が何かが明らかになるであろう。

②　日本の不作為犯論は、外国からの「輸入法学」としての性格と特徴をもっている。それでは、ドイツやフランスの理論は、どのような背景のもとで日本に「輸入」され、また、日本の理論状況のもとで、これはいかなる意味をもち、また、どのように論議されたのか。

③　ドイツはもとより、日本についても、不真正不作為犯の解釈論として、ナーグラーの提唱に始まる「保障人説」が通説である、とさえいわれることがある。ところが、何をもって「保障人説」と言うのか、論者により理解の仕方や重点のおき方に違いが見られる。さらに、歴史的、思想的にみた場合、この理論がいかなる本質をもっているのか、ということになると、必ずしも十分に理解されているとは言えないように、私には思われる。

そこで、本章では、このような保障人説につき、一定の歴史的意義を認めつつも、今日では、むしろ処罰範囲の拡大と不明確化につながる危険性があることを検討したい。

④　ドイツでは、刑法思想の発展が不作為犯論の内在的な発展を促しているが、日本の場合には、「輸入法学」的性格からして、外国の事情という外在的契機により、日本の理論が変化・発展するという違いがある。それでは、日本の理論展開において、外国追随性という矛盾がどのような問題を生じさせたのか、また、これらがいかに解決

されてきたのか。このような視点は、それぞれのファシズム期における理論の違い、特にその背景にあるキール学派や日本法理運動を歴史的および思想的に総括する場合に非常に重要である。

⑤　以上のような基本的観点から、具体的に以下のことを検討しよう。

i　なぜ、フランス法からドイツ法への転換があったのか、また、この転換は日本の学説や判例にどのような影響をもたらしたのか。

ii　なぜ、日本では新旧両派の争いが不作為犯論に及んだのか、また、両派の間には、どのような違いがあったのか。

iii　日本では、どのような理論状況のもとで保障人説が広く支持されたのか、また、日本の理論状況が、保障人説の理解の仕方にどのような影響を与えたのか。

iv　ドイツの立法作業は、日本のそれにどのような影響をもたらしたか、また、ドイツの総則第一三条と日本の改正刑法草案第一二条とでは、どのような違いがあるのか、さらに、iiiとも関連して、日本では、戦後における総則規定主義に対して、なぜ根強い批判があるのか。

v　最後に、ドイツの理論は日本の最近の理論状況にどのような影響をあたえているか、また、これらをどのように評価すべきか。

2　旧刑法以前の不作為犯論

(1)　近代以前のドイツにおけると同様に、不作為犯に関して、旧刑法以前の日本でも、特に江戸時代の刑法では、封建的、共同体的な刑法の性格を反映して、まさに法と道徳とが未分化であったことが指摘されている。

真正不作為犯については、「御定書百箇条」では、親子夫婦などの親族関係や主従師弟関係などの身分関係において、目上の者の様々な危険に際し、目下の者はこれを救助すべき義務が課せられたり、様々な犯罪につき、逮捕協力義務や告発義務が課せられ、これらに違反する行為は広く処罰された。また、今日の不真正不作為犯に当たる事例関していえば、例えば、火災に際し、親兄弟等を救助しなかったためにこれらが焼死した場合、その近親者は殺人の罪として処罰された。

このように、法と道徳の峻別や罪刑法定原則を知らない時代には、真正不作為犯が広範かつ多義にわたっていたし、今日から見れば、極端な類推適用により不真正不作為犯が処罰されていた。

(2)　新律綱領や改定律例など、明治初年の刑事立法では、江戸時代の「刑法」のような真正不作為犯規定は存在しない。しかし、これらは、日本や中国古来の律に江戸時代の刑法を加味したものだけに、前近代的な性格を示す真正不作為犯の規定が見られるし、「断罪無正条」や「不応為」と言ったおよそ罪刑法定原則とは掛け離れた規定が存在した。このことから、不真正不作為犯も広く処罰されたであろうことが推察されうる。

これに対して、西欧の近代的思想が広がるなかで、ボアソナードをはじめ、フランスの法学者が立法や教育に携わるために日本に招聘されるとともに、内外からの刑法の近代化を求める声が広がるなかで、刑法改正の動きが始まった。

3　旧刑法時代の不作為犯論

(1)　旧刑法は、フランスのナポレオン法典（一八一〇年）を参考にして起草されたボアソナードの原案を土台として、一八八〇年（明治一三）に制定された。ここでは、フランス刑法と同様に、その一二条は、罪刑法定原則の規定を設けている。

このような背景のもとに、フランス刑法学は、日本の刑法理論に決定的な影響を与えた。この時代には、フランスの教科書が次々に翻訳されたり、フランス刑法学に依拠して、宮城浩蔵は、「日本刑法講義」「刑法正義」などの著書を次々に著し、大きな影響力をもっていた。不作為犯についても、フランスの理論が日本の学説や判例に大きな影響を与えた。

ところで、フランスでは、人権宣言第八条の趣旨にそって、ナポレオン法典第四条に罪刑法定原則の規定が明示されていることもあって、不作為犯といえば、真正不作為犯を意味し、多くの不作為処罰の規定を設けていた。このような事情から、フランスでは、不真正不作為犯を不可罰と解するか、仮にこれを認めるとしても、ごく例外的な場合に限っていた。このようなフランスの考え方の影響のもとに、宮城は、不真正不作為犯の可罰性を理論的に否定するとともに、これは旧刑法二条の「法律ニ正条ナキ所為」にあたるから、罪刑法定原則に違反する、と解していた。

(2)　当時の日本は、後進資本主義国として、その国情がフランスより、当時のドイツに似ていることもあって、フランス法からドイツ法へと傾斜していった。このような経過のなかで、一八七〇年のドイツ刑法を範とした刑法改正の動きが強まるとともに、宮城などの影響力も徐々に弱まって行った。

これを反映して、不作為犯論の領域でも、不真正不作為犯を肯定するドイツの理論が、リストのもとに学んだ岡田朝太郎をはじめ、多くの学者により次々に日本に導入された。

このリストは、すでに見たように、期待説およびこれを前提とする疑似因果性説を提唱して、半世紀に渡る「不作為の因果関係」論争に終止符を打つとともに、因果性説に替わる違法性説の基礎を築いた。岡田の不作為犯論は、まさにこのリストの理論を前提として展開されたものである。

4　現行刑法制定からファシズム期までの不作為犯論

現行刑法は、ドイツの刑法や刑法学の影響のもとに、一九〇七年（明治四〇）に成立した。ところで、一九世紀末葉から二〇世紀初頭のドイツでは、新・旧両派の争いがはげしく展開されていた時代であり、その当初は、リストに代表される新派が隆盛を誇っていた時期にあたる。そして、この時期のドイツ刑法学の影響をうけて、現行刑法は、新派的色彩が強く、また、旧刑法のような罪刑法定原則の規定を設けていない。

これらのことは、以下のように、戦前の不作為犯論にも大きく反映している。

① まず、旧刑法時代と異なりドイツの理論に影響されて、不真正不作為犯の可罰性を当然の前提としていることである。しかも、現行刑法が旧刑法にみられた罪刑法定原則の規定を欠くために、これに不真正不作為犯不可罰の根拠を求めることができず、しかも、この当時には、類推解釈を認めるの考え方が支配的となっていった。

② ドイツでは、前述したリストの理論を共通の前提として、新派も、不作為の因果性を肯定し、不真正不作為犯論の重点が違法性にあると解していた。そして、ドイツでは、不真正不作為犯における違法性論につき、形式的違法性説か実質的違法性説か、という「学派の争い」を越えたレベルで議論されていた。

これに対して、当時の日本では、この形式的違法性説か実質的違法性説かの争いが、学派の争いの一場面として争われていた。ここに、当時の日本における不作為犯論の特色がみられる。この点につき、後述する。

③ このような学派の争いは、日本の判例にも及んでいるように思われる。すなわち、判例には、不作為による放火罪につき、「既発ノ火力ヲ利用スル意思」という主観的要素を重視する考え方があるが、このような考え方には、当時の判例に大きな影響力を与えた牧野英一の主観主義が影響しているように思われる。

ところで、この時期の日本における不真正不作為犯論の大きな特徴は、学派の争いが絡んでいることである。すなわち、ドイツにおける形式的違法性論と実質的違法性論との対立に関係して、旧派的立場の人々は、例えば、泉二新熊、大場茂馬、小野清一郎などは、おおむね前者に従い、新派に属する牧野、木村亀二などは、後者によっていた。このうち、両派を代表する牧野と小野の不作為犯論について、次に検討しよう。

まず、牧野は、新派刑法学の立場から、罪刑法定原則に意義を認めず、刑法でも類推解釈は許される、という見解を一貫してとってきた。このような見解とともに、その自由法論とも相俟って、牧野は、違法性に関しては、ザウアーやキッシンの主張した実質的違法論を基本としつつ、行為の違法性とは、単に法規に形式的に違反することではなく、「公の秩序・善良の風俗」（以下、公序良俗という）に反することだとする。このような違法論から、作為犯は不作為義務に違反し、不作為犯は作為義務に違反する点から、両者は統一的に把握できるという。そして、不作為の違法性は、法規や契約上の義務違反の外、公序良俗に反する場合でもよい、と解いしている（なお、当時の木村もほぼ同旨）。このような牧野の理論は、後述するように、日本の判例に大きな影響をもたらすのである。

次に、小野は、少なくとも昭和一〇年頃までは、自由主義的立場から、罪刑法定原則を前提として、ベーリングやM・E・マイヤー流の構成要件の理論やこれを基本とする犯罪論体系を高唱していた。このような見解に基づき、小野は、不真正不作為犯は、違法性の問題を論じる前に、構成要件の解釈問題であり、構成要件該当性の問題であるから、結局は、刑法各論の問題である、と説いた。このような小野の見解は、一九二八年（昭和三）の時点ですでに公表されており、ナーグラーの保障人説より、十年前のことである。このように、不真正不作為犯の問題を、体系的に、構成要件の段階で論じる考え方は、戦後のわが国の理論に大きな影響を与えることになる。

5　日本ファシズム期の不作為犯論

ドイツは、一九三三年（昭和八年）、ヒトラーの政権獲得から独裁成立へと進み、ファシズムの道を突っ走った。この頃の日本でも、軍部や国粋主義者の勢力が強まるのに比例して、言論や思想の弾圧は、社会主義者から自由主義者などにも及んだ。反共・反社会主義はファシズムの始まりであったといえる。

このような背景のもとで、ドイツでは、キール学派を先頭に、ナチス刑法学が台頭し、やがて学界を支配して行った。日本でも、このナチス刑法学が、小野、木村、牧野などにより紹介され、やがて「日本法理運動」へと発展し、牧野や木村は、比較法の立場から、また、小野は固有法の立場から、「日本法理」を自覚的に展開し、この普及に努めることとなった。

このように、ドイツでは、キール学派を先頭にナチス刑法学が推進されたのに対し、日本では、新旧両派、さらには日本を代表するような刑法学者によって、日本法理運動が推進されたのである。このような違いが何に起因するかは、日本の刑法学にとって大きな問題である。この点につき、牧野と小野とではそれぞれ発想方法は異なるが、いずれにせよ「輸入法学」としての日本刑法学が、外国追随を脱し、自立する道が日本法理運動であった点では同じであった。

この時期における刑法の特色は、当時の国家理念（絶対主義天皇制の確立・強化）を前提として、これを一般的かつ抽象的な法理念や法原理に置き換えて、その実現のために法令という形式を利用し、また、これが欠ける場合には、法的な形式を無視して、刑罰権を最大限に利用したところにある、と言えよう。

それでは、このような日本ファシズム期において、不作為犯をめぐる刑罰権の発動には、どのような特徴や問題があったのか。これを解明するためには、以下のように単に学説・判例・立法を法理論的に考察するだけでは足りず、日本ファシズム国家における支配形態を念頭におきながら、不作為に対する刑法的なサンクションを法社会学的に分析する必要があろう。

①　例えば、治安維持法、国家総動員法といった戦前の治安立法や戦時立法のもとでは、治安維持や戦時体制確立が最優先されるために、この種の刑罰法規では、構成要件が包括的かつ不明確にならざるをえず、そもそも作為

と不作為との理論的な区別自体も余り意味をもたなかった。

②　これらの立法は、国民に対して、自由や権利を大幅に制限するばかりでなく、広範かつ多様な義務や責任を課していた。そして、これらの義務や責任を怠る行為は、単に真正不作為犯として処罰の対象とされているばかりでなく、これらに対し、様々な「法」的または社会的なサンクションが加えられた。

③　近代的な法治国家においては、刑罰権は法的手続に従って発動され、犯罪の成否も裁判所の判断により決せられるが、ファシズム国家では、司法的コントロールが形骸化・空洞化するため、真正不作為犯か不真正不作為犯かを問わず、いわば司法外的に処理され、裁判という形で現われないために刑法学の対象となりにくい。

④　このようなファシズム期においては、その不作為犯論にも、自覚的か無自覚的かは別として、何らかの特色があったはずである。この点につき、牧野と小野の刑法理論およびその不作為犯論を検討しよう。

第一に、牧野も小野も、いわば「刑法の政策化」を肯定している。すなわち、牧野が、その新派刑法学からこれを強調したのはいうまでもないが、小野も、「刑法に於ける道義と政策」につき論じ、道義実現を前提として、このことを肯定している。

第二に、牧野は、自由法論の立場から、もともと罪刑法定原則の修正・克服を強調したが、小野も、かつては罪刑法定原則を強調していたが、やがて牧野の自由法論に理解を示し、罪刑法定原則に基づく厳格解釈に関連して、この思想を克服すべきことを主張した。

第三に、牧野が、不作為犯につき、実質的違法性を強調しながら、ザウアーやキッシンのような利益衡量の考え方をとらず、公序良俗を共通理念として、作為と不作為とを統一的に理解した。また、小野は、構成要件・違法・責任という体系によりながら、その根底に「道義的責任」をおいていたように、作為と不作為との違いを重視しながらも、「日本的道義」を前提とする道義刑法を基礎として、両者を統一していた、と言えよう。そして、このような牧野における「公序良俗」、小野における「道義的責任」という概念は、一般的かつ抽象的であるだけに、日本法理運動を契機に、これらの概念と日本法理とは、容易に調和しえたのである。

このうち、牧野の公序良俗論は、不作為による放火に関する大正七年（一九一八）の判例を契機として、日本の判例に大きな影響を与えたとされるが、日本ファシズム期になると、昭和一三年（一九三八）三月十一日の判決は、「公ノ秩序善良ノ風俗ニハ、法ニ於ケル忠孝仁義ヲ謂ニ外ナラス」と述べているが、ここには当時の日本法理運動の反映をみることができる。

6　戦後日本の不作為犯論

(1)　一九六〇年代以前の不作為犯論

戦争終結と新憲法制定により、戦後日本では、「民主化と非軍事化」の旗印のもとに、戦争責任の追及とともに、一連の「戦後改革」が実施された。刑事法の関係では、戦前の治安立法・治安機構が廃止され、日本法理運動を積極的に推進した小野は公職から追放された。しかし、その後の占領政策の転換を背景として、戦後改革や戦争責任の追及は不徹底に終わることとなった。この点で、日本は、今なお戦争責任追及の手を緩めないドイツと対照的である。

このような背景のもとで、戦時下での刑法や刑法学に対する反省や総括が曖昧のまま、一方では、ドイツなど外国の刑法学を祖述する日本刑法学が再び復活するとともに、他方では、小野等を中心とする刑法全面改正作業が着手された。

ところで、おおむね一九七〇年以前の日本における不作為犯論について、以下、その特徴点だけを簡単に述べておこう。

①　ナチス刑法理論や戦前の刑法理論に対する反省から、日本では、罪刑法定原則が強調されるとともに、構成要件理論やこれを前提とする犯罪論体系が、広く採用されるに至った。不作為犯論については、ドイツの保障人説と同様に、不真正不作為犯が構成要件の問題であるとする見解が戦前から小野により提唱されていたが、さらに柏木千秋により緻密に展開された。このような背景のもとで、小野の見解は、次に述べる保障人説と相俟って、やがて日本でも支配的見解となっていった。

②　①のような動きと関連して、中谷瑾子が、ナーグラーの保障人説を日本に詳細に紹介するとともに、中谷自身は、これに対する批判的な見識を示した。ところが、中谷の紹介をきっかけとして、保障人説は、やがて日本でも多くの支持を獲得するに至った。ただ、「保障人説」とは何か、また、いかなる保障人説が「通説」であるのか、につき、⑵で検討する。

③　戦後の『自然法の再生』と呼ばれるような気運のもとで、目的的行為論がドイツや日本を風靡したが、この理論を前提とするカウフマンの新しい不作為犯論が、金沢文雄などにより詳細に紹介された。この存在論的不作為犯論は、作為と不作為との存在構造上の相違を重視する立場から、保障人説に対し鋭い疑問をなげかけるとともに、特に罪刑法定原則にかかわる問題性を認識させた。

④　社会主義国の因果関係論に関連して、中山研一により、ソビエトにおける「不作為の因果関係」をめぐる様々な理論が紹介された。このなかで、不作為の概念やその因果関係につき、規範的・法的に理解する通説や自然主義的に理解する目的的行為論の考え方が批判されるとともに、これらを社会現象として把握しようとするソビエトの諸見解が紹介され、その意義や問題点が検討された。

⑤　日本における立法作業とも関連して、内藤謙や宮沢浩一により、ドイツにおける「不真正不作為犯の立法問題」が詳細に紹介され、日本における立法論にとって重要な資料となったばかりでなく、ドイツでの理論状況を知

るうえで大きな意義をもっている。特に、刑法典に不真正不作為犯に関する規定を設けるべきか否か、これを設けるとすれば総則か各則か、という論争は立法問題にとどまらず、不真正不作為犯論の核心にかかわる問題である。

(2) 日本における保障人説

戦後の日本では、ナーグラーの保障人説が紹介されてから、保障人説を採用する学者が徐々に増え、今日では「通説」的見解である、とさえ言われる。しかし、「保障人説」と言っても、そこには、いくつかの内容が含まれているし、このうち、何を重視するかによりかなり違った見解となる。

ナーグラーに始まる保障人説は、おおよそ次のような内容を含んでいる。すなわち、第一に、その中心問題を構成要件により解決する理論であること、第二に、その本質を義務違反説を基本として理解すること、第三に、「保障人的地位・義務」という概念を導入すること、第四に、個人と社会の在り方につき、「共同体」と呼ばれるような一定の社会観を肯定すること、の四点がそれである。

そこで、日本の理論状況をふまえつつ、それぞれの点につき検討しよう。

① ナーグラーは、不真正不作為犯における作為と不作為の同一視の問題が、体系的に構成要件の問題であることを指摘した。このような体系的処理の理論は、それ以前から小野により提唱されており、日本には、保障人説を受け入れる地盤がすでに用意されていた。

ところで、小野の理論は、作為と不作為とが同一視されうるか否かは、構成要件の解釈問題であるということであり、②で述べる義務違反説を当然の前提とするものではない。従って、小野のような体系的処理の理論をもって、ただちに保障人説ということはできないばかりでなく、この理論は、むしろ保障人説と矛盾する側面をもっている。なぜなら、小野の理論では構成要件の解釈問題であり刑法各論の問題に帰着するから、仮に保障人説がある種の作為義務（保障人的義務）に違反する場合に不真正不作為犯が一般的に成立すると主張するのだとすると、両説は明らかに矛盾することになるからである。

そこで、団藤重光は、不真正不作為犯の要点が構成要件の領域にあるとしながらも、保障人説に対し、構成要件的な定型性や個別性を無視するおそれがあるとして、これに消極的な態度をとっている。改正刑法草案一二条の総則規定に対し、団藤が批判的であったも、ここに述べたような考え方に基づくものと思われる。

また、ナーグラーは、M・E・マイヤー流の構成要件論を前提としているのであって、メッガーなどの「新構成要件論」概念を前提とする場合には、構成要件のレベルで処理するといっても、ナーグラーの見解とはおのずから異なった意味をもつことになる。このことは、柏木が、独自の「犯罪論体系」を前提として、不真正不作為犯が「構成要件」の解釈問題である、主張していることからも明らかである。

さらに、後述するように、その後のドイツや日本において、保障人説の立場から、保障人的な義務と地位とを分離して体系的に処理する考え方がかなり広く支持されるに至っているが、このような見解においては、ナーグラーの理論が大きく修正されている。

これらの点を考慮すると、構成要件の問題とする考え方にも様々な見解がみられ、共通点といえば、不真正不作為犯において、各個の刑罰法規（各本条）に当たるかどうかを慎重に検討すべきことを強調していることにある。

② 保障人説の本質は義務違反説にある。このことの意味と問題性について検討しよう。

ドイツの不真正不作為犯論において、かつて、因果性説から違法性説へと移行したのであるが、このことは何を意味するのか。

不作為が作為のような因果性をもつとすれば、不真正不作為犯の可罰性の根拠は、作為の場合と同様に、不作為の結果惹起性に求めれば足り、あえて作為義務違反性をその本質的要素として考慮する必要性はないことになる。ところが、因果性説の破綻により、このような考え方は失敗に帰し、これに替わって、その可罰性を作為義務違反性に求めることとなった。これが違法性説であり、それ以降の義務違反説であった。

この考え方は、不真正不作為犯が結果犯の一種であることを前提として、結果回避義務違反が認められれば、結果回避を怠る不作為が、結果を惹起する作為の場合と刑法的には同一視してもよい、と解するのである。違法性説と保障人説とでは、体系的処理の仕方こそ異なるが、この点は何ら変わらない。この意味において、保障人説は義務違反説であり、不真正不作為犯の本質を、結果回避義務、すなわち、「保障人的義務・地位」に対する違反性に求める。

このような保障人説に対し、結果惹起と結果不防止とは、存在論的・規範論理的な構造を異にするにもかかわらず、結果回避義務違反性によって両者が同一視しうる理論的および実定法的な根拠はどこにあるのか、という本質的疑問が提起される。
③　このような疑問に答えるために、ナーグラーは、実定刑罰法規の分析を行い、刑罰法規自身が結果に対し作為と不作為とを同一視していることに着目して、この場合には、「保障人」が前提とされている、と主張した。そして、この保障人という法的地位（保障人的地位）についている者が、彼に課せられた義務（保障人的義務）に違反した場合には、刑法自身が作為と不作為とを同一視しうることを認めている、と説くのである。
このように、ナーグラーは、不真正不作為犯の実定法的根拠を説明しようとした。しかし、従来の法的結果回避義務を「保障人的義務・地位」と呼び替えても、やはりその内容は明らかではなく、タウトロギーにすぎない、と批判された。また、その実定法的根拠についても、作為と不作為とを同一視している刑罰法規が存在するからといって、このような規定をもたない不真正不作為犯に、これを一般的に援用することはできないであろう。このような説明は、ナーグラーの弁解にもかかわらず、彼の言う「構成要件の正確化」の範囲を越えるであろう。
④　ナーグラーのいう「保障人的義務・地位」の概念は、法的かつ実質的・社会的なものである。彼は、コーラー

やビンディングの保障人思想における「保障人」という概念を借りてはいるが、その内容をみると、キール学派の言う「民族的共同体」思想の影響がみうけられる。このことは、ナーグラーが、当時の夥しい判例を分析した結論に基づき、保障人的義務の根拠として、社会倫理を挙げていることからも明らかである。

このように、「共同体」「保障人的義務・地位」という概念は、従来の「法的結果回避義務」を限定しているように見えるが、実際には、「共同体」といった前近代的社会観が混入しうる余地を残している。否、むしろナーグラーの保障人説は、著しく拡大された当時の不真正不作為犯の判例を追認するために、このような実質的・社会的な概念を導入したと言っても過言ではない。中谷が、ナーグラーの保障人説を日本に紹介しながら、日本の実情になじまないとして、これに賛同しなかった理由はまさにこのことにある。

ところで、その後の日本では、「日本文化」の独自性や優位性を強調する動きが強まり、かつて戦前に経験したような疑似共同体の思想を復活しようとする傾向が見られる。このような日本の実情を念頭におくならば、ナーグラーの保障人説が前提としたような社会実体や思想的基盤が形成されつつあるといいうる。そうだとしたら、このような保障人説は、過去の、また、現在のドイツが経験しているように、日本でも、不真正不作為犯の処罰範囲を著しく拡大し、不明確化する理論として機能しうる。

以上のように、保障人説が日本の通説的見解であると言われる場合、「保障人説」といっても、日本には、様々な理解の仕方があるし、さらに、ナーグラーの保障人説を日本に導入するにあたっても、理論的にも、実際的にも、多くの問題を含んでいる。

(3)　現在の不作為犯論

戦後のドイツでは、ナーグラーの保障人説が通説的見解となったが、一九六〇年代になると、前述したような大きな変化が生じた。日本でも、保障人説が徐々に浸透しつつあったが、このドイツでの変化に対応して、新しい動きが始まり、日本の保障人説も新たな段階に入ったと言えよう。

このドイツにおける保障人説の新しい動きを日本に適確に紹介し、その検討を行ったのは中森喜彦であった。中森は、ドイツにおける保障人説の発展として、第一に、作為と不作為との「同価値性」判断の必要性の強調、第二に、保障人的地位の機能的分類法、第三に、保障人的義務と保障人的地位とを犯罪論体系上分離する見解、の三つを挙げた。そして、中森自身は、保障人説といっても、なお未完成の理論ではあるが、規範的なものから、実質への転換は正しい核心をもっているものとして、このような動きを積極的に評価している。

中森が紹介したようなドイツでの動きに対応して、日本の不真正不作為犯論は、次のような新しい様相を呈してきた。

第一に、保障人的義務と保障人的地位との関連性の問題は残るが、多くの学者が、作為と不作為との同価値性の必要性を指摘するに至った。

第二に、作為義務の発生根拠として、日本では、従来、法規・契約・先行行為の外、慣習・条理が列挙されていたが、むしろ作為義務の前提としての実体的関係に着目して、不真正不作為犯の事実的・客観的な根拠や基準・限界を明らかにする考え方が、徐々に浸透しつつある。

第三に、作為義務（保障人的義務または地位）の錯誤をどのように処理するか、という解釈論的な問題とも関連して、保障人的義務とその事実的前提としての保障人的地位とを分離し、体系的に、前者が違法性、後者が構成要件に属するものと考えるべきか否か、が本格的に議論されている。

このような動きは、今後、ますます広がり、そのアプローチの方法の当否も含めて、活発な議論が展開されることとなった。この意味で、その後のドイツにおけると同様に、日本の不作為犯論も過渡期を迎えているといってよい。

このような状況のもとで、日本でも、すでに、次のような独自の解釈論が展開されている。そこで、その主要なものにつき、それぞれの問題設定と解決方法を検討しよう。なお、それぞれの解釈論としての具体的な妥当性の検討は、他日を期したい。

①（金沢文雄の理論）　金沢は、目的的行為論を前提とするアルミン・カウフマンの「新しい不作為犯論」から出発して、当初は、カウフマン以上に徹底した存在論的な不真正不作為犯論を提唱していた。

二の**7**で述べたように、カウフマンは、作為と不作為との存在構造の違い（因果性の存否）を大前提として、作為犯と不真正不作為犯との存在論的・規範論理的相違を強調し、実定法的には、不真正不作為犯の構成要件は、作為犯のそれとは別個の「書かれざる保障人命令構成要件」である、と主張した。そうだとすれば、罪刑法定原則からして、不真正不作為犯は、実定法的根拠を欠き、現行法上は不可罰と解すべきであった。ところが、カウフマンは、「法政策的要求」を理由にして、価値論の領域では、作為と不作為とは「同価値性」をもち得るとして、これをあっさり肯定してしまった。

このようなカウフマンの不徹底さを疑問視して、金沢は、「不真正不作為犯の問題性」と題する論文では、フランスやベルギーの考え方のように、現行法では、不真正不作為犯を不可罰と解したのである。そして、不真正不作為犯を処罰するのであれば、刑法各則に明文を設けるべきである、と説いていた。

このような金沢の見解は、カウフマン以上に存在論的で、かつ論理一貫した主張であった。ところが、金沢は、その後、「不真正不作為犯の問題性についての再論」と題する論文では見解を改めて、価値論的観点から、「作為義務違反に対する当罰性が強く、作為犯との同価値性が国民の意識において明白」であることを条件として、例外的にこれを肯定しうる、と解するに至った。要するに、カウフマンの見解に戻ったのである。

ところで、改説後の金沢の見解は、カウフマンに対し、当初、金沢が疑問とした問題性をもっていることはいうまでもない。金沢も、このような「解釈」が拡張ないし類推解釈であり、罪刑法定原則の観点から問題があることを自認している。

そうだとすれば、不真正不作為犯の「不真正」性という一種の実定法的欠陥を、行為者に不利な方向で拡張ないし類推解釈するのではなく、現行法を前提とするならば、その枠内で可能な範囲で処罰する具体的な手だてを各論的に検討すべきであった。また、現行法でも、後述するように他の刑罰法規で処理できるし、判例についても、作為犯として事実認定できる場合もすくなくない。そして、金沢＝カウフマンのように、不作為（者）の因果性を否定する見解によるのであれば、これらで処理できないものは不可罰を覚悟するのが、近代刑法の考え方であるはずである。

②（日高義博の理論）　日高は、不真正不作為犯につき、学説史を踏まえて、次のような存在論・価値論・実定法（構成要件）における問題を、矛盾なく解決するための総合的な理論を構築しようとした。これが、日高自身が言う「構成要件的等価値性の理論」である。すなわち、この問題とは、第一に、作為と不作為との存在構造上のギャップを埋めること、第二に、作為と不作為との「等価値性」（同価値性）を維持すること、第三に、構成要件的類型性・特殊性を考慮すること、がそれである。

このうち、日高が構成要件的『等価値性』の判断基準として特に重視し、また、実質的な意味をもつと思われるのは、存在論の領域で、作為と不作為との存在構造上のギャップを克服するためには、「不作為者の原因設定」、すなわち、「不作為者が当該不作為をなす以前に、法益侵害に向かう因果の流れを自ら設定している」ことを要する、と主張したことである。このような日高の理論は、実質的には「原因設定の理論」と呼ぶのが適当であろう。

ところで、ここに「不作為者の原因設定」とは、従来の「先行行為」にあたる、と言える。すなわち、不真正不作為犯は、法益侵害という結果に対し何らかの原因力を有する場合でなければならないという前提のもとに、当該不作為自体には原因力が認められないため、不作為に先行する先行行為にこの原因力を求めたのである。ただし、日高は不作為と結果の「因果関係」は肯定する。日高の理論は不作為の原因力と因果関係を区別する点に特色がある。

このように、日高の見解の特徴は、存在論の領域における作為と不作為との存在構造上のギャップを重視し、しかも、これは通説のような「法的作為義務（保障人的義務）」では埋められず、やはり存在論のレベルで「原因設定」という観念により解決しようとしたことである。この見解は、不真正不作為犯の事実的前提として、先行行為の結果に対する原因力に本質的な意義を見いだす点においては、かつての因果性説の一つである先行行為説と同様の見解であるといえよう。このように、日高が不真正不作為犯の存在論的根拠とその明確な判断の基準・限界を示そうとした点や先行行為が存在することを前提とするから、処罰範囲が一義的かつ大幅に限定される点で、従来の義務違反説に対する大きな歯止めとなりうる。

ただ、先行行為の原因力が不作為自体の原因力に代替できるのか、さらに、先行行為に基づく作為義務に違反したからといって、不作為自体の結果惹起性を論証したことにはならない、という本質的な問題が残っている。さらに、義務違反説を採用しながら、作為義務の発生根拠を先行行為だけに限定する理論的な根拠はどこにあるか、という批判も可能である。

ところで、『構成要件』的等価値性の判断基準として、「特別な行為要素」をあげ、犯罪構成要件の類型性・個別性を考慮しようとしているが、次のような結論を見る限り、『先行行為あれば不真正不作為犯を一般的に肯定する』という考え方である、といえよう。例えば、挙動犯的性格を有する犯罪（住居侵入罪など）や間接正犯による窃盗にも不真正不作為犯を肯定したり、交通事故におけるひき逃げ死亡事案につき、一般的に「不作為による殺人」を認める場合がそれである。このことは、日高が立法問題につき総則規定主義を採用していることにも現れている。ただ、日高の見解を前提とした場合に、その本来の主張からすれば、『先行行為なければ、不真正不作為犯もなし』という考え方であるはずであり、右のような日高の結論は論理必然性がないであろう。

いずれにせよ、日高が存在論の領域で作為と不作為との存在構造上のギャップを強調し、このギャップを克服すべき理論を提唱することにより、従来の義務違反説に大きな歯止めをかけようとしたことは、方法論史的には評価できよう。

③（堀内捷三の理論）　堀内は、不真正不作為犯における作為義務の解明こそ実践的な焦眉の課題である、という。そして、この作為義務の考察にあたり、今日の「行為無価値論と結果無価値論」との対立を念頭におき、後者の立場から、作為義務の規範的要素を排除して、その実体を解明することを試みた。この作為義務の実体解明にあたって、ドイツでは、不作為者と被害者の社会的関係に着目する支配的な見解と、不作為者と法益（結果）との関連に着目するルドルフィーやシェーネマンの見解とがあるが、このうち、前者は倫理が混入するおそれがあるとして、後者の立場からアプローチすべきである、と主張した。

そこで、堀内は、不真正不作為犯が一種の身分犯であるとして、刑法上の身分犯を分析するとともに、ルドルフィーが「統轄者」といい、シェーネマンが「結果原因に対する支配」と呼んだ「不作為者の法益に対する密着した関係」に着目して、このような関係に、作為義務の事実的根拠を求めた。そして、このような関係は、不作為と法益との間における「依存関係」、すなわち、法益（結果）が、具体的かつ事実的に不作為者に依存しているという関係を意味し、これは、不作為者の「事実上の引受け行為」により発生する、と説明した。しかも、この作為義務の実体をなす「引受的行為」は、従来のような作為義務違反行為といった規範的関係ではなく、具体的な事実関係により判断されるとしつつ、その判断基準として、第一に、法益の維持・存続を図る行為（結果条件行為）、第二に、行為（保護）の反復・継続性、第三に、法益に対する排他性、の三つをあげている。

以上が、作為義務の実体に関する堀内の「具体的依存性説」である。堀内が、不真正不作為犯の本質を作為義務違反性に求める義務違反説に立ちながら、作為義務の発生根拠を、従来のように、法規・契約・先行行為などにより規範的、形式的に説明するのではなく、あくまで「具体的依存関係」とその「引受的行為」により事実的に解明しようとしたことは斬新な試みであり、方法論的に高く評価されよう。処罰範囲については、日高とは逆に、先行行為が「反復・継続性」を欠くものとして、一般的には不可罰と解するなど、思い切った限定を加えている。しかも、不真正不作為犯としては不可罰とされる事案について、日本には、実定法や判例理論により、これらを吸収しうる基盤があるという指摘も、すでに金沢の理論に関してのべたように大変重要である。

しかし、(作為)義務違反説を採用しながら、作為義務の発生根拠をこのような「事実上の引受け行為」だけに限定する理論的根拠は何か、また、このように作為義務を限定したとしても、不作為の結果惹起性を論証したことにはならない。さらに、作為義務の実体をなす「事実上の引受け行為」の判断基準とされる前述した三つの基本的概念そのものが、従来にない新しいものだけに明確性を欠くし、これらの概念から実質的に規範的要素を排除しうるか疑問である。この点に関し、一九六〇年代の「社会(学)的不作為犯論」においてしばしば用いられた「依存性」「排他性」「反復・継続性」などの概念は、いみじくもシェーネマンが指摘したように、従来の規範主義的概念法学にかわり、「現代の概念法学」へと発展する可能性がないわけではない。

このような堀内の見解が示されたこともあって、日本では、作為義務発生の事実的・実質的な根拠を、「不作為者と被害者」や「不作為者と結果」における特種な関係に求めるとともに、「排他性」「依存性」といった概念により、処罰範囲を限定しようとする考え方が、徐々に浸透しつつあるように思われる。

④(西田典之の理論)　西田は、堀内の理論を検討しつつ、これを基本的に支持する立場から、次のような見解を示した。西田は、作為義務の根拠と基準につき、従来のような法規・契約・先行行為という規範的見解を避け、作為と不作為の同価値性を担保するためには、不作為者が結果へと向かう因果の流れを掌中に収めていたこと、すなわち、因果経過を具体的・事実的に支配していたことを要する、と説く。このような観点から、不真正不作為犯を肯

定しうる場合として、第一に、「事実上の排他的支配」、すなわち、不作為者が自己の意思に基づいて排他的支配を有し、または設定した場合、第二に、「支配領域性」、すなわち、不作為者の意思とは無関係に、結果に向かう因果経過を事実上支配する地位にあり、この不作為者こそが作為すべきであったといいうる場合の類型に限定する。そして、このような事実的前提を欠く「規範的支配」の場合には、作為義務があるという規範的要素のみでは、結果に対する支配は認められないとして、不真正不作為犯の成立を否定している。

西田説は、堀内の「事実的引受け行為」の判断基準の不分明な点を補正するとともに、「支配領域性」という第二の類型を付け加えた点で、堀内説より処罰範囲を拡張している。この意味で通説から見れば結論は温穏であるが、「規範的支配」を排除する点では、大きな相違がある。ただ、作為義務の根拠と基準を事実的に論定しようとする点は評価すべきであるが、この見解にも堀内に対する疑問が妥当するほか、「不作為者こそ作為すべきであった」とはいかなる場合を意味するか、やはり不明確である。

⑤（梅崎進哉の理論）　梅崎の「いわゆる不真正不作為犯の因果論的再構成」と題する論文は、まだ基本構想を提示しているにすぎないが、私がここ数年来抱いてきた方法論的な構想と基本的に一致するものと思われるので、あえてここに取り上げる。

梅崎は、不真正不作為犯が作為犯（惹起犯）である以上、その実体的基礎として「不作為の実在的因果性」が論証される必要があるという大前提のもとに、まず、従来の因果関係論を批判的に検討しつつ、エンギッシュやシュペンデルの提唱する「合法則的条件定式」を基本的に支持する立場から、不作為の因果性の問題を検討する。そして、不作為の因果性に関して、機械論的因果理論によりこれを一切否定したり、逆に、新カント的な論理的因果理論により「仮定的因果関係」として安易に処理する考え方を批判するとともに、作為か不作為かを問わず、法益が維持されている現在の「平衡状態」に変化を生じさせる場合に因果関係を認めうる、と主張する。このような立場から、例えば「母親の授乳懈怠」の典型事例について、この不作為は、単なる不作用（無）ではなく、歴史的・動態的には「作用から不作用への転化」であるから、「授乳活動の放棄により、乳児の死を惹起した」といいうると説く。ただ、この場合の「平衡状態」とは何かなど、さらに検討すべき問題も多いが、問題設定やアプローチの方法において、梅崎の「因果論的再構成」の構想は基本的に支持しうる。

7　日本の判例理論

不作為犯には、真正不作為犯と不真正不作為犯とがあり、前者については、戦前・戦後を問わず刑罰法規の「氾濫」現象が見られるから、おのずから判例の数も多いし、一の2で述べたように歴史的、社会的に重大な問題を含んでいる。ただ、ここでは、後者の判例に限って検討することを、あらかじめお断りしておきたい。

不真正不作為犯の判例に関する歴史的な検討は、すでに生田勝義などによりなされているので、本書では、個々の判例についての論評は避けて、すでに一や二で述べたような問題関心に基づいて、判例の歴史やその特徴につき概観したうえで、不作為犯論の在り方と関連して、これら判例における事案の解決方法を提示しよう。

①　前述したように、旧刑法時代には、フランス刑法の影響もあって、不真正不作為犯は不可罰と解されていたから、その判例もみあたらない。その後、現行刑法時代になると、ドイツ刑法学の強い影響のもとに、大正四年（一九一五）の大審院判例（大判大四・二・一〇刑録二一・九〇）が、「不作為による殺人」を肯定したのを最初として、ドイツ流の理論による不真正不作為犯の判例が徐々に増えて行った。

まず、いかに「不真正不作為犯」を定義するか、また、どのように作為と不作為とを区別するかという前提問題がある。しかし、ここでは、「不作為犯」「不作為による殺人」の外、「不作為による放火」「不作為による死体遺棄」の判例を中心に検討する。ただ、大審院の判例には、すでに旧刑法のもとで、周知の「不作為による欺罔」に関する判例（今日では、むしろ「作為による欺罔」とされる）が現れているが、現行刑法下でも、警察官（大判大六・九・二七刑録二三・一〇二七）や弁護士（大判昭五・二・七刑集九・二・五一）につき「不作為による犯人隠避」を肯定したものや、「不作為による横領」を認めたもの（大判昭一〇・三・二五刑集一四・三三五）があり、さらに、戦前の下級審となると、「不作為による逮捕」を認めた判例（朝鮮高院判昭一二・七・二九判例体系三四─六一一(1)）などがあることを指摘しておく。

ところで、当時の日本における学説の事情を反映して、これらの判例には、前述したドイツにおける義務違反説や牧野の考え方の強い影響がみられる。すなわち、判例は、作為義務の法的根拠を法規・契約・先行行為に求め、これらで説明できない場合には、牧野のいう「法律の精神」（公序良俗）により説明したのである。これらの判例のうち、昭和一三年（一九三八）の「不作為による放火」に関する判例（大判昭一三・三・十一刑集一七・二三七）は、「日本法理」の影響が色濃く反映して、この公序良俗とは、「法ニ於ケル忠孝仁義」であり、「由来他ノ災厄ヲ見テ徒ニ座視スルヲ怯トシ、身ヲ挺シテ難ニ当ルヲ勇トス」とまで言う。

② 戦後には、最高裁判所の判例としては、リーディング・ケースとされる「不作為による放火」の判例（最判昭三三・九・九集一二・一三・二八八二）があるにすぎないが、逆に、下級審の判例はかなり多いし、むしろ増加傾向にあると言えよう。下級審の判例では、戦前と同様に、「不作為による殺人」「不作為による放火」「不作為による死体遺棄」が、主要な部分を占めている。ただ、「不作為による殺人」については、嬰児殺のほか、戦後の「車社会」を反映して、ひき逃げ事故に関するものが注目されるし、さらに、様々な犯罪類型につき「不作為による幇助」の判例が多いことも、戦後の大きな特徴であろう。なお、このほかに、下級審の判例に、「不作為による往来妨害」（名古屋地判昭三五・七・一九下刑集二・七＝八・一〇七二）、「不作為による凶器準備集合」（広島高松江支判昭三九・一・二〇高刑集一七・一・四七）、「不作為による往来危険」（東京地判昭三九・六・二六判例タイムズ一六四─一五二）などがある。

③ ここで、日本における判例の特徴と今後の見通しについて簡単に論じておこう。

第一に、日本の判例は、ドイツと比較すると、その数が非常に少ない。その理由として、社会的な背景の違いを除けば、日本の判例が不真正不作為犯を否定するフランス法から出発したことや、これに関連して、ドイツとは異なり、日本では不作為犯理論の形成（ドイツからの「輸入」）やその定着が遅かったこと、を挙げることができよう。さらに、その法思想的背景としては、ドイツのような観念的な議論を好まず、実定法的な発想が比較的強かったことも指摘できよう。

第二に、第一点と関連するが、日本の判例は、ドイツ刑法学の影響のもとに、義務違反説を前提として、「古典的三分説」のいう作為義務発生の根拠としての法規・契約・先行行為が挙げられるが、さらに、一般条項として、戦前では「公序良俗」、戦後では、慣習・条理、が広く援用されてきた。

第三に、日本の判例では、既発の危険を「利用する意思」といった行為者の主観的要件（悪しき動機）を強調したり、これを犯罪認定の補強に使う考え方が長らく支配していた。このような考え方は、学説では藤木英雄の見解に反映し、また、「改正刑法草案」第一二条にも取り入れられた。なお、このような判例は、先の昭和三三年最高裁判決で変更され、その趣旨の下級審判決が続いている。

第四に、不真正不作為犯に関する下級審の判例は、昭和四〇年代（一九六五年以降）にはいると、それ以前に較べ急激に増加しており、このような傾向は、今後、ますます強まることが予想される。このことは、社会状況の変化とともに、ドイツ流の不真正不作為犯に関する一般理論が実務にも広く定着してきたことの反映であろう。この点につき、私のように不真正不作為犯の一般理論に疑問を抱く立場からすれば、判例の理論や事実認定を批判的に検討し、このような傾向に何らかの歯止めをかける必要があると思う。

第五に、手続法上の問題として、不真正不作為犯は、作為犯と比較して事実認定が容易であるために、結果に至る事実関係が曖昧のままこれを認める傾向が見られる。なぜなら、作為犯においては、当該作為により結果が発生したという因果結過が立証されなければならないが、不真正不作為犯では、作為義務の存在と結果回避可能性が立証されれば足りるからである。そのため、後述するように、作為犯として処理されるべき事案が、不真正不作為犯として安易に肯定される場合が少なくない。

④　日本の判例につき、個々の判例を具体的に分析・検討することは機会を改める。ここでは、不真正不作為犯論の濫用傾向を戒めるという本稿の基本的な立場から、この種の事案の分析視点と解決方法を提案するに止どめる。このような観点から判例を以下のように分類し、若干のコメントを加えておこう。

【第一類型】　不作為犯ではなく、作為犯として解決すべきもの。

作為犯として処理すると、因果経過が明らかでないため事実認定が困難になるため、これを避けて、不作為犯として処理される傾向が強い。この点、不作為犯として処理すれば、客観的要件としては作為義務と回避可能性が認定されれば足りるからである。例えば、交通事故におけるひき逃げ死亡事案を「不作為による殺人」とする東京地判昭四〇・九・三〇下刑集七・九・一八二八、浦和地判昭四五・一〇・二二刑裁月報二・一〇・一一〇七など、この種の判例がかなり多いように思われる。判例は事実経過を厳密に解明すべきである。不真正不作為犯論の濫用の危険性はまさにここにある。

なお、かつて判例は無銭飲食や無銭宿泊に関し、支払い意思や支払い能力の秘匿を「不作為による欺罔」と解していたが、今日では「作為による欺罔」にあたると見解を改めている。

【第二類型】　不真正不作為犯ではなく、真正不作為犯として解決すべきもの。

真正不作為犯と不真正不作為犯との区別にかかわる。この点に関し、不作為による過失犯が「不作為による結果犯」だからといって、これを「不真正不作為犯」と呼ぶことは適切でないであろう。過失犯が前提とする構成要件は、作為とともに不作為をも予定しているからである。背任罪に関し、この点が争われたものとして、高松高判昭二七・九・三〇高刑集五・一一・一八六四参照。なお、前記の凶器準備集合罪の判例は、この事案が「不真正不作為犯」であると明言するが、学説ではむしろ真正不作為犯である、と解する見解もある。ただし、解釈論上は、この区別を明確にすべきであるが、実際問題としては、真正不作為犯より不真正不作為犯とした方が適用が慎重になるというメリットはあるかも知れない。

【第三類型】　不真正不作為犯ではなく、他の類型により解決すべきもの。不真正不作為犯としてあえて重く処罰するのではなく、他の軽い犯罪類型や共犯規定（とくに従犯）により処理すれば足りる場合である。ここには、いくつかのケースがあるがその例をあげるにとどめる。

i　先行行為に対する過失責任を問えば足りる場合

先行行為後の不作為に関するひき逃げ死亡事案や「不作為による放火」事案については、一般的には、先行行為につき、業務上過失または重過失の責任を問えば足り、不作為による殺人（未遂を含む）や不作為による放火の責任を問わなくてもよい（ただし、前述したように作為犯として処理可能なもののほか、【第五類型】にあたる場合や不作為による殺人のケースで保護責任者遺棄罪にあたる場合は別である）。例えば、判例が「不作為による放火」としたケースとして、「消火の容易性」を前提として、近隣の協力を求めれば消火が容易であったとする大阪地判昭四三・二・二一下刑集一〇・二・一四〇などが、その典型である。このように考えないと、先行行為の後の不作為の事案では、広く不真正不作為犯とされるおそれがある。不真正不作為犯の場合には、一般に刑が軽いから業務上または重過失として処理しても量刑上の不都合は生じない。なお、「不作為による放火」の場合につき、判例は「消火の容易性」を要求しているが、不真正不作為犯一般についてもこれを要件とすべきであるとすれば、結果回避可能性の有無のみならず、回避の「容易性」をも厳密に認定すべきであろう。

ii　「不作為による殺人」ではなく、保護責任者遺棄致死罪で足りる場合

同居の従業員を負傷させ、医者も呼ばずに放置して死亡させた事案につき「不作為による殺人」を認めた東京地八王子支判昭五七・一二・二二判例タイムズ四九・一四二は、むしろ保護責任者遺棄致死罪で足りるように思われる。

iii　不作為につき、不真正不作為犯でなく「不作為による従犯」にあたる場合

暴力団のある組員が他の組員に傷害を負わせた際、組長がこれを黙認していた事案につき、不作為による共謀共同正犯とした東京地判昭三四・二・一八下刑集一・二・四〇一や、同様の事案ではあるが、鉱山で数人の部下が監禁しているのを容易に解放できたのに、これを黙認していた上司につき不作為による監禁罪を認めた前記昭和一二年の朝鮮高院判決がその例である。

iv　その他

【第四類型】　不可罰として、他の制裁手段により解決すべきもの。

判例は、殺人犯に対してまで、慣習上の埋葬義務を根拠に、「不作為による死体遺棄」を認めている。例えば、大判大六・一一・二四刑録二三・一三〇二は、嬰児殺の母親に対し、慣習上の「埋葬義務」を認め、「不作為による死体遺棄」に当たるとする。しかも、戦後にも、事案は異なるが、この大正時代の判例を引用して、「不作為による死体遺棄」を肯定する判例がある（祖母殺害につき仙台高判昭二七・四・二六高刑判特二二・一二三、東京高判昭四〇・七・一九高刑集一八・五・五〇六）。しかし、仮に義務違反説にたつとしても、本罪の性格とも関連して、一定の親族関係にあるからといって、殺人犯に埋葬義務をみとめる慣習がどこにあるのか。前近代的な家族制度に基づく戦前の判決なら理解できなくもないが、少なくても今日では、このような「慣習」は国家が強制する筋合いのものではない。ましてや、私のように義務違反説に批判的な立場からすれば、この種の判例は容認でき

ない。

【第五類型】　判例のように不真正不作為犯として解決する余地のあるもの。

以上のように考えると、不真正不作為犯にあたりうるケースは非常に少ない。そして、この典型としては、判例の論拠はともかくとして、「不作為による殺人」としては、前記大正四年の大審院判例のように、両親か否かにかかわらず、乳児の育児を一手に引き受けていた者が突然哺乳を放棄して餓死させる場合、また、「不作為による放火」としては、大判昭一三・三・一一刑集一七・二三七のように、行為者だけしか居合わせない家屋で、みずから点火した火を火勢のおもむくままに放置する場合、をそれぞれ挙げることができよう。

8　日本における立法問題

(1)　日本における刑法全面改正作業において、不真正不作為犯の立法問題は、ドイツの学説や立法作業の大きな影響のもとに展開されてきた。そこで、前述した私の基本的立場から、両国の学説や立法動向を対比しながら、日本の特色と問題点を検討してみよう。

ドイツの刑法改正草案において、不真正不作為犯の規定が初めて登場したのは、一九一三年草案第二四条（大正二年）であった。これ以降の各案のなかには、一九三〇年草案を除き、常に、その総則規定が盛り込まれていた。これに対し、日本では、一九二七年（昭和二年）の『刑法改正予備草案』第一三条を初めとして、一九三一年（昭和六年）の『刑法改正仮案』第一三条、戦後では、一九六一年（昭和三六年）の『改正刑法準備草案』第一一条、そして、一九七四年（昭和四九年）の『改正刑法草案』第一二条において、不真正不作為犯に関する総則規定が設けられている。

(2)　そこで、両国における不真正不作為犯に関する規定につき、その特色を比較すると、おおむね次のような異同を指摘することができよう。

① まず、両国における大きな共通点は、罪刑法定原則の要請を根拠として、不真正不作為犯に関する規定を新設すべきであるという立場から、これを刑法総則で規定していることである。両国では、いわゆる総則規定主義が一貫して採用されているのである。

② 両国とも、義務違反説を前提としつつ、戦前には、おおむね「新しい法義務説」を前提として、不真正不作為犯が、「法律上の義務」に違反する場合に可罰的である、と規定していた。これに対し、戦後のドイツでは、保障人説が定着するのに伴って、この趣旨を総則規定に盛り込もうとする考え方が支配的であるが、戦後の日本では、不真正不作為犯の要点が構成要件にあるとされるが、改正刑法草案第一二条をみても、その条文や理由書では、「新しい法義務説」によっているものと言わざるをえない。

③ 両国の規定形式をみると、不真正不作為犯につき、ドイツでは結果犯を前提としているが、日本では、条文上、このことが明確ではない。

ドイツでは、不真正不作為犯が結果犯であるという共通の前提のもとに、「結果の回避」とか、「結果の発生」といった表現が用いられるが、日本では、例えば、「罪となるべき事実の発生を防止する法律上の義務（または「責任」）」という表現が用いられ、不真正不作為犯が結果犯か否かが示されてない。しかし、仮に作為による挙動犯（または形式犯）についても、これが不作為によって実現されうるのであれば、今日の行政犯の「氾濫」現象をも考慮に入れると、処罰範囲が著しく拡大するばかりでなく、結果犯を前提としてきた保障人説さえも大きく逸脱することになる。

④ 戦後の規定についていえば、日本では、前述したような判例の伝統的見解に従い、主観的要件を重視して、罪となるべき事実の発生を「ことさらに」防止しない場合に限り処罰されるもの、と規定している。これに対し、ドイツでは、この種の文言は存在しない。日本の規定は、②と③で述べたように、客観的要件を緩和しながら、主観的要件で限定しようとするのである。

(3)　改正刑法草案第一二条については、立法作業に参加した団藤重光をはじめとして、これに対する批判は多い。この点につき、私自身も、「刑法総則の意義と機能」という観点から、不真正不作為犯は、その理論的性格からして、本来、総則規定主義にはなじまないこと、また、それにもかかわらず、仮にそのような総則規定を設けると、共犯規定と同様に、「構成要件の修正形式」または「修正された構成要件」を新設することを意味することになり、処罰範囲を著しく拡大し、不明確化する、という趣旨のことを論じたことがある。

このことは、立法問題にとどまらず、不真正不作為犯の一般理論にもあてはまる。さらにいえば、この立法問題は、一般理論の試金石である。

ところで、保障人説をも含め、義務違反説の立場に立つと、ある種の義務違反があれば、不真正不作為犯が成立することを肯定するから、結果惹起を内容とする構成要件が、この義務に違反する結果不防止にまで、一般的に拡張されることになる。このような批判に対し、この義務違反性の外に、構成要件的な類型性・個別性を備えることや、作為と不作為との同価値性の要件が加わるとの反論がありうる。しかし、もともと結果惹起を類型化した構成要件を、義務違反性を根拠に結果不防止にまで類推（少なくても拡張）しながら、構成要件的な類型性・個別性や同価値性の要件を主張してみても、実質的な意味をもつとは思われない。

以上のように、不真正不作為犯は、少なくても総則規定主義とは相容れないばかりでなく、さらに今日のように理論状況が過渡期にある場合には、いかなる規定も設けないのが妥当であろう。そして、今日の判例における処罰拡大傾向に対しては、学説による適確な批判により対処する外はない。また、判例が、学説による正当な批判に対し耳を傾けようとしないならば、いかに新たな立法をしても余り効果がないであろう。

四　不作為犯論の総括

1　総括の視点

不作為犯、とくにドイツと日本における「不真正不作為犯」の理論史を中心に、これを刑法思想や方法論との関連で検討を行ってきた。そこで、重複の感も免れないが、説明不足の点を補いつつ、それぞれのところで論じた要点を、できるだけ解釈理論とその方法に対象を限定して、全般的な総括を行っておこう。このことによって、従来の問題設定の仕方やアプローチの方法を批判しつつ、今後の在るべき方向を具体的に提示しよう。

2　不作為犯の理論的総括

ドイツや日本の理論史を批判的に検討するための前提問題として、不作為犯全体にかかわる問題点として、次のようなことを論じた。

①　不作為犯を広く処罰する考え方は、戦前のドイツにおける民族共同体思想や日本の日本法理思想に象徴されるように、国家や社会（全体）に対する、個人の義務や責任を重視する思想につながるから、「全体」に対し、個人の自由や権利を尊重するという立場からは、真正不作為犯であれ、不真正不作為犯であれ、『不作為犯は例外である』という原則を再確認する必要がある。

②　従来のドイツや日本では、不真正不作為犯の基礎理論に関心が集中していたが、むしろ形式犯や抽象的危険犯としての真正不作為犯の方が、歴史的・社会的に大きな機能を果たしてきたし、ここには、近代刑法の原理や論理から見ても、より重大な問題が含まれている。そこで、今日のドイツのような『行政犯の非犯罪化』をも含め、

真正不作為犯のあり方を真剣に検討しなければならない。

③　形式犯や抽象的危険犯については、「不作為による作為犯」は認められないという趣旨を明確にする点で、不真正不作為犯は「不作為による作為犯」ではなく、『不作為による結果犯』の一種であると理解することは、理論的および実践的に必要である。しかも、この不真正不作為犯を肯定しうるためには、次のような三つのハードルをクリアーすることが必要不可欠である。

第一に、不真正不作為犯が「結果惹起犯」である以上、『不作為の結果惹起性』（不作為の因果性）が認められなければならない。このような不作為と結果の関係は、作為義務に違反する不作為を仮定して、この不作為と結果との論理的結合関係（条件関係）に矮小化すべきでなく、あくまで存在論の領域における社会実体的・歴史的・動態的な関係として理解されるべきである。

第二に、「人を殺すな」という規範からは、「人の命を救え」という命令は出て来ない。すなわち、禁止規範からは、命令規範やこの具体化である作為義務を導き出すことは不可能である。従って、結果犯の一種である不真正不作為犯において、不作為が禁止規範に違反するのは、当該不作為が結果惹起性を持つからであり、作為義務違反性（法的結果回避義務違反性）を有するからではない。いかなる作為義務違反性も、結果惹起性を基礎づけえないし、これに代替しえない。

第三に、不真正不作為犯は、当該不作為が結果惹起性を持つことを事実的前提として、当該構成要件が予定する結果・行為態様・因果経過に照らし、これを充足する行為であることを要する。これが、実定法的な問題であり、罪刑法定原則の要請である。

3　ドイツの不作為犯論の総括

ここでは、日本の刑法典や刑法理論がフランス法からドイツ法への転換に伴って、その不作為犯論も、ドイツ法の「輸入法学」であったこと、また、今日のドイツや日本における不作為犯論の問題性は、その刑法思想や方法論の不十分さに基づいていることを考慮して、ドイツの不作為犯論につき、刑法思想や方法論を主要な対象として、批判的な考察を行った。

①　不作為犯においては、近代以前の不作為犯に見られたように、共同体的な道徳・倫理が刑法の世界に混入しやすいため、両者を意識的に峻別する必要がある。この限りでは、フォイエルバッハ等の不作為犯論（法義務説）は、歴史的意義を認めうる。同時に、彼らが不作為犯一般につき、罪刑法定原則の問題性を強調している点は、今日でも重要な意義をもつ。

②　自然主義刑法学は、不真正不作為犯が結果犯であることを発見し、『不作為の因果性』が本質問題であるとして、様々な観点からその論証につとめた。このうち、先行行為説の物理的方法、心理的因果性説の心理的方法は、その後も形を変えて繰り返し登場する。ところで、この「因果性説」は、不真正不作為犯が結果犯であり、その本質問題が「不作為の因果性」、すなわち「不作為の結果惹起性」にあるとしている点において、その問題設定は妥当であるし、そのアプローチの方法も、今日のいわゆる「存在論」的である点において評価できる。しかし、不作為の概念や因果理論が、自然主義的（物理的、心理的）であり、歴史的・社会的・動態的な視点を欠いている点において、実体認識の方法に大きな限界がある。このように存在認識の方法が自然主義的であったため、半世紀以上にもわたる不作為の因果性の論証にもかかわらず、失敗せざるを得ない運命にあった。

③　自然主義が作為の因果性の論証に破綻したことにともなって、これに替わる新カント的二元論による規範主義的・形式論理的な不作為犯論が、今日までほぼ一世紀以上に渡って支配することとなった。

ここでは、不作為概念に関する期待説を前提として、その因果関係につき、「期待された作為」がなされておれば、結果は発生しなかったであろう時に認められる（なお、その後、「確実性に境を接する蓋然性」が要求される）。このように、不作為の因果関係、換言すれば『不作為の結果惹起性』にかかわる本質問題につき、いわゆる「条件定式」を前提として、形式論理的結合関係により論証できる、と安易に処理してしまった。その結果、不真正不作為犯の本質が『不作為の作為義務違反性』、と解することとなってしまった。これが、不真正不作為犯の本質を不作為の違法性、すなわち、作為義務（法的結果回避義務）違反性に求める義務違反説である。

日本における不作為犯論において、このような新カント主義の理論は、その後の誤った問題設定やアプローチの方法に導いてしまった。特に、不真正不作為犯の本質問題である「不作為の因果関係」についても、期待説を前提としつつ、条件定式を基本として規範的または形式論理的な方法で解決する見解は、その後の日本の学説を支配した（ここでは、「相当因果関係」と言っても、実質的な意味をもたない）。

④　キール学派を中心に推進されたナチス刑法学は、犯罪一般の本質につき義務違反説を採用して、「民族共同体的倫理」を不作為犯の領域に持ち込み、不真正不作為犯の処罰範囲の拡大と恣意的運用に道を開き、今なおその後遺症が残っている。ここに義務違反説の弱点が最も端的に示されたのである。それにもかかわらず、伝統的刑法学は、規範主義や概念法学に終始し、ナチス政権下での不条理な現実を見逃したり、ここから目をそらした。

⑤　このような情況にあって、ナーグラーの保障人説は、伝統的な刑法学を擁護する立場から、キール学派の理論を批判し、作為と不作為との同一視の問題が体系的に構成要件の領域にあることを指摘するとともに、これらの同一視を可能にする作為義務は、「保障人的義務・地位」でなければならない、と説いた。しかし、この理論も、形式論の色彩が強く、実質的には、伝統的な義務違反説であることには変わりがなく、むしろキール学派の共同体思想の影響がみられる。保障人説は、それ以前の違法性説と比較すれば体系的には優れているが、その内容をみると

多くの問題を含んでおり、戦後のドイツや日本では過大評価され過ぎている。

なお、ナチス政権下でのドイツでは、E・シュミットがただちにナーグラーに同調したが、これに続く者は見当らず、戦後の一九四七、八年頃から徐々に支持者がふえ、やがてドイツの通説的見解となっていった。

⑥　目的的行為論を前提とするアルミン・カウフマンの「新しい不作為犯論」は、存在論的因果理論を前提として、作為と不作為との因果的な存在構造の違いを強調し、伝統的な義務違反説の規範論理的・実定法的な弱点を明らかにし、罪刑法定原則にかかわる問題性を鋭く指摘した。しかし、カウフマンも、不真正不作為犯の可罰性を存在論や規範論理では否定しながら、価値論の領域で、作為と不作為との「同価値性」を根拠に肯定してしまった。これでは論理的に一貫していないばかりか、その存在論的思考とも矛盾することになる。なお、カウフマンによる保障人的義務と地位とを分離し、地位の機能的分類法の提唱もあって、その後の保障人説は、保障人的義務の事実的な前提に目を向け、保障人的地位の実体を解明に努力するようになった。

⑦　一九六〇年代の西ドイツにおける不作為犯論は、このようなカウフマンの存在論的方法に触発されて、従来の保障人説のように保障人的義務を形式的・規範的観点から分析するのではなく、保障人的義務の根拠や基準・限界を前法的・実質的に解明しようとする試みがなされた。このような観点から、E・A・ヴォルフの「新因果性説」をはじめ、先行行為の因果的契機を重視したり、不作為犯と被害者との特種な社会的関係に着目する「社会学的不作為犯論」など、様々なアプローチが次々に登場した。

これらの見解においては、「社会的近接」「本来的依存」「社会的保護関係」「特殊な依存」「保障関係」など新しい概念が用いられるのであるが、七〇年代には、シェーネマンによりこれらの概念は全く法的根拠を有しないとか、従来の規範的概念法学に替わる『現代の概念法学』である、ときびしい批判がなされた。

ところで、六〇年代の本格的かつ活発な論争は、刑法改正作業が大ずめを迎え、さらに新刑法典の成立もあって中途半端な形で休止の状態にあったが、その後実質的な処罰の基準や限界を定めるべく模索されている。

⑧　ドイツにおける不真正不作為犯の立法問題は、それぞれの理論の集約であり、試金石とも言いうる。特に総則規定主義と各則規定主義の争いは、形式的および実質的な罪刑法定原則の観点から、いみじくも保障人説を中心とする従来の義務違反説の軽重が問われることとなった。そして、新刑法総則第一三条は、司法省当局の思惑どおり、不真正不作為犯につき、これを刑の任意的減軽規定を新設したことをエクスキューズとして、処罰の基準や限果には何ら触れず、その実定法的根拠を与えただけという空しい結果に終わってしまった（なお、右の減刑規定は処罰範囲の拡大にもつながりうる）。そこで、新規定を根拠に、不真正不作為犯の拡大傾向をいかにチェックしうるか、が今後のドイツにおける不作為犯論の課題であろう。

4　日本の不作為犯論の総括

①　日本では、旧刑法施行当初は、自由や人権を強調するフランス法の影響や旧刑法の罪刑法定原則の明文規定もあって、不真正不作為犯を不可罰と解することが常識であった。このような考え方によれば、不作為犯を処罰するのなら真正不作為犯として明文規定を設けるべきであり、不真正不作為犯は実定法的根拠に欠けるから、不可罰と解するほかはない。

②　旧刑法時代も後半になると、日本は、上からの「近代化」＝資本主義化を進めるドイツと国情が類似しているため、ドイツ法の影響下にはいった。この『フランス法からドイツ法への転換』に伴い、日本の不作為犯論は、前述した新カント主義の影響を受けた義務違反説の時代にはいり、法規・契約・先行行為に基づく作為義務に違反すれば不真正不作為犯の可罰性を認めてもよい、とする「形式的法義務説」の考え方が定着していった。

③　ヨーロッパでの『新・旧両派の争い』は日本にも及び、新派の隆盛を反映して、新派の色彩が強い現行刑法

の制定となった。日本では、この論争は、形式的違法性説（旧派）か実質的違法性説（新派）か、という違法論の対立を媒介として、不作為犯論にも反映していった。新派を代表する牧野は、作為義務の発生根拠を実質的に把握すべきものとして、「公序良俗」という一般原理を加えた。これに対し、旧派を代表する小野は、当初、罪刑法定原則を強調しつつ、その構成要件論を前提として、不真正不作為犯が構成要件の問題である、と強調した。ナーグラーの保障人説の一〇年前のことであった。

このような学説を反映して、日本の判例も、法規・契約・先行行為のほか、「法の精神」や公序良俗を根拠として、その数こそ多くないが、不真正不作為犯の成立範囲を拡大していった。このなかには、義務違反さえあれば不真正不作為犯を肯定できる、といった安易な考え方が見受けられる。

④　やがて日本は、ドイツと同様に、日本ファシズムの時代へと突入し、日本の刑法学を代表する小野や牧野は、「学派の争い」を越えて、ナチス刑法学の導入に始まり、ついに『日本法理運動』へと走った。もともと小野の「道義刑法」は日本的・東洋的なものであったが、日本の『輸入法学』から自立する道は、結局「日本法理」であったのである。このような「日本法理」は、やがて不真正不作為犯の判例にも反映していった。

⑤　戦後の日本では、ドイツと異なり戦争責任の追及が曖昧のまま、一方では、かつてのドイツ刑法学に復帰し、他方では、小野をリーダーとする刑法全面改正作業が開始された。不作為犯論の領域では、罪刑法定原則が強調されるなかで、体系的には小野の理論が支配的となり、実質的には、ドイツ流の義務違反説が、もはや揺るぎない理論となった。このような素地のもとで、ナーグラーの保障人説も徐々に広がっていったが、この理論は、未だ未完成の理論であり、現にドイツではその発展がみられるし、構成要件の類型性や個別性と矛盾する内容を含んでいるため、日本では、ドイツと異なり通説となるに至らなかった。

⑥　おおよそ一九七〇年前後から、ドイツにおけるアルミン・カウフマンの「新しい不作為犯論」や保障人説の

発展、さらにはその後の事情が紹介されるに至った。このようななかで、日高、堀内、西田などは、不真正不作為犯につき、作為義務違反性を本質的要素と解しつつも、「作為義務違反」という規範的根拠や基準だけによって判断するのを避け、むしろ作為義務が発生する事実的・実質的な前提や基礎を重視して、不真正不作為犯処罰の基準を明確化し、処罰範囲を大幅に限定する理論を提唱している。例えば、「不作為者の原因設定」(日高)、「事実上の引受け行為」(堀内)、「因果経過を具体的・現実的に支配していたこと」(西田)などの理論がそれである。これらの見解は、不真正不作為犯の本質を義務違反性に求めている点で問題を残しているが、従来のような規範的で不明確な根拠や基準を避け、これを事実的・客観的に把握しようとする点において思考方法を同じくしており、方法論的に大きな前進である。しかし、日高、堀内、西田の見解は義務違反説を採用しながら、このような場合のみになぜ処罰を限定するのか、また、このような結果不回避がなぜ結果惹起犯として処罰できるのか、といった本質的な問題が残る。

これらの見解は、義務違反説を維持しながら、当該不作為に、結果に対する何らかの因果的契機を見いだそうとしていると言ってよい。この意味で、不真正不作為犯の重点は、今や、作為義務違反性から結果惹起性に移ってきているといえよう。そして、従来のような義務違反説の立場からではなく、梅崎の見解のように、不真正不作為犯の本質を結果惹起性に求める「因果論的再構成」の方向が妥当であろう。これら二つの方法は、義務違反説か因果論的構成かというように質的な差異があるが、因果論的観点から、単なる規範的および偶然的な契機による不作為の処罰を排除しようとする点では同じである。これらの見解における作為義務の実体的分析は、われわれの因果論的構成にとっても大いに参考になると思われる。私自身は、堀内や西田の具体的判断基準に関する提言を含めて、因果論的立場から、これを再構成し、さらに発展させていけばよいと考えている。

⑦　日本における「不真正不作為犯の立法問題」をみると、戦前日本の「刑法改正仮案」やドイツの動向を反映

して、「刑法改正準備草案」や「改正刑法草案」には、その総則規定が設けられた。しかし、最近では、アメリカ流の実体的デュー・プロセスの考え方が定着し、また、⑤に述べたような事情もあって、総則規定主義に対する疑問も強くなり、「改正刑法草案」第一二条にも反対意見の方がむしろ多い、といってよかろう。保障人説を含め今日の「構成要件的解決の理論」と総則規定主義とは、本来、調和しえないばかりか、刑法総則の意義や機能からして、その総則規定は、結果惹起犯の構成要件を修正して、(結果回避)義務違反罪にまで処罰範囲を拡張することを意味することになろう。

⑧　日本における不真正不作為犯に関する判例は、これを不可罰とするフランス法の影響や、日本の実定法的思考方法とも関連して、判例の数はドイツと比較して非常に少ない。しかし、従来の義務違反説からすれば、理論的には、処罰範囲は広がりうるし、現に昭和四〇年代(一九六五年以降)から、下級審の判例の数は増加する傾向を示している。そして、従来の一般理論が警察・検察に定着するのに伴って、この理論が予想もしなかったような場合にまで広がる可能性を含んでいる。このことは、共謀共同正犯の理論においてすでに経験ずみである。

不真正不作為犯の危険性は次の点にある。第一に、作為義務の存否の判断は、価値観により大きく左右されうるし、特にその発生根拠として慣習や条理という一般条項が加わることによって、その危険は一層増大することになる。第二に、この作為義務の判断にあたっては、戦後の価値観の転換は重要であるにもかかわらず、今なお、戦前の判例がその理由づけに引用されることがある。第三に、不真正不作為犯は、作為犯と違って、作為義務違反と結果回避可能性という規範的かつ抽象的な要件が基本となるために、おのずから事実認定が安易に流れたり、しかも甘くなる危険性を内包している。このことに関連して、従来の判例には、本来、不真正不作為犯として処理する必要がないし、処理すべきでもない事案が、数多くみられる。

そこで、本書では、不真正不作為犯に関する従来の一般理論(義務違反説)に対し、根本的な疑問を提起するとともに、このような立場から、判例により不真正不作為犯にあたるとされたいくつかの事案につき、これらを五つの類型に整理し、不真正不作為犯以外の方法で処理できるし、処理すべきものを具体的に指摘した。このうち、「不真正不作為犯として解決すべきもの」という『第五類型』につき理論的に検討することが、不真正不作為犯の今後の課題である。

五　結びにかえて

(1)　不作為犯一般につき、従来、真正か不真正かを問わず、作為義務は可不欠の要素とされており、むしろその本質は義務違反性にあるものと理解されている。不作為犯に関する限り、今日の日本におけるいわゆる「行為無価値論か結果無価値論か」の対立を越えて、広く義務違反説が支配していると言えよう。犯罪一般の本質については義務違反説を採用する者は今日ではみあたらないが、犯罪は作為犯か不作為犯のいずれかであるから、比喩的にいえば、犯罪論のうち半分については義務違反説を肯定していることになる。

このように、今日の定説とも言いうる不作為犯論は、理論的には、義務違反説を事実上肯定することを意味するし、思想的には、個人の社会や国家に対する義務や責任を強調する考え方につながるおそれがある。そこで、個人の自由や権利を尊重する立場からは、義務違反説を拒否するか、少なくとも「犯罪は作為犯が原則であり、不作為犯は例外である」という原則が確認される必要があろう。

(2)　国家や社会の在り方を最も端的に示すのは、刑事刑法の領域ではなく、むしろこれ以外の行政刑法（経済刑法を含む）の領域である。このことは、戦前の膨大な戦時立法や治安立法をみれば明らかである。ところが、この行政刑法の領域では、作為犯と同等に（真正）不作為犯が広く処罰されており、しかも、ここでは義務違反自体を形式犯または抽象的危険犯（通説・判例では、実質的に形式犯と同じ）として処罰されていることが多い。

ところで、「真正」不作為犯は、確かに形式的罪刑法定原則の観点からは問題がないようにみえるが、法益侵害説を基本とする客観主義的刑法理論からすれば、今日の行政刑法にみられるように、義務違反自体を形式犯や抽象的危険犯として広く処罰することは、原則的な問題がある。さらに、個人の自由や人権を尊重する国家や社会を理想とするならば、行政刑法の在り方をも含め、真正不作為犯の問題に多くの関心が払われるべきであろう。このような観点からは、日本でも、「行政犯の非犯罪化」を展望したドイツの「秩序違反法」の考え方が参考にされてよい。

(3)　刑事刑法の領域では、結果犯（または実質犯）が大部分を占めているから、ここでは義務違反自体を処罰する真正不作為犯は少ないが、逆に、結果犯については、不真正不作為犯の理論により、「不真正」とされながら、やはり義務違反説を前提として、不作為犯が広く認められている。

このような不真正不作為犯の理論は、不真正不作為犯が結果犯＝結果惹起犯でありながら、明確な実定法的根拠もなしに、作為義務違反性を理由として、結果不防止を結果犯として一般的に処罰しようとするものである。それにもかかわらず、ドイツやこの影響の強いわが国では、不真正不作為犯を「理論」的に正当化する努力はなされてきたが、フランスやこの影響下にあったかつての日本のように、これを不可罰と解する見解はほとんど見当たらなくなった。

確かに不真正不作為犯を全面的に否定することはできないとしても、ドイツや日本のように、保障人説をも含め義務違反性を根拠とする今日の不真正不作為犯の一般理論は、理論的および実際的に進歩であったのであろうか。このような素朴な疑問から、不真正不作為犯につき、ドイツや日本の学説・判例・立法を対象として、思想的、理論的な再検討を行ったのである。

(4)　おおよそ六〇年代以降のドイツや七〇年代以降の日本でも、義務違反説を前提としつつ、その内部からも、従来のような『規範論的アプローチ』に再検討を行おうとする動きが急速に強まってきた。その問題意識や方法論には多様性が見られるが、作為義務（結果回避義務または保障人的義務）違反を根拠として、結果惹起（作為）と結果不防止（不作為）とを安易に同一扱い（同置）する考え方に対する反省から、一方では、作為義務の発生原因を実体的に解明し、他方では、作為義務違反性に加えて、作為と不作為との「同価値性」を別個に考慮することにより、不真正不作為犯の処罰範囲を限定しようとする。

このようなドイツや日本における新しい考え方は、不真正不作為犯の処罰範囲を限定し、その拡大をチェックしようとする点で大きな前進であるといいうる。しかし、義務違反説である以上、作為義務違反があれば、なぜ結果惹起と結果不防止とが同置されうるのか、という本質的な疑問にさらされる。また、義務違反説をとりながら、どのように処罰犯囲を限定するのか、また、処罰範囲の限定が恣意的でアンバランスを生じないか、といった理論的な問題に直面することになる。

これらの諸見解の多くが、作為義務を不可欠の前提としながらも、実質的には、作為義務依存からの脱却を図ろうとしている。すなわち、作為義務発生の実体的な前提・基礎として、不作為者の一連の行為のなかに何らかの結果に対する因果的契機を求めようとしたり、作為と不作為とを違法・責任内容において「同価値性」と評価できる存在論的根拠を解明し、結果惹起性に対応しうる実体的事情を確定しようとしている。これが今日の不真正不作為犯論における『規範論的方法から存在論的方法へ』の実体であり、さらにいえば、『因果論的構成』への接近である。

(5)　このような不真正不作為犯論の『因果論的構成』の試みは、ドイツでは、E・A・ヴォルフの新因果性論が、また、日本では、梅崎による『因果論的再構成』の構想により、すでに開始されている。このようなアプローチの原点は、不真正不作為犯が結果犯＝結果惹起犯であるという大前提に立ち返り、その可罰性の根拠や基礎を、従来のように「不作為者の作為義務違反性」に求めるのではなく、あくまで「不作為の結果惹起性」に求めようとするところにある。このような構想における特徴は、不真正不作為犯の可罰性を「作為義務」という規範的・抽象的な概念により論定するのではなく、不作為の因果性を実体的・個別具体的に確定すべきであるし、またこれが可能である、というところにある。

このことは、同時に、不作為の因果関係に関する従来の諸見解に対する再検討と独自の理論構成をも含んでいる。これを一言でいえば、自然的因果理論とこれを暗黙の前提とする論理的・規範的因果理論ではなく、社会実体的・歴史的・動態的因果理論である、と言えよう。すなわち、従来の日本における通説では、作為には(自然的)因果性はないが、不作為と結果の間に条件関係または相当因果関係があれば足りるものと解されてきたが、これに対し、法益が保持されていた事情やそこでの不作為者の位置・機能、当該事情における不作為の結果に対する現実的関係等を考慮して、不作為の因果性を判断しようとする。

このような因果論的アプローチは、確かな問題解決の方向と展望を示してはいるが、いまだ構想の域をでておらず、これが不真正不作為犯における可罰性判断の根拠や基準・限界を実体的かつ明確に示しうるためには、今後なお検討すべき課題も多い。先にも述べたように、ドイツや日本の不作為犯論は、不作為の因果性の問題を解明するにあたり、参考となりうると思われる。

(6)　最後に、当面の問題として、判例の動きについて述べておこう。日本では、ドイツに較べ、判例は不真正不作為犯に対し慎重な態度をとり、これを肯定した判例の数もそれほど多くはなかった。ところが、昭和四〇年代から、従来の義務違反説に基づく一般理論が判例に定着するにともない、その数も徐々に増加する傾向に転じており、やがてこのような傾向は捜査・訴追機関にも及んで行くことが予想される。

ところで、今日の通説的な不真正不作為犯の一般理論は、「不作為による共犯」をも含めると、共謀共同正犯の判例理論より処罰範囲が広い。しかも、不真正不作為犯においては、故意を除けば、主要には作為義務と結果回避可能性が認定されれば足り、この作為義務の根拠には慣習・条理という一般条項が含まれていることをも考え併せると、犯罪の成立やその事実認定が容易であり、安易に流れる危険性を含んでいる。このことは、すでにいくつかの判例にも示されているのである。

このような観点から、個々の判例につきその理論や事実認定の在り方を批判的に分析・検討することは、重要かつ焦眉の課題である。そこで、本稿では、このような観点から、判例を分析・検討するための方法を提示した。結論からいえば、判例には、あえて不真正不作為犯として処理する理論的および事実的根拠のないものが多く見られるのである。

〈引用・参照文献〉

堀内捷三『不作為犯論』（一九七八）
日髙義博『不真正不作為犯の理論』（初版一九七九、第二版一九八三）
平山幹子『不作為犯と正犯原理』（二〇〇五）
柏木千秋「作為犯と不作為犯」小野博士還暦記念『刑時報の理論と現実㈠』（一九五一）
中谷瑾子「不真正不作為犯の問題性に関する一考察㈠㈡」慶応義塾大学法学研究三〇巻四号・一二号（一九五七）
西田典之「不作為犯論㊤㊦」法学セミナー一九八六年一一月号・一二月号（一九六八）
同「不作為犯」芝原邦爾・堀内捷三・町野朔・西田典之編『刑法理論の現代的展開・総論』（一九八八）
中森喜彦「保障人説について」京都大学法学論叢八四巻四号一頁（一九六九）
生田勝義「わが国における不真正不作為犯論について㈠㈡」立命館法学一二八号、一三一号（一九七六）
同「不作為による作為犯についての一考察」立命館法学一七一号（一九八四）
金澤文雄「不作為の因果関係」広島大学政経論叢一五巻四号三七頁（一九七二）
同「不真正不作為犯の問題性」佐伯千仭博士還暦祝賀『犯罪と刑罰㊤』（一九六八）

同「不真正不作為犯の問題性についての再論」広島大学政経論叢二一巻五・六号（一九七二）
同「不作為の構造(I)(II)」広島大学政経研究一五巻一号、二号（一九七二）
梅崎進哉「いわゆる不真正不作為犯の因果論的再構成」九大法学四四号（一九八二）
神山敏雄「作為犯と不作為犯の限界に関する問題」岡山大学法学会雑誌二六巻三・四合併号（一九八四）
内藤謙『刑法改正と犯罪論(下)』（一九七六）
宮澤浩一「不真正不作為犯と西独刑法改正草案(一)(二)」慶応義塾大学法学研究三三巻一号・三号（一九六〇）
中山研一「不作為による作為犯」竹田直平博士・植田重正博士還暦祝賀『刑法改正の諸問題』（一九六七）
拙稿「ドイツ不作為犯論史Ⅰ・Ⅱ・Ⅲ・Ⅳ」静岡大学法経研究二〇巻二号（一九七一）・二二巻一号（一九七三）・二二巻三号（一九七四）・二五巻三・四号（一九七七）
拙稿「不真正不作為犯の立法に関する基本問題」静岡大学法経研究二一巻三号（一九七三）
拙稿「ドイツの不作為犯論における方法論史」静岡大学法経研究二三巻二・三・四号（一九七五）

第七章　行政刑法の理論

はじめに

私は、不作為犯の研究、とくに公害犯罪を典型とする企業犯罪の研究を行ってきた。その後、現代的な犯罪現象を象徴するのは特別刑法または行政刑法と呼ばれる領域である（以下、単に行政刑法という）。しかも、そこには刑法のあり方そのものにもかかわる根本的な問題が数多く含まれていることを痛感するに至った。このような問題意識から、行政刑法における不作為犯の問題を素材として、不作為犯の現代的課題を多角的に明らかにするとともに、今日のわが国における行政刑法のあり方に対して、理論的かつ実際的な疑問のいくつかを提示することにした。

一　現代社会と犯罪

私は、かって、不作為犯研究の方法につき『規範的かつ総論的思考方法から存在論的かつ各論的思考方法へ』と移行すべきことを主張するとともに、この『存在論的かつ各論的思考方法』に基づく現代不作為犯論の課題として「個別具体的な社会的諸領域について、違法な侵害に至る社会的メカニズムを科学的・類型的に解明することによって、国民の切実な要求に応えうるような不作為犯の理論を自覚的に探求しなければならない」ことを強調した。さらに、その際、「かつてのような田園的・牧歌的社会の犯罪現象とは、質的に異なり、高度に「機械化」「組織化」「産業化」された現代（資本制）社会における公害・交通事故・企業災害などの切実な現代的犯罪現象を刑法により適正にコントロールするためには、今日のそれぞれの社会関係においていかなる作為が社会的に期待され、また、その不作為がどのような社会的結果をもたらすか、を社会学的に明らかにする必要があろう」とも述べた。企業社会ともいわれる現代社会においては、とくに企業犯罪研究が現代刑法学にとって焦眉の課題である、と私は考えたのである。

これらのことは、もともと伝統的な刑法学が主要な関心事としてきた不真正不作為犯を主に念頭において考えたことであったが、実は、現在の行政刑法をも視野に入れると、現代不作為犯論にとって不真正不作為犯もさることながら、むしろ、従来かならずしも着目されてこなかった真正不作為犯の方がより重大な問題ではないか、とさえ思われる。従来の不作為犯研究においては自然犯または刑事犯、とくに殺人や傷害などの人身に対する罪を主要な素材として考察がなされてきたといってよい。そこで、真正不作為犯といえば、わが国では、刑法典上の不退去罪（一三〇条後段）や不解散罪（一〇七条）がその典型として論じられてきている。このような事情から、刑法犯の中で圧倒的多数を占める作為犯を規定したとされる構成要件につき、これらが不作為により実現されうるか、という点が従来の主要な関心事とされたのであり、これに対して、真正不作為犯は数も少なく、しかも、処罰対象となる不作為の内容もある程度明確であるために、真正不作為犯は、理論上も実際上も不真正不作為犯ほど重要性をもたないものと考えられてきたのである。

しかし、行政刑法の領域においては、刑法典上の犯罪とは逆に、作為犯と並んで、否、作為犯よりも、真正不作為犯の方が数のうえからはもとより、機能的にも、より重要な位置を占めており、これに対して、不真正不作為犯

（＝不作為による作為犯）はそれ程大きな比重を占めていないのである。しかも、行政刑法においては、「刑罰法規の氾濫」「刑罰インフレ」「刑罰の濫用」などともいわれるようなまさに異常ともいえる現象がみられ、このことを反映して、この領域における真正不作為犯を規定する刑罰法規は非常に数が多いというにとどまらず、刑法のあり方そのものにもかかわる本質的な問題を提起している。とくに、犯罪と刑罰に関する従来の基本原理や基礎理論からみて、そのような行為を犯罪として処罰し、国家刑罰権を発動することが許されうるのか、という重大な疑問をいだかざるをえないのである。さらにいえば、行政刑法では刑法上の原理や論理の例外が大幅に認められ、むしろ原則と例外の逆転現象ともいうべき事態がみられるのであるが、その論拠とされる行政刑法の独自性・特殊性とは何か、また、行政刑法が独自性・特殊性を持つとしても同じく国家刑罰権の発動であるにもかかわらず、なぜ刑法上の原理や論理に重大な例外を認めうるのか、今なおかならずしも明らかではなく、むしろ右のよう既成事実がますます進行しているようにさえ思われる。

ところで、日本では従来、行政刑法に関して本格的な研究もすでにいくつかあり、また、最近では、行政刑法研究も多くの関心を集めてはいるが、刑法学全体としてみればかならずしも十分なものとはいえない。とくに、現行行政刑法およびその運用をみる時、行政刑法全般のあり方を立法論をも含め抜本的に再検討する必要があるように思われる。そこで本章では、現在の行政刑法のあり方に疑問をいだく立場から、とくにそこにおける真正不作為犯の現状と問題点につき検討することにしよう。

二　現代社会と不作為犯

1　作為と不作為

自然界においては、作為は一定の積極的な身体活動であり、何らかの結果を惹起しうるのに対して、不作為とはこのような作為を為さないことであるから、不作為は結果との関係では、これを惹起するのではなく、結果への因果の流れを放置するにすぎない。このような自然主義的観点のもとでは、作為と不作為とは、まさにAと非Aという二者排反的な関係にあるといってよい。このことは不作為犯に関する規範論的研究においても当然の前提とされなければならない。

ところが、法が規制の対象とする世界は自然界を当然の前提とはするが、これに尽きないまさに社会現象であるから、ある行為につき作為か不作為かが理論的に大いに争われる場合にみられるように、ある観点からは作為であるが、他の観点からは不作為でもあり、この両者が結合することによって一定の結果が発生するというケースや自然的には不作為であるが、社会的にはこれが意味伝達手段として特定の事柄を伝達しうることはもとより、この意味を媒介とする社会関係を通して一定の結果（しかも自然的結果）を生じさせる、というケースも現に存在することは否定できない。このように、不作為は、一定の条件のもとにおいてのみ例外的に結果を発生させるにすぎないのであって、この条件を無視して作為と不作為とを規範論のレベルで同一視したり、同価値のものとして扱うことはまさに「事物の本性」や「事物論理的構造」に反することになろう。

そこで、右のような観点から、作為と不作為の規範論理的構造について、次に検討することにしよう。

従来から、作為が違反するのは禁止規範（すなわち「……をしてはならない」という規範）であり、不作為が違反するのは命令規範（すなわち「……をすべし」という規範）であるとされ、この二つの規範はこれまた二律排反的な関係にあるものとされてきた。そして、このような考え方を前提として、従来、広く命令規範を課すことは国民の「行動の自由」を制限することになるから、命令規範違反＝不作為を処罰することはできるかぎり慎重でなければならない、といわれてきた。このような見解はまさに正当であり、解釈論はもとより立法論においても再確認される必要があろう。

また「作為は禁止規範に違反し、不作為は命令規範に違反する」という命題は、さらに結果という要素を加えて考える時、次のような補正を要する。なぜなら、禁止規範と一般に呼ばれるものは、一定の結果を想定して、「一定の結果を発生させてはならない」、すなわち結果を引き起こすことを禁止するという内容をもっていたからである（なお、結果を引き起こすことを禁止する旨の規範を「結果禁止規範」と呼ぼう）。しかも、作為は結果を惹起しえないという自然主義的見解を前提とする時、右のような結果禁止規範は、論理的には、作為を禁止すること、すなわち「作為は禁止規範に違反する」ということを意味するものと解されてきたのである。しかし、前述のように、一定の条件のもとで不作為も結果を発生させうる、という私のような見解によれば、結果禁止規範は作為はもとよりのこと例外的に不作為によっても違反しうることになる。なお、結果禁止規範ではなく、結果を度外視して、一定の作為そのもの（いわゆる挙動犯における作為）を禁止の対象とする規範においては、作為のみがこの禁止規範に違反しうることはいうまでもない。

以上のような作為と不作為に関するいわゆる存在論的および規範論理的考察は、「不作為による作為犯」または「不真正不作為犯」の理論においてはもとよりのこと、後述するように真正不作為犯が作為犯と同等にしかも形式犯の形で非常に広く処罰されている現在の行政刑法のあり方を検討する上で非常に重要な意義をもつことになる。

2　作為犯と不作為犯

作為犯と不作為犯という区別には、大きく次のような二つの場合がある。第一は、刑法的評価の対象となる行為を前法的・社会的な観点から作為犯と不作為犯とに区別する場合であり、第二は、実定法について、構成要件が予想する行為により作為犯と不作為犯とを区別する場合である。この区別のうち、前者の場合には、作為と不作為との区別をめぐって大いに議論のみられるところであるが、ただ、ここでは、構成要件における規定内容による後者の場合に関連して若干の考察をすることにとどめる。

従来、構成要件のレベルでは、作為犯を予想する構成要件（作為構成要件と呼ぶ）と不作為犯を規定する構成要件（不作為構成要件）の二種類しかないものと考えられてきた。これに対して、作為構成要件と不作為構成要件のほかに、作為犯とともに不作為犯をも併せ規定した構成要件（これを以下「併合構成要件」と呼ぼう）が実定法的に存在するという指摘がみられる。これらのうち、作為構成要件は作為のみによってしか実現されえず、不作為構成要件は所定の不作為のみがこれに該当しうることになるのに対して、前述した併合構成要件は作為とともに不作為によっても実現されうることになる。

併合構成要件とは、実は、結果犯または実質犯を規定した構成要件を前提として、このうち広く結果を発生させるような行為を禁止する構成要件であり、作為か不作為かの区別なく結果に対する因果性をもちうる行為がこれに該当する。このような構成要件は、**1**で考察した結果禁止規範を内容とする構成要件に他ならない。そして、不真正不作為犯が成立しうる構成要件とは、実は、この併合構成要件であり、作為により実現されるのが通例であるが、例外的に一定の条件のもとでは不作為によっても実現されうる。そこで、不真正不作為犯においては、不作為が結果に対して因果性をもちうるための一定の条件とは何かがその基本問題とならざるをえない。ただ、結果に対して因果性を有する不作為であるからといってただちに不真正不作為犯が成立するわけではなく、構成要件が予定する行為形態や因果経過によって結果が発生する場合にのみその成立が認められうることに注意しなければならない。

このような不真正不作為犯に対して、真正不作為犯の場合は、構成要件が一定の不作為を予定しており、その不作為の内容をあらかじめ示しているために、不真正不作為犯の場合ほど解釈論上の困難さは伴なわないのが一般である。

以上の考察によって、真正不作為犯および不真正不作為犯の概念とその問題点が明らかとなった。このうち、自然犯または刑事犯の領域では真正不作為犯は例外的であり、結果犯を規定した構成要件につき不真正不作為犯の成否が主要な問題となるのに対して、法定犯または行政犯の領域では、後述するように不真正不作為犯が問題となることは少なく、むしろ、真正不作為犯が主要な部分を占めている。

3　現代型犯罪の特徴

何が犯罪となり、どのように処罰されるか、また、ある犯罪類型がどのように実現されるか、は国家や社会のあり方に大きく左右されることはいうまでもない。たとえば、いわば田園的・牧歌的な社会と複雑多様化した現代社会とでは、それぞれの社会において国家の果たすべき役割も異なるであろうし、また、犯罪現象も大きく変化するばかりでなく、同じく現代社会といっても、社会領域や生活関係により犯罪現象にも差異がみられるであろう。

このような認識のもとに、殺人、強盗、放火といった古くからの犯罪を「伝統型犯罪」と呼び、現代社会の特徴を反映した新しいタイプの犯罪を「現代型犯罪」（または「現代社会型犯罪」）と呼んで、両者を区別しようとする考え方がみられる。そして、この現代型犯罪として、ホワイトカラー犯罪、過失犯、企業犯罪などが挙げられている。このような考え方について、「現代」とはいつの時代か、また、それは何によって特徴づけられうるか、という点については厳密な検討を要するとしても、さしあたり現代社会においては機械化・組織化・産業化が飛躍的に進行するとともに、国家権力とくに行政権の著しい肥大化がみられることは否定できない。このような現代社会の特徴を反映して、それ以前には考えられなかったような新しいタイプの犯罪類型が創出されるとともに、古くからの犯罪類型にもその実現形態の面で大きな変化がみられる。そこで、右のような二側面から、現代社会では、現代型犯罪とも呼びうる犯罪現象がみられるといえよう。

この現代型犯罪という観点から不作為犯をめぐる現代的な問題状況をみると、次のような特徴を指摘することができる。まず犯罪実現形態の面からは、機械化・組織化・産業化が著しい現代社会では、特殊な社会関係において一定の地位や役割をもつ者が、その社会的メカニズムを利用して不作為により他人の健康や財産などに被害を生じさせる場合には、不作為による結果犯、すなわち不真正不作為犯が成立する可能性がみられる。また、犯罪類型の面からみれば、国家機能、とりわけ行政権の拡大が著しい現代国家において、行政刑法の領域でみられるように、行政取締目的の観点からさまざまな作為義務が課せられ、これに違反する者を真正不作為犯として処罰する規定が数多く存在する。このように、現代社会においては、不作為犯、とくに真正不作為犯が量的にも、質的にも非常に重要な位置を占めており、この現象は現代型犯罪の一つの特徴を示しているといえよう。

4　企業活動と不作為犯

現代は企業社会であるといわれるように、企業、とくに法人企業は、今や、経済はもとより、政治、文化など社会全般に圧倒的な影響力を有している。また、前述したように現代社会が著しく機械化・組織化・産業化しているとすれば、この特徴を最も典型的に示すのが企業、とくに巨大独占企業であり、また、そのゆえに、このような企業が国民生活のあらゆる分野で強力な支配力を及ぼしているのである。

このように、企業のあり方は国民の生命や健康、経済生活、さらには民主政治をも大きく左右しているだけに、企業活動の活発化に伴って、これに対する法的規則は網の目のように張りめぐらされている。日本ではとくに一九七〇年前後から、公害、企業災害、買占め・売り惜しみ、ヤミ・カルテルやヤミ再販、さらにはロッキード汚職など大企業によるさまざまな反社会的活動がマスコミや世論のきびしい批判を浴びるに至り、企業活動に対する刑法的な規制も拡充・強化されてきている。とくに行政刑法は、沿革的にも企業活動を規律するために発展してきた領域であり、今日においても、行政刑罰法規の大部分に法人処罰規定（両罰規定と呼ばれる）が設けられていることからも明らかなように、行政刑法のなかでも企業活動に関連する規定が主要な部分を占めているとさえいえよう。

ところで、日本がいかに自由主義経済または資本主義経済を前提とするとしても、企業が国民の生命や健康を奪ったり、経済生活を混乱と危機に陥しいれたり、さらには企業利益のために民主政治を左右したりすることは刑法上も許されるはずはない。さらには、このような国民にとって重大な被害を未然に防止するために、刑法上の一般的な原理や論理のわく内において、積極的に刑法を用いることは必要であろう。とくに、当該事項につき企業の意思決定をなし、企業活動を左右しうる立場にあるトップや役職者が右のような結果を回避するために必要な措置を講じないこと＝不作為により、地域住民、労働者、消費者などに重大な被害を与えた場合には、故意か過失かは別論として、この結果に対して何らかの刑事責任を負うことも免れないであろう。このような場合には、企業のトップや役職者は、刑事犯、しかもその不真正不作為犯として処罰されるのが一般であろう。

これに対して、行政刑法の領域では、行政取締りの観点から、企業に対してさまざまな作為義務や不作為義務が課せられており、前者についていえば、たとえば一定の事項に関する届出や報告義務、帳簿備え付けや帳簿記載義務などといった作為義務に違反する行為＝不作為が前述したような実害はもとよりその危険性さえも認められない場合についてまで、活動分担者個人のほか法人企業そのものが形式犯または抽象的危険犯として幅広く処罰されている。このような行政刑法のあり方については、後で批判的に検討する通りである。

以上のように、現代型犯罪の最も典型である企業犯罪においては、不作為犯、すなわち真正不作為犯および不真正不作為犯の両者を含め量的にも質的にも非常に大きな意味をもっているのである。そこで、今日における企業によるさまざまな社会侵害的活動に対して、刑法は、それに固有の法原理や法論理のわく内において、いかに効果的かつ積極的に規制しうるかが刑法学全般にわたってもっと真剣に検討されるべきであろう。そのためには、現代社会における企業の役割やその組織実態などについて実証的な分析を要するのであり、これをふまえて、いかなる企業の反社会的活動につき、法人処罰の当否をも含め誰れをどのように処罰すべきかが明らかにされなければならない。さしあたり不作為犯に関していえばとくに企業組織内における意思決定のメカニズムや役割分担について具体的に分析することは、違法な企業活動につき、だれがどのような刑事責任を負うべきかを確定するにあたって不可欠の前提作業であろう。

三　行政刑法の現状と課題

1　行政刑法の意義と本質

行政刑法の形式的意義には広狭二義がある。広義の行政刑法とは、行政法上の義務違反とそれに対する制裁としての刑事罰および秩序罰（とくに過料）とに関する法を総称するが、狭義のそれは、右の義務違反に対して国家刑罰権が発動され、刑事罰が科せられる場合に限られる。このうち、行政刑法に関する広狭二義の間にみられる本質的な差異に着目して、その狭義の概念が妥当であると考える。そこで、この狭義の行政刑法を定義するとすれば、「行政刑法とは国や地方公共団体が安全で円滑な社会生活を維持するために、これを阻害するおそれのある活動を刑事罰という強力な制裁を担保として効果的な行政的規制を実施しようとする刑罰法規の総体である」とでもいうことができるであろう。

刑法とは、犯罪と刑罰に関する法であり、動的にいえば国家刑罰権を規制する法である。そして、本稿にいう（狭義の）行政刑法もこの刑法に属するのであり、その一特殊領域にすぎない。なぜなら、行政刑法も、行政目的の達成のためとはいえ、行政法上の義務違反を犯罪として、これに対して刑事罰を科し、また国家刑罰権の発動を規制する法であるからである。従って、行政刑法においても、ある行為を犯罪として刑罰を科し、刑罰権を発動する以上、刑法に固有の基本的な原理や論理に従わなければならないとともに、その手続も通常の刑事手続によらなければならない。

このように、固有の刑法（刑事刑法と呼ばれる）と行政刑法とは形式的には同じく刑法に属するのであるが、実質的または機能的には両者はどのような関係にあるのであろうか。この点に関連して、従来、刑事刑法上の犯罪（刑事犯）と行政刑法上の犯罪（行政犯）との区別をめぐって学説上大いに争われてきており、この区別の相対性や流動性を強調する立場から両者の本質的な差異を否定しようとする見解もみられないわけではないが、この相対性・流動性を承認しつつも、倫理違反性の有無や生活関係の差異などを重視する観点から、それぞれにつきある理念型を設定し、両者の理論的な区別を確立しようとする見解が支配的であることはいうまでもない。また、最近では、「現代的犯罪現象に着目しつつ、刑事犯と行政犯とは区別できないどころか、従来の行政犯概念は行政刑罰法規の氾濫という現象を追認したり、そこでは刑法上の保障原理を後退させるなどむしろいろいろな弊害をもたらしている」といった厳しい批判がなされるに至っている。そして、このような論者から、刑事犯か行政犯かといった従来の観念的な区別ではなく、犯罪現象の実態的な差異に着目して既述したような伝統型犯罪と現代（社会）型犯罪という区別の方が機能的である、という主張がなされている。そこで、これらの見解について次に検討することにしよう。

まず、刑事犯と行政犯との区別を肯定する通説的見解においては、仮に行政刑法を刑法の一領域とする立場に立つ場合でも、刑事犯については刑法における固有の原理や論理を厳格に維持しようとするのに対して、行政犯については、その論拠こそ異なるけれども刑事犯とは異なる特殊領域であるという理由から、これらの修正や緩和を許容する傾向が顕著にみられる。この点については2で詳しく検討するが、たとえば、①法人の犯罪能力につき刑事刑法ではこれを否定するが行政刑法の領域では行政取締り目的を優先させてこれを肯定するとか、②刑事刑法の謙抑性を強調し、法益に対する実害や少なくともその危険性が認められる場合に犯罪成立を限定しようとするのに対して、行政刑法の領域では、形式犯や抽象的危険犯が大部分を占めるにもかかわらずその処罰を広く肯定したり、③刑法第三八条一項但書きの解釈に関して刑事犯については過失犯処罰につき明文規定を必要とすると解しながら、行政刑法の領域では、その論拠や基準こそ異なるが明文がなくてもその処罰を肯定する、などが典型的な場合である。このように、刑事犯と行政犯との区別を肯定する見解は、両者とも犯罪として刑罰を科し、国家刑罰権の発動である点では何ら本質的な差異がみられないにもかかわらず行政刑法の領域では、刑法上の原理や論理から逸脱するような安易な立法や法運用を正当化するような傾向がみられるのである。

ところで、刑事犯と行政犯という区別を否定する最近の見解においては、たしかに前述したような肯定説に対する批判を免れうるように見えるが、伝統型犯罪と現代型犯罪という新たな区別を導入しつつ、現代型犯罪については、その企業組織体責任論にみられるように、企業組織体の犯罪能力を広く肯定したり、その過失は不安感や危惧感で足りるとするなど伝統型犯罪における行為原理や責任原理に重大な修正を加え、企業組織体を積極的に処罰するという政策的判断を優先させている。このことは行政刑法において大部分を占める法人処罰規定を肯定するばかりでなく、その積極的かつ拡張的な解釈・運用を主張することを意味する。この意味において、企業組織体責任論に代表される、刑事犯と行政犯の区別を否認する見解も、通説のような肯定説と同様の批判を免れないであろう。

2　行政刑法の特徴と問題点

行政刑法に属する刑事罰を伴う行政法規（すなわち行政刑罰法規）は数も非常に多く、その規制対象もさまざまである。ただ、これらの行政刑罰法規は、刑事刑法と比較するといくつかの特徴がみられ、同時に、これらは行政刑法の問題点でもある。そこで、これらの点について主要なものを概観し、その批判的検討を行っておこう。

（1）　行政刑罰法規は「法令数で一千以上、罰条数で一万近くあるものと推定される」（柵町）といわれるように、その数は非常に多く、これに条例上の罰則規定をも含めるとその数ははるかに増加するばかりでなく、新たな立法により年々増加している。しかも、それらの内容は交通、保安、環境、風俗、税財政、金融、経済……など種々雑多であり、それらの所管省庁も異なっている。このように、今日の行政刑法の実情をみると、国民生活のあらゆる分野にわたり、しかもささいな行政法上の義務違反に至るまで、刑罰法規の網の目が張りめぐらされているといってもよい。さらに、それらには類似した行為形態であるにもかかわらず、ある場合には犯罪として処罰され、他の場合には非犯罪化され、秩序罰（とくに過料）にとどまるなど、その制裁措置にはアンバランスがみられ、そこには統一的原理に欠ける面がみられる。

このように、今日の行政刑法の領域では、まさに「刑罰法規の氾濫」「刑罰インフレ」「刑罰の濫用」などと呼ばれうる現代的法現象がみられる。しかし、いかに行政刑法の領域であるからといって、あらゆる生活領域における軽微な義務違反についてまで犯罪化することは、刑法における謙抑主義からはもとより、刑法が果すべき独自の役割からみてもとうてい許されるべきではない。もし、これらの刑罰法規が文字通り厳格に解釈・適用されるならば、まさに警察国家とも呼びうるような事態が招来され、官憲により市民生活のすみずみまで監視・干渉されることになろう。このように、行政刑法においては、近代刑法における謙抑性や補充性の原則は形骸化しているといえる。

（2）　近代刑法においては、個人を自由・平等な存在であるとする基本思想を前提としつつ、団体責任や結果責任を排する立場から、犯罪の主体は自然人＝個人であり、「法人は犯罪能力を有しない」ものとされてきた。ところが、日本では、従来から行政刑法の領域では、法人企業が何らかの形でかかわりをもつかぎり、企業の規模やその組織実態を一切考慮することなく、大部分の行政刑罰法規の中に、自然人と同等に法人企業を処罰する規定がいわば無差別かつ無制限に設けられてきた。このような既成事実のもとで、学説は行政刑法の独自性・特殊性を根拠として、法人処罰を事実上肯定したり、さらには法人の犯罪能力を理論的にも積極的に肯定しようとする考え方が増加してきている。

このような今日の学説におけるすう勢に対して、私は今なお根本的な疑問をもっており、これを次に簡単にまとめておこう。その際、最近の法人の犯罪能力を肯定する見解は、従来のように観念的な議論ではなく、むしろ機能的または政策的なものであるから、この点に焦点を合わせて私のいくつかの疑問を列挙することにする。

① 法人企業自体を処罰することにより、その意思を決定し、現実に動かす諸個人に間接的に影響を及ぼすことによりその違法な活動を抑制しようというのは余りにも政策的な考え方であり、責任非難を中核とする刑事責任とは異質なものであろう。

② 法人処罰規定により現実に処罰されているのはほとんど中小零細企業であり、また仮に大企業に現在の罰金刑を科したところで刑罰それ自体としての威赫力は余り期待できないのではなかろうか。

③ 法人の犯罪能力を肯定するとしても、法人企業が一定の規模や組織形態を備える必要があるはずであるが、現行行政刑法においては、ほとんどの行政刑罰法規につき無原則的に法人処罰規定が設けられている。このような現実に対して肯定論者はどのように批判しうるのであろうか。

④ 諸外国の立法や学説についていえば、たとえばドイツでは、周知のように一九六八年の秩序違反法（Gesetzüber Ordnungswidrigkeiten）により法人に対する刑事罰（罰金）は一切廃止され、過料を科すことに統一されたのであ

り、また、アメリカでも、従来のように法人の刑事責任を余りにも安易に肯定する考え方に対して反省の動きも出てきている。

(3)　犯罪として刑罰を科し、刑罰権を発動するためには、社会的非行のうち、とくに権利または法益（生活利益）に対して実害またはその危険を生じさせる場合でなければならない。これが犯罪の本質に関する権利侵害説およびその延長線上にある法益侵害説である。とくに最近の日本では、犯罪、とりわけその違法性を倫理化・規範化・主観化することを拒否する観点から、従来の行為無価値論に対する厳しい批判がなされ、結果無価値論を徹底させようとする考え方が優勢になりつつある、といえよう。また、結果無価値論はもとより今日の行為無価値論も、違法性が結果無価値性に尽きないことを主張するが、だからといって、法益に対する実害またはその危険性を不要とするわけではない。そうだとすればおよそ犯罪として刑罰を科す以上、刑事刑法か行政刑法かといった観念的な区別なく、当該刑罰法規における保護法益は何かが明確にされなければならないとともに、この法益に対する実害、少なくともその危険性が認められる場合でなければならないはずである。そして、とくに行政刑法の問題状況との関連でいえば、ある行為を処罰するためには、行政取締り目的に照らして、当該行為を処罰する合目的的な根拠が認められるということでは不充分であり、あくまで、保護法益が明確であり、かつこれに対する実害または危険性が存在するという形で、その処罰の根拠と必要性が明らかでなければならない。

以上のような基本視角から現在の行政刑法をみると次のような重大な問題が含まれている。

まず、行政刑罰法規においても、そこには刑法により保護に値いする明確な法益が存在しなければならない。それでは行政刑法において、一般に保護法益と呼ぶに値するものが存在するのか、もし存在するとすれば、その具体的な内容は何か。この点に関して、たしかに、行政刑罰法規にも刑法犯に準じてその保護法益が個人の生命・身体・財産などのように明確な場合もないわけではないが、その大部分は刑法犯と比較して非常に抽象的で価値的であり、しかも不明確な場合が多く、いわば行政取締り目的の確保とでも呼ぶに値するような国家社会的利益である。そこで、法益とは法によって保護された利益であり、その内容は一切問わないというのであれば、行政刑罰法規には一定の行政取締り目的が存在する以上これらにもすべて法益が存在するということになろう。しかし、法益概念はこのように無限定で無内容なものではないはずであり、それは少なくとも行政取締り目的なりその対象とは区別される必要があろう。

次に、右のような法益論の問題とも関連して、行政刑法においては、刑法犯の場合と異なり、形式犯、すなわち法益に対する実害はもとよりその危険性をも要しない場合やこの形式犯と実質的に同じである抽象的危険犯の形で規定されるのが大部分である。従って、行政刑法では、刑罰法規が規定する行政上の義務に違反する行為（作為または不作為）が存在すれば、法益に対する実害やその危険性を何ら考慮することなく、ただちに犯罪は成立する。このように、仮に行政刑法にも保護法益が存在すると解するとしても、現実にはこの法益に対する実害や危険性を要しないものとされる点において法益侵害説または結果無価値論は形骸化されることになる。

以上のように、刑法犯においては、保護法益は比較的明確であり、これに対する実害や危険を要する実質犯として規定されているが、行政刑法の領域では、法益が不明確であり、しかも形式犯または抽象的危険犯として規定される場合が大部分である。そこでこのような行政刑法の現状に対して、法益侵害説または結果無価値論の立場から、抜本的な改善を求めるとともに、さしあたり、現行法の解釈論としてはこの方向にできるだけ近づけるような限定的解釈を行なう必要があろう。

(4)　犯罪が成立するためには、当該行為者に責任能力があり、さらに、故意または過失が認められなければならない。

まず、故意・過失については、刑法第三八条一項が故意犯処罰を原則とし、過失犯は「法律に特別の規定がある場合」に限りこれを処罰する旨を定めている。そして、刑法犯（さらに刑事犯）については、一般にこの旨の明文がある場合にのみ過失犯の処罰を認めるにすぎないが、これに対して行政刑法の領域では、その論拠づけや判断基準には見解の相違がみられうるが、判例はもとより学説の多くも、明文を欠く場合にも過失犯処罰を事実上肯定しているといえよう（最判昭和三七年五月四日刑集一六巻五号五一〇頁など。なお、その論拠につき東京高判昭和四〇年一月二九日下刑集七巻一号三六頁参照）。しかし、三八条一項の趣旨からすれば、行政刑法の領域だからといって明文上明らかでないのに過失犯処罰を「解釈」により肯定するのは、罪刑法定主義や明確性の理論からも疑問である。さらに、形式犯や抽象的危険犯につき過失の場合まで処罰するのは謙抑主義からも疑問である。さらに、形式犯や抽象的危険犯につき過失の場合まで処罰するのは過失犯は結果犯であるという実定刑法上の考え方が行政刑法の領域では大きく崩れ、むしろこの原則と例外とが逆転しているのである。この点に関して、私は、形式犯はもとより抽象的危険犯についても、よほど例外的な場合を除き非犯罪化し、刑罰以外の法的手段により規制すべきものと考える。なお、行政刑法における事実の錯誤と法律の錯誤の区別の問題などについては省略する。

3　行政刑法と不作為犯

(1)　行政刑法（行政犯）の狭義の刑法（刑法犯）に対する特徴は、行政刑法における不作為犯規定にどのように反映しているのであろうか。この点につきとくに重要と思われる問題を次に三つだけ取り上げることにする。

第一に、刑法犯においては、いわゆる「作為犯を規定した構成要件」、すなわち、私見によれば結果禁止構成要件（前述）が圧倒的部分を占め、真正不作為犯を規定するものは極く例外的にすぎないが、これに対して、行政刑法の領域では後述するように、構成要件的には、真正不作為犯が作為犯と同等か、むしろ数量的にも機能面でも、より重要な位置を占めているとさえいいうる。なお、行政刑法の領域にも、刑法犯に準じるような規定（刑事犯）も数多くみられるから、たとえば不作為による生活保護不正受給罪（生活保護法八五条）を典型とするように、結果犯を内容とするものの中には、不真正不作為犯の成立を認めうるものもある。

第二に、刑法犯においては、結果犯または実質犯が圧倒的部分を占め、また、真正不作為犯としての不退去罪、不解散罪についても不退去や不解散がもたらす一定の結果（住居や一地方の平穏を侵害すること）を想定することができるのであるが、行政刑法の領域では、刑法犯に準じる犯罪では結果犯か具体的危険犯の場合もあるが、それ以外の行政犯は、そのほとんどが形式犯かせいぜい抽象的危険犯（通説・判例では実質的には形式犯と余り変わらない）であるために、第一点との関連でいえば、不作為犯は形式犯または抽象的危険犯として処罰されることがほとんどであるということになる。

第三に、刑法犯では、故意犯が原則であり過失犯は例外的で、しかも明文が存在する場合にのみ処罰されるにすぎず、しかも、現行法上は、真正不作為犯であれ、不真正不作為犯であれ、故意犯の場合にのみ処罰されるにすぎないのに対して、行政刑法の領域では、過失犯処罰を明言しているものは少ないのであるが、明文規定のない場合にも解釈により過失犯処罰を認めるのが通説であり、判例でも、禁止規範（とくに実質犯）違反の場合には明文のない過失犯処罰にはおおむね消極的であるが、命令規範＝作為義務違反の場合にはこれを一般に肯定している。

(2)　行政刑法の領域では、真正不作為犯の規定が非常に多く、しかも処罰対象となっている不作為の態様も多様性をもつが、これらを整理するといくつかの行為（不作為）類型に分類でき、その主なものは以下の通りである。

①　行政機関の作為命令違反　　行政機関の命令には作為命令と不作為命令（すなわち作為の禁止）とがあるが、このうち行政機関により適法になされた作為命令＝作為義務に違反する場合がこれにあたる。たとえば、公害関係処罰法規にみられるように公害企業に対する知事の改善命令に違反する場合などがその典型である（大気汚染防止法、水質汚濁防止法、廃棄物の処理及び清掃に関する法律など）。

②　届出義務違反　許可制と届出制という理論的区別を前提として、届出制のもとでは届出を出さないという不作為＝作為義務違反自体を処罰の対象とし、無届出による作為＝不作為義務違反を処罰根拠とするわけではない（伝染病予防法三〇条における医師の届出義務違反など）。これに対して、許可制のもとでは、無許可罪は許可を受けないという不作為そのものではなく、無許可による作為＝不作為義務違反により処罰するのである。

③　報告・質問応答義務違反　許可制を前提として一定の行為禁止を解除する場合には、この制度に附随して行為者に所定の事項につき報告義務、質問に応答する義務を課し、これらの作為義務違反＝不作為を処罰する場合がこれにあたる。これらの罪においては、不報告罪、不応答罪と並んで虚偽報告罪、虚偽応答罪が規定されているが、作為と不作為をいかに区別するか、という理論的問題とも関連して、不備不完全な報告や応答の扱いにつき困難な問題がある。

④　帳簿等書類の備付・記載義務違反　③と同様、許可制に附随して行為者に所定の事項につき帳簿等の書類を備付け、これへの記載を義務づけている場合に、この義務懈怠を処罰する罪がこれにあたる（たとえば古物営業法）。この罪においても、不記載罪とともに虚偽記載罪が規定されており、③の場合と同様の問題がある。

⑤　表示・掲示・公表等義務違反　一定の事項につきその要式を問わずこれを表示・掲示・公表・公示等をすべき義務に違反する行為＝不作為を処罰する罪である。この罪は、たとえば、有毒物や危険物を取り扱ったり、危険性を伴う行為を行う場合等に、関係者や一般人に周知させるために課される義務である（たとえば、毒物及び劇物取締法の毒物劇物不表示罪）。

⑥　その他　許可証・免許証・登録証など一定の事項を証明する文書を携帯しない罪や責任者、専門要員等法律上必要な人的配置を行わない罪など行政規制の対象となる事業や活動の種類や性格に応じてそれぞれ独自の作為義務違反＝不作為が処罰されている。

以上のように、行政刑法上の真正不作為犯の規定は処罰対象となる作為義務違反＝不作為の態様別に整理すると大きく六つに類型化できるであろう。しかも、右のうち①から⑤までの五つの類型が行政刑法上の真正不作為犯の主要なものであり、しかもこれらの類型によりかなりの部分がカバーされうるであろう。

4　行政刑法運用上の問題点

(1)　行政刑法の運用状況

前述したように、行政刑罰法規は数も非常に多く、その内容も多種多様であり、その保護法益や処罰の合理的根拠も明確でないものも少なくない。このような刑罰法規が文字通り厳格に運用されるならば、国民生活のすみずみまで刑法的な監視・干渉のもとにおかれ、さらには「一億総前科者」といった事態をも招きかねない。

そこで、二〇一三年(平成二五)の通常第一審の終局処理人員についてみると、以下の通りである。地方裁判所では、総数五九、三一一人のうち、刑法犯三一、八一六人、行政犯一九、六〇三人である。行政犯のうち、覚せい剤取締法九、五五二人、道交法五、五〇二人、大麻取締法七二九人、入管法四七七人、税法等(所得税法、法人税、相続税、地方税、酒税、関税、消費税)二四五人、麻薬取締法二〇三人、その他二、一七九人であった。また、簡易裁判所については、全体七、八九二人のうち、刑法犯七、一〇六人、道交法(上記以外)五四六人、銃刀法四六人、その他一九一人であった。

以上のように、行政犯は刑法犯に比べてはるかに多いが、その中味をみると、行政犯のうち道交法関係他十の法令が圧倒的部分を占めている。従って、行政刑法に属する法令数は千以上もあるといわれるが、現実に運用されている法令は数が少なく、法令によっては制定後立件されたことのないものもみられる。

(2) 行政犯捜査の特徴

行政犯の捜査は、刑法犯のそれと比較してとくに捜査の端緒に大きな特徴がみられる。そこで、この点について検討することにしよう。

刑法犯、とくに個人法益に対する罪はそのほとんどが実質犯であり、犯罪による被害者や被害実体がかなり明確かつ具体的であるから、被害者自身やその周辺の人々による被害届や通報、さらには告訴・告発などにより、捜査機関は比較的容易かつ確実に捜査の端緒を得ることができる。これに対して、行政犯においては、先に詳論したように、その保護法益が国家社会的な利益であり、しかも明確性を欠く場合が多いばかりでなく、これらが形式犯または抽象的危険犯という形で規定されるのが一般であるために、いわゆる「被害者なき犯罪」の捜査に通常みられるように、捜査の端緒を得ることが一般に困難である。さらに、行政刑法の領域では、行政機関による行政指導や行政処分などが先行するのが通例であるから、この行政機関みずからによる通報や告発がないかぎり、捜査の端緒を見い出すことが事実上困難な場合もしばしばみられる。

以上のように、行政犯捜査においては、刑法犯のそれに比較して、被害者を含め一般市民から捜査の端緒を得ることが一般に困難であるばかりでなくそれを行政機関に依存せざるをえない側面もある。従って、行政犯捜査、さらには行政犯処罰においては、捜査の端緒がいかに厳正・公平に獲得されうるかが、重要な課題とならざるをえないのである。

(3) 行政刑法の治安政策化

われわれの市民生活は様々な、しかも、おびただしい数の刑罰法規により取り囲まれており、とくに行政刑法の領域では一般国民には予想もつかないような軽微でしかも身近な反社会的行為に至るまで刑罰法規が張りめぐらされている。そして、行政犯による一九七九年中の検察庁新規受理人数だけでも二一三万を越え、警察に発覚した人数はこの数字をはるかに多いし、さらに、警察にさえ認知されない人数に至っては無数に近いとさえいいうるであろう。そこでもしこれらの刑罰法規が文字通りに厳格に解釈・適用されるならば、多くの国民が犯罪者となる事態さえ生れ刑事司法は大混乱に陥いることにもなろう。このような事態を回避するためには、警察・検察における独自の裁量により事実上解決することがよぎなくされている。

わが国では、前述した通り実際上の必要性はもとより、法律的にも、捜査機関や訴追機関に裁量の幅が非常に広く認められているから、警察や検察による捜査活動や訴追活動をいかにきめ細かくコントロールすべきかを理論的に解明する必要性が大きい。その前提作業として、まず、どのような捜査活動や訴追活動が実際に行われているのかという実態を解明する必要があり、そのためには、この前提にある警察や検察の組織や機構の実態および法の運用方針＝政策そのものを実証的に分析することが必要であり、有効である。

四　結びにかえて

今日の刑法現象における特徴の一つは、「刑罰法規の氾濫」「刑罰インフレ」「刑罰の濫用」といわれるように、あらゆる生活領域において、しかもささいな非行に至るまで刑罰法規が張りめぐらされていることである。このような現象は、実は「行政権の肥大化」に伴ない行政刑法の領域が飛躍的に拡大したことによる。しかも、行政刑法の領域では、固有の刑法における一般的な原理や論理の著しい形骸化がみられ、いわば原則と例外とが逆転しているとさえいえるのである。すなわち行政刑法の領域では、法人処罰規定が常態化し、法益が不明確でしかもその危険性さえも要しない形式犯、抽象的危険犯が大部分を占め、しかも、明文なき過失犯処罰が広く行われているのである。さらに、行政刑法の領域では、真正不作為犯が、作為犯と同等に、いやそれ以上に数の上でも機能の面でも大きな比重を占め、不真正不作為犯はそれ程の重要性をもっていない。

以上のような行政刑法の理論上および実際上の問題を解決するためには、次のような抜本的な法改正や制度の確立が必要不可決であると思われる。

第一に、近代刑法の基本原則を堅持しつつ処罰範囲を限定し犯罪の純化をはかること、第二に、そのために、現在の行政刑法で処罰の対象となっているもののうち、たとえば不作為犯と形式犯（さらに抽象的危険犯）と過失犯とが重なっている場合や法人処罰などにつき非犯罪化する、第三に、その代りに、右の非犯罪化した部分につき、事前の行政的規制を強化するとともに必要最少限の範囲で、たとえばドイツの秩序違反法のような考え方を参照しつつ、刑事法上の諸原則をも考慮に入れながら、厳密な実体法および手続法をも含む法改正と法制度の確立を行なう。

右のような提言は、現状では実現が困難であるとしても、その理念に基づき少しづつでも現状の改善をはかるとともに法の解釈。適用にあたっては、このことが充分に考慮されなければならないであろう。

〈引用・参照文献〉

福田平『行政刑法（新版）』（一九八八）

藤木英雄『行政刑法』（一九七六）

棚町祥吉『行政刑法』（一九七四）

佐伯千仭『刑法における違法性の研究』（一九七四）

井戸田侃「行政法規違反と犯罪」佐伯千仭博士還暦祝賀『犯罪と刑罰㊤』（一九六八）

中川祐夫「行政刑法序説」・前掲『犯罪と刑罰㊤』（一九六八）

浅田和茂「行政と刑法」中山研一編『現代刑法入門』（一九七七）

拙稿「不作為犯の現代的課題―行政刑法批判の一視角―」静岡大学法経研究三一巻一・二号（一九八二）

第八章　企業犯罪の理論

はじめに

かつて、私は、公害犯罪に関連して企業犯罪研究の課題と方法について論じたことがある。そこで述べた私の問題意識を前提として、本章では、企業犯罪とは何か、企業犯罪にはどのようなものがあるか、そして、企業犯罪の実質的な処罰根拠をどのように理解すべきか、という企業刑法研究における最も基本的な問題について論じることにする。この考察によって、今後の企業刑法研究の課題と方法を明らかにしたいと思う。

一　現代社会と企業犯罪

戦後日本では、一九六〇年代の後半以降、産業公害により地域住民の生命や健康が侵害されたり、買占め・売惜しみ、やみカルテル、やみ再販による物価高騰が国民生活を混乱に陥れたり、さらには「政治献金」といった名目による政官界への贈収賄、「手みやげ」つき天下りなど、政財官の癒着により立法や政策が歪められ、地域住民、労働者、消費者、中小企業者はさまざまな犠牲と忍耐を強いられた。このような大企業の違法な活動に対して、これに反対する世論や運動が高まるなかで、かつて刑法学界でも公害犯罪をはじめこの種の企業活動に対する刑事規制のあり方が大いに論議されるに至った。この頃から「企業犯罪」という用語が広く用いられ、企業犯罪が現代（社会）型犯罪の一典型として多くの関心を集めたのである。このなかで、企業犯罪論に関して、伝統的刑法理論の限界を指摘するとともに、とくに大企業の社会実体に着目し、その違法な活動から「社会的弱者」である地域住民、労働者、消費者等を刑法により積極的に保護しようとする新しい理論が提唱された。これが企業組織体責任論であり、この理論を前提とする法人犯罪能力論、過失に関する危惧感説等である。しかし、これらの理論に対しては、伝統的立場からの批判も強く、実務のレベルでも、危惧感説に好意的と思われる運用もみられたが、その後、この影響も次第に薄れてきているように思われる。

それでは、右の企業組織体責任論が指摘したような違法な活動は解決されたのであろうか。この点につき、企業犯罪の典型とされる公害犯罪を例にとると、「低成長」時代にある今日、たしかに六〇年代後半のような「高度成長型公害」は鎮静化したかにみえるが、逆に、経済不況を原因とし、またこれを口実とする公害（「不況型公害」）は今後の大きな問題であり、さらに公害の多様化や新たな公害や環境破壊も進行しているのである。加えて、『公害対策より不況対策が先だ』といった今日の風潮を背景として、行政や企業の側に公害問題を軽視する動きが急速に浸透する一方で、公害に反対する世論や運動が後退している現状をみると、かつてのような深刻な公害問題の再来さえ危惧されるのである。そして、このような事情は、先に述べた公害以外の違法な企業活動についても妥当する。

ところで、企業組織体責任論およびそれを前提とする企業犯罪の理論に対して、当時、いくつかの理論的および実際的疑問を抱いている点では、私も伝統的立場と同様である。しかし、前述したような企業組織体責任論者により提起された違法な企業活動の現実が解消されていない以上、これに対処するための理論的かつ現実的な展望を示すことこそ現代刑法学に課された大きな課題であろう。このような観点からみると、伝統的立場の人々からは、企業組織体責任論に対する伝統的理論の優位性はしばしば主張されてきたが、この理論に代わりうるような全体的な構想はいまだ提示されていない、といえよう。

以上のような企業犯罪の理論と現実を前にして、企業犯罪研究はいかにあるべきか。この点に関して、私は、かつて、公害刑法の領域について、企業犯罪研究における学際的かつ総合的な方法の必要性を強調するとともに、その研究課題として次の三つを指摘したことがある。すなわち、①企業犯罪の政治経済学的な原因や背景は何か（犯罪原因論）、②違法な企業活動に対する刑事的規制はいかにあるべきか（規範論）、③企業犯罪に対する国家刑罰権の発動につきその実効性はいかに確保されうるか（法運用論）がそれである。しかも、これらの研究は、相互に関連させながら全刑法学的視野のもとに行わなければならない。このことを右の規範論についてみると、規範論的研究は、一方では、有効な刑事政策の確立を展望しつつ、他方では、警察・検察・裁判所といった刑法を現実に運用する機関（国家刑罰権力）への慎重な配慮が要求されるのである。観点を変えていえば、このような研究態度は、刑法が果すべき法益保護機能と自由または人権保障的機能に対応するものである、といえる。

このような基本的立場にたつならば、企業犯罪研究は、企業犯罪の規範学的研究にとどまらず、企業犯罪の実態や刑事法運用の実態をも視野にいれた、まさに総合的かつ学際的な研究でなければならないであろう。

二　企業犯罪の意義と現状

1　**企業犯罪の概念**

「企業犯罪」の概念は実定法上のものではないだけに、その意味は必ずしも明確ではない。しかし、企業犯罪の原因や対策に関する刑事学的研究にとって、また、解釈論のレベルで企業活動に関する刑事責任のあり方を論じる以上、企業とは何か、企業犯罪にはどのようなものがあるか、を明らかにする必要があろう。

ところで、従来の通説・判例は法人の犯罪能力を否定していたが、行政刑法の領域には、さまざまな企業活動に関して「両罰規定」と呼ばれる数多くの法人処罰規定が現に存在するところから、実際上、法人企業の処罰にあたりその要件や論拠につき論じざるをえなかった。この意味において、「法人の刑事責任」とか「法人処罰」と称して、実質的にはここにいう企業犯罪の問題が従来から論じられてきたのである。ただ、そこでは、今日のような「企業」と呼ばれる経済的・社会的な実態が捨象され、「法人」として抽象的に理解されてきた、といえる。そして、企業という社会実体的概念のもとに法人企業の刑事責任が論じられるようになったのは、おそらく戦後の高度経済成長の副産物としての産業公害が深刻化・全国化した一九六〇年代後半以降、とくに七〇年代に入ってからのことであろう。

それでは、今日の企業による違法な活動を理論的に分析する場合、企業犯罪の概念はどのように理解することが有効であろうか。この点につき、法人処罰を肯定する実定法を前提とすれば、「企業犯罪とは、企業関係者または企業体自身が企業の業務として行う活動に対し刑事責任が問われること」とでもいえよう。ただ、このような企業犯罪の定義も、あくまで現行法上の法人処罰規定の存在を前提とするものであり、**3**で述べるように仮に法人の犯罪能力を否定する立場に立てば、これは理論的には誤った定義であるということになる。

2　企業の諸形態

企業犯罪は企業活動を前提とする。ただ、ここに「企業」といっても、出資者の単複により共同企業と個人企業があり、出資の形態の観点からは、公企業、私企業、混合企業などがある。さらに、その大部分を占める私企業にも、広狭二義があり、広義では、営利の目的の有無を問わないが、狭義では、営利を目的とする私企業にかぎられる（商法は狭義の企業）。このように、企業といってもその数は膨大であり、しかも、そこには多種多様なものが含まれる。そこで、企業犯罪の理論的分析にあたっては、研究目的に即して企業を類型的に考察する必要がある。この点に関して、さしあたり次の三点を指摘するにとどめる。

実定法的には、企業活動に関連する両罰規定（いわゆる「三罰規定」を含む）に広くみられるように、企業は「法人又は人」という区別がある。このような法人企業か個人企業かという区別は、単に、当該企業が、法律上「法人」という形態をとるか否かという形式的なものにすぎない。しかも、法人企業のなかでも「法人」とは名ばかりで、税対策（節税）上の必要や社会的信用を得るための手段といった便宜的な理由にもとづき、「法人」という形態をとる企業も多いといわれる。

そこで、企業を社会実体的にみると、その企業規模はもとより、組織実体や業種にも大きな差異がみられる。企業規模についていえば、実定法上も、企業の資本額と常用従業員数を基準として、「大企業」と「中小企業」との区別があり、両者の間に社会経済的な格差があることを認めたうえで、中小企業基本法等一連の中小企業保護立法を設け、さらに、後述するように大企業から中小企業の利益を守ろうとする法律さえ存在する。さらに、旧財閥系および銀行系の企業集団を典型として、巨大企業が数多くの関連または系列企業を組織し、「元請企業」と「下請企業」、「支配企業」と「従属企業」の間には、もはや相互互換性は存在しないのである。このような企業規模とも関連して、その組織実態をみても、まさに、「企業組織体」と呼ぶに値するような近代的・合理的組織を備える大企業から、およそ「企業組織体」の名に値しない中小企業もあろう。また、前述した下請企業従属企業は元請企業支配企業に対して意思決定をも含め支配と従属といった組織的関係をよぎなくされる場合も少なくない。

ところで、全産業法人企業につき資本金別に大企業と中小企業との間の企業数および従業者数（括弧内）とを比較するならば、中小企業（従業者三〇〇人以下。ただし卸売業・サービス業は一〇〇人以下、小売業は五〇人以下）の割合は企業全体の九九％以上であり、その従業者総数は全労働力人口の七割近くを占める。

以上のような企業、とくに法人企業の社会的実態をふまえたうえで、違法な企業活動に対し、だれの（法人企業およびその構成員）どのような活動に対して刑事責任を追及すべきか、が検討されなければならない。同時に、現実の法運用において、どのような企業に対し企業犯罪として刑事責任が問われているかに関しても実証的に分析される必要があろう。

このような観点からみるならば、とくに、従来の「法人の犯罪能力」をめぐる議論は余りにも観念的であるように思われる。より具体的にいえば、前述したような法人企業の社会的実態を捨象して、「法人」という法形態をとるがゆえに刑事責任が追及されるというのでは余りにも形式的思考にすぎないであろうか。このことは企業組織体責任論についてもいいうるのであり、この論者が想定するような「企業組織体」は近代的・合理的な意思決定のシステムと組織体制を備えたかなりの規模の大企業にしか妥当しえないであろう。

3　個人処罰と企業体処罰

企業犯罪の概念につきすでに検討した。この概念を前提として、企業犯罪を行為主体の観点から分類し、それぞれの理論的な問題点を指摘することにする。ただ、ここでの課題は企業犯罪の全体像を概観することによって、企業犯罪に関する基本的問題を素描することであって、厳密な解釈理論を展開するのは別の機会に譲らなければならない。

ところで、企業犯罪は企業関係者による業務関連行為の存在を前提とするが、この「企業関係者」といっても、企業の組織実態に対応して、具体的にはさまざまな地位と役割がある。ただ、実定法を前提とする場合には、企業犯罪のなかにも、⑴経営陣犯罪、⑵従業者犯罪、⑶企業体犯罪、の三類型が存在し、それぞれにおいて実定法上の処罰根拠が異なる（ただ、⑴と⑵では個人処罰という点で部分的に重なりうる）。

（1）経営陣犯罪

経営陣犯罪（トップ・マネジメント犯罪）とは、企業の経営陣、すなわち、企業の経営・管理に責任をもつ首脳部がその経営・管理のあり方につき刑事責任を問われる場合である。

この経営陣犯罪も、さらに次のような類型化が可能であり、また必要である。

① 経営陣みずからが、直接正犯者として一般市民が犯しうるような刑法犯や特別法犯を犯し企業外の人々に直接・間接の被害を及ぼした場合（たとえば取締役自身による詐欺罪）

② 経営陣が一般従業者による違法な業務活動に対して共犯または間接正犯の関係にある場合（たとえば、取締役が詐欺にあたる営業活動を指示する場合）

③ 経営陣が経営陣という身分を有することにより犯しうる犯罪（身分犯）を犯す場合（たとえば商法第七章の罪）

④ 経営陣が、その監督責任懈怠により一般従業者の不適切な行為を招き、犯罪結果を惹起した場合（最近のいわゆる「監督過失」または「監督（者）責任」の場合）

⑤ 経営陣が、一般従業者の違法業務行為に対し、事業主処罰規定により選任監督義務違反として処罰される場合（両罰規定違反）

（2）従業者犯罪

従業者犯罪とは、一般従業者、すなわち右の「経営陣」以外の従業者（役職者を含む）が犯罪にあたる業務関連行為を行うことである。この従業者犯罪がいかなる場合に、ここにいう「企業犯罪」といいうるか、の問題がある。この点について、次のような場合には企業犯罪のなかに入れてよいであろう。

① 従業者犯罪につき、⑴で述べた経営陣犯罪が成立する場合（この場合は、むしろ経営陣犯罪であることにより企業犯

罪となる）

② 従業者犯罪につき、事業主処罰規定により事業主としての法人企業または個人企業が処罰される場合（この点につき(3)参照）

③ 右の①②に関し経営陣や企業体が不可罰であったとしても、実質的に企業全体の経営・管理のあり方に欠陥が認められる場合は、従業者犯罪が可罰的であるかぎり、企業犯罪といってよいであろう。ただ、従業者犯罪が企業の経営・管理のあり方における欠陥により行われたことを要する。

④ 従業者犯罪が現場または末端の従業者により行われた場合で、以上に述べたいずれにもあたらない場合に、企業犯罪と呼ぶべきケースがあるか、が問題となる。結論的にいえば現場または末端の従業者の犯罪につき、経営陣以外の役職者（直属の部課長）も刑事責任を問われるような場合には、企業犯罪の範疇に入れてもよいように思う。

(3) 企業体犯罪

企業体犯罪とは、企業関係者、すなわち経営陣または従業者による刑罰法規違反の業務関連行為につき企業体自体が刑事責任を問われる場合である。実定法上は企業関係者の行為に対し刑事責任を問うとともにその事業主たる法人企業または個人企業をも処罰するという両罰規定の方式が一般採用されている（なお、かつては代罰または転嫁罰規定がみられたし、今日では、いわゆる「三罰規定」と呼ばれる立法形式を採用する法律も若干みられる）。

ところで、右の両罰規定に関する最近の理論状況についてては別の機会に詳論することとして、ここでは、法人企業処罰の前提問題である「法人の犯罪能力」の問題について、私の基本的な問題意識を述べるにとどめる。

法人の犯罪能力につき、現在、全面否定説、二分説（または部分的肯定説）、一般的肯定説（企業組織体責任論の立場）、の三説がある。これらの説に対する私の基本的な疑問は次のとうりである。

① 全面否定説は、法人の犯罪能力を否定しながら、結果的には、実定法上の法人処罰規定を根拠として法人処

罰を認めるが、これでは犯罪を犯していない者を処罰することであり、みずから理論的な破綻を立証することになろう。この説では、法人処罰規定を廃止し、他の制裁手段に委ねるのが論理一貫することになる。

②　二分説は、自然犯・刑事犯と法定犯・行政犯という不明確な区別を前提として、後者では行政取締りの現実的必要性から法人の犯罪能力を肯定しうるものと解するのであるが、いずれの場合も犯罪として処罰される点では全く同じであるばかりではなく、犯罪か否かの問題をこのように便宜的・政策的に考えるところに根本的な疑問がある。

③　一般的肯定説は、「企業組織体」の社会実体に着目し、これに対する刑罰の必要性・有効性を説くが、前述したような法人企業の実証的・類型的把握が不充分であるために、この論者の意図とは逆に、実際には中小企業を広く、かつ、重く処罰する理論として機能するおそれがある。

ところで、これら三つの学説は後述するように、それぞれ思考方法を異にするし、理論のたて方も異なるが、これら三説は結果的には共通する点があり、これこそ最も重要である。この共通点とは、現在の法人処罰規定を法的根拠として、実際上は法人処罰そのものを肯定または容認していることである。

これに対して、私は、法人の犯罪能力を否定する立場から、現在のような無原則かつ無限定に法人処罰規定を設ける実定法の考え方そのものに根本的な疑問をもっている。そこで、この理由を先の三つの学説における思考方法に関連して簡単に述べておこう。

法人の犯罪能力論における三つの学説のうち、全面否定説は近代刑法上の原理・論理に忠実な純理論的方法に特色があり、二分説は企業犯罪の抑止という一種の刑事政策的方法の重要性を説き、一般的肯定説は社会経済的、機能的な方法を重視する考え方である、といえよう。仮にそうだとすれば、これらに示されたそれぞれの思考方法自体は、いずれも必要不可欠なものであるが、さらに、これらの方法を調和させうるような、まさに総合的視野が強調されなければならない。このような観点から、具体的に法人企業による違法な活動に対する対応の仕方の概略を述べれば次のようである。

第一に、近代刑法の原理や論理からすれば個人責任の追及にかぎられ、法人の犯罪能力は否定されるべきである。そして、これを否定する以上、法人企業を処罰することは許されず、現在の法人処罰規定は廃止されるべきである。このような考え方は、すでに現在のドイツにおける「秩序違反法」(Gesetz über Ordnungswidrigkeiten) にみられるところであり、このような抜本的法改正こそドイツ刑法から日本の刑法が学ぶべき最も大きな教訓である。

第二に、現在のわが国の法人処罰規定は、刑事政策的にも、先の二分説が強調する程の有効性をもつとは考えられず、むしろ、法運用の実態をみても『大企業にあまく、中小企業にきびしい』といえるのである。そして、企業、とくに大企業の違法な活動を抑止しようとするなら、現在のような大企業にとってほとんど抑止効果のない罰金で事足れりとするのではなく、強力な行政指導や各種の優遇措置の停止、さらには現行のさまざまな行政的制裁を駆使した事前の抑止策を講じることが最も有効である。

第三に、企業による違法な活動を抑止するためには、**二**の**2**で概観したような企業の実態や産業構造をさまざまな観点から実証的・類型的に分析したうえで、たとえば中小企業者に対する国や自治体による適切な指導・助言や保護・育成をも含めきめ細かい対策を講じるとともに、あえて違法な活動を行う企業に対しては、二点目に述べたようなさまざまな制裁手段により対処すべきである。

三　企業犯罪と被害者

1　企業犯罪と法益論

前述したように、刑法の機能の一つとして法益保護機能があげられる。このことにも関連して、犯罪は法益侵害、すなわち一定の法益に対する実害または危険性を有する行為でなければならない。従って、犯罪論においては、法益論は決定的な意義を有するのである。なかでも、法益とは何か、またその侵害性、とくに危険性とは何を指すか、は基本的な問題である。この問題を検討する素材として、企業犯罪に関連する刑罰法規をとりあげることにする。

ところで、法益のうち、個人法益は、生命・身体・財産・名誉というように、保護の対象となる利益（＝生活利益）が比較的安定的で明確である。従って、法益侵害性の認定も比較的容易である。ところが、社会法益や国家法益については、この「社会」とか「国家」とは何か、とくにそれらを具体的に構成する諸個人とどのような関係にあるのか、さらに、諸個人の量的和を超えるような社会や国家といった全体を認めうるのか、という根本問題が横たわっている。この点に関する科学的および価値論的な吟味を欠く場合には、個人法益＝諸個人の生活利益の保護を中核とする法益論の自滅につながり、政治的には国家主義や全体主義に陥ることになろう。さらに、後述するところであるが、社会法益や国家法益は、その一般概念そのものもさることながら、具体的に、社会法益や国家法益に対する罪とされるものも、その内容が抽象的・観念的でしかも何が保護法益なのか明らかでないものも多い。それに伴って、これらの社会法益や国家法益に対する法益侵害、すなわち実害または危険とは何を指すかが不明確になり、具体的に特定できない結果となる。犯罪類型の大部分を占める行政または特別刑法の領域において、形式犯や抽象的危険犯（通説・判例では、抽象的危険犯は実質的には形式犯と同じである）が大半であるのも、このような社会法益や国家法益の問題性と密接に関連している。

このように、法益論を中核とする刑法学において、法益の内容とその侵害性の確定は最大の問題であるが、とりわけ社会法益を再検討するか、これを精緻化することが早急に検討されるべきであろう。

ところが、後述するように、企業犯罪に関連する刑罰法規は行政刑法・特別刑法の領域に多いのであるが、この領域には、社会法益や国家法益に対する罪が圧倒的な部分を占めている。しかも、前述したような社会法益や国家法益がもつ本質的問題は、じつは、行政刑法・特別刑法の領域において最も深刻な形で現れるのである。すなわち、この領域には、社会法益・国家法益に対する罪とされるが、何が法益なのか、いなむしろ、なぜ法益なのか明らかでないものが非常に多い。もう少しいえば、国家（および自治体）がある一定の政策を実現するために法律を造る場合、ここに規定された禁令を担保するために、無原則・無限定といってよいほど安易に罰則規定を法律の末尾に設ける。その結果、まさに、今日の「刑罰法規の氾濫」「刑罰インフレ」等と呼ばれるような異常な事態が生み出されたのである。そして、このような事態が、現代日本の刑事法や刑事司法のあり方をいかに歪めているかは、『不作為犯の現代的課題』に関連して、すでに第六章で指摘した通りである。

それでは、右に述べたような社会法益や国家法益の致命的な問題をいかに克服すべきか。この克服の道として次のようなことが考えられる。すなわち、①「刑罰法規の氾濫」といった異常な現象を解消するために、行政刑法・特別刑法のうち、必要最少限のものを残して、それらの大部分を思い切って廃止し、他の法領域において処理すること（前述したドイツの「秩序違反法」がこの考え方）、②社会法益や国家法益に対する罪のうち、できるだけ個人法益に還元すること、③法益論とともに刑法的保護の対象となる社会実体的利益を確定し、この利益に対する侵害性の有無を考慮すること、がさしあたり考えられる。このうち、結論的にいえば①の方法が最も妥当であるが、現実的には、この実現には時間がかかるであろう。また、②の方法も、たとえば風俗犯のように個人法益への還元が可能なものもありうるが、その範囲は非常に限られるであろう。そこで、私は、③の考え方に従って、具体的に、企業犯罪に関連する刑罰法規につき、その可能性を探ってみたい。

2　企業犯罪の特徴

犯罪主体である企業の規模や業種等の違いによって、企業犯罪による被害の内容や範囲もさまざまである。たとえば、中小または零細企業の場合には、一般の個人間の犯罪における被害と何ら異なるところはなく、あえて企業犯罪として特別に考慮するに値しない。これに対して、大企業、とくに巨大独占企業の場合にはその特異な社会的地位と役割に関連して、これによる違法な活動による被害は、個人間の場合とは単に量的のみならず、質的な差があるといっても過言ではない。実定法上、大企業の組織や活動を特別に規制する立法が数多く存在するのもこのことを前提とするからに他ならない。

ところで、従来の刑法学において、犯罪による被害といえば、法益論の観点から、当該犯罪（類型）の保護法益に対する被害が念頭におかれていたといえる。このような観点からは、企業犯罪により多数の広範な人々の生命・身体・財産に被害が及ぶ場合にも、個人法益の観点から、特定の諸個人の法益が多数侵害されたと考えるか、さもなければ、社会または国家法益の観点から、「社会」または「国家」といった抽象的・観念的な存在が被害者として想定されざるをえない。しかし、現代における企業およびそれによる被害の実態を社会実体的にみるならば、右のような伝統的な法益体系論では余りにも抽象的であり、かつ、不明確にならざるをえない。なぜなら、大企業があらゆる社会領域で圧倒的な影響力・支配力を及ぼしている現状のもとでは大企業の違法な活動は国民諸階層に大きな被害をもたらしているからである。さらにいえば、大企業は一種の社会的権力であり、しかも巨大独占企業は国家による庇護のもとにある社会的権力であるから、この被害者である国民諸階層とは非互換的・非代替的関係にある。

この意味においては、企業組織体責任論者（とくに板倉）がいうように、企業組織体と被害諸階層とでは、社会的強者と社会的弱者の関係にあるといえる。たとえば、大企業と住民、労働者、消費者との関係をみても、このことは明らかであろう。

このように、企業犯罪においては、加害者と被害者との間で階層性が認められるのである。そこで、企業犯罪における被害を社会実体的に把握するためには、伝統的な法益体系論、すなわち、個人・社会・国家という法益の考え方だけでは不充分であり、地域住民、労働者（従業者）、消費者、中小企業者といった企業と密接な関係にある社会的諸階層の階層的な生活利益という考え方が必要不可欠である。そして、この社会的諸階層の生活利益は、個人法益におけるような特定された諸個人の利益そのものではないし、社会法益におけるような社会公共＝不特定または多数の個人という抽象的存在の利益でもない。この利益はこれら諸階層を構成する諸個人の生活利益に還元しうるがこの利益がその階層にとって共通の利益でありしかもこの階層的利益を守ることによってこの階層に属する諸個人の利益が維持されうる点に特色がある。

このような現代社会における利害の階層化を反映して、実定法上、企業と利害関係が対立する各階層の利益を保護するための立法が広く存在する。労働者保護、消費者保護、中小企業者保護といった一連の弱者保護の立法がそれである。しかもこれらのうち、多くの法律は、違法な企業活動から右の諸階層の階層的な利益を保護するための刑罰法規を規定している。これらの刑罰法規は行政または特別刑罰法規に属するが、これら諸階層にとって健康や生活等切実な生活利益を刑法的に保護しようとするものであって、抽象的な「社会」や「国家」の利益を保護するのではない。従って、これらの刑罰法規は行政または特別刑法に属するとか、社会または国家法益の保護を目的とする罪であるという形式的な理由だけで軽視されることは許されない。また、右の諸階層の切実な利益を保護するものであるということを考慮したうえで、それらの刑罰法規は解釈・運用されるべきであろう。

ところが、現実の法運用においては、右の諸階層の利益を擁護する立場から、これら一連の保護立法が充分に活用され、また、前述した刑罰法規が積極的に運用されているとは必ずしもいえない。このことは、かつて、公害関係立法の運用について指摘されたところである。このような社会的背景のもとで、諸階層がみずからの利益を擁護するために、公害反対住民運動、労働運動、消費者運動、といった社会運動を展開する必要に迫られる。これらの運動は、労働運動はもとよりのこと、公害反対運動が公害問題の解決にあたって果した役割についてすでに多くの人々により指摘されているように、企業による違法な活動をコントロールするうえで非常に重要な意義をもつのである。このことは、企業犯罪に関する刑事政策を論じるにあたり、不可欠の視点である。

以上のところから、企業犯罪研究において、企業の違法な活動による被害を社会階層的に把握することは、解釈論はもとより、刑事政策のレベルでも重要な意義をもつことが明らかとなったであろう。そこで、このような観点から、以下、企業犯罪に関連する実定刑罰法規を体系的に整理することにしよう。

3　企業犯罪と国民諸階層

企業、とくに大企業による違法な活動から国民諸階層の生活利益を保護するという観点からみると、このような機能を果す実定刑罰法規は実にさまざまなものがある。そこで、各階層ごとに、これらの刑罰法規のうち典型的なもの、とくに、法人処罰規定（両罰または三罰規定）を含む刑罰法規を中心にいくつか例示しつつ、企業犯罪と国民諸階層とのかかわりを素描することにしよう。その際、企業の規模や業種によって企業にかかわりをもつ国民階層は細分化も可能であるが、ここでは、具体的には、地域住民、労働者、消費者、中小企業者に大別して検討することにする。

(1) 地域住民に対する罪

企業と地域住民とはさまざまなかかわりをもつが、企業が地域住民の安全、健康・衛生、生活環境などに関して刑罰法規に触れる活動を行う場合がこれにあたる。

(i) 地域住民の生命・身体・財産等の安全を害するケースとして、大規模火災、ガス爆発、危険物による災害といった「企業災害」がその典型であり、関連刑罰法規として、業務上過失致死傷罪等刑法上の罪のほか、危険な事業活動を規制するために、消防法、ガス事業法、火薬類取締法、石油コンビナート等災害防止法、核原料物質、核燃料物質及び原子炉の規制に関する法律等に、「公共の安全」を目的とする刑罰法規が設けられている。

(ii) 地域住民の健康・衛生に関しては、大気汚染、水質汚濁など産業公害がその典型であり、これらに対処するために、人の健康に係る公害犯罪の処罰に関する法律をはじめ、大気汚染防止法、水質汚濁防止法、廃棄物の処理及び清掃に関する法律といった一連の公害関係刑罰法規がある。

(iii) 地域住民の生活環境を保全することを目的とする立法にはさまざまなものがあるが典型七公害の一種としての騒音、振動、悪臭などにつきそれぞれ規制法があり、地域の風俗（風紀）の維持につき風俗営業等取締法のほか児童福祉法や軽犯罪法にもこの種の刑罰法規が散見される。

(2) 労働者に対する罪

労働者と企業（使用者）との間の著しい力関係の差（実質的不平等）を前提として、労働者の権利や利益を直接・間接に保護しようとする一連の労働立法があり企業がこれに違反した場合に刑事責任が問われることが多い。ここにも、大きく集団的労働関係を規律する立法と個別的労働関係を規律する立法とがある。

(i) 集団的労働関係に関しては、憲法が保障する労働基本権（団結権、団体交渉権、争議権）に基づき、労働組合を中心とする労働者団体が団体（組合）結成、団体交渉、争議その他団体行動を行うに際し、使用者（企業）が差別・妨害・

抑圧等を行った場合が問題となる。この点に関して、現行法では、使用者側のこれらの行為自体を直接的に処罰する規定（直罰規定）を設けておらず、その手段が、たとえば暴行、脅迫、強要、逮捕・監禁、名誉毀損・侮辱などといった労働者個人の法益を侵害する場合に処罰されることは別論として、右のような使用者側の行為は、労働組合法七条の不当労働行為に該当するが、この不当労働行為に対し労働委員会（最終的には確定判決）が救済命令を発することになっており、使用者側がさらにこの命令に違反した場合にのみ処罰されるにすぎない（労組法二八条）。

(ii)　個別的労働関係については、個々の労働者の権利や利益を保障するためにさまざまな労働（者）保護立法があり、企業（使用者）がこれらに違反する行為を処罰する規定も多い。

①　労働者の安全・衛生に関しては、労働基準法四二条を受けて労働安全衛生法が詳細な規定を設けている（罰則規定は一一六条から一二二条）。また、事業場の特殊性に対応して、鉱山保安法、じん肺法等がある。さらに、事業場の火災・爆発・落盤等の労働災害に伴う人身事故に対しては、右に掲げた法律の違反罪のほか、刑法上の業務上過失致死傷罪等の責任が問われうる（なお、これら労働災害に対する災害補償に関し、労働者災害補償保険法に罰則規定がある）。

②　労働者の労働条件に関しては、労働基準法が強制労働禁止をはじめ、労働時間、休日、休暇等の最低基準を定め、賃金については、最低賃金法のほか家内労働法があり、これらの法定基準違反に対し数多くの罰則規定が存在する。

③　労働者の雇用のあり方に関しては、労働基準法に年齢制限、女子・年少者の就労制限等の規定があり、解雇についても、同法に解雇制限、解雇の予告等が規定され、これらに違反する場合は処罰される。また、雇用または職業の安定と促進を目的とする職業安定法には、職業安定所等公的職業安定機関以外が行う職業紹介、労働者の募集、労働者供給事業につき制限や条件を定め、これに違反する行為を処罰している。

(3) 消費者に対する罪

ここに「消費者」とは、他人、とくに企業から商品物資や役務（サービス）の提供を受けている者をいう。従って、この意味の消費者にはすべての国民が含まれるのであり、現代社会では人は企業からの商品やサービスの供給なしてその生活は成り立ちえない。とりわけ、今日のような大量生産・大量消費の時代では、大企業が日常生活に必要な大部分の商品やサービスを提供しており、しかも、このような大企業と消費者とでは、経済力や情報量に圧倒的な差がある。このような現状のもとでは、消費者保護は個々の消費者にとっても、さらには国民経済全体の面からも必要不可欠である。そのため、現行法上、消費者保護を目的とする立法は多種多様であり、これに関連する刑罰法規も膨大な数にのぼる。

(i) 商品・サービスの欠陥　企業により消費者に提供される商品やサービスは一般に期待される品質・内容を備えていなければならない。そして、商品やサービスに欠陥があれば、消費者はさまざまな損害を被ることになる。

① 商品・サービス自体に欠陥があるに止まる場合（「品質瑕疵」）、不当表示を伴えば不当表示に関する罪（後述）が成立しうるとともに、財産的損害の程度によっては刑法上の詐欺罪も成立しうる（ただし故意が必要）。それ以外の場合には民事上の責任を負うに止まる。

② 商品・サービスの欠陥により消費者の他の財産や生命・身体に二次的な被害を生じさせた場合（「拡大損害」）、財産的損害については①に述べた罪が成立するとともに、商品・サービスの欠陥が安全性にかかわるならば、危険な商品につき、たとえば食品衛生法、薬事法、消費生活用品安全法等、また、危険なサービスについては、たとえば消防法、道路運送法、航空法等の違反罪が問題になる。さらに、食品・薬品公害、ホテル・デパート火災などにみられるように、生命・身体に対し実害を発生させた場合には、刑法上の業務上過失致死傷罪の成否が争われる。

(ii) 自由・公正な取引方法の逸脱　独占禁止法を頂点とする一連の経済法において、消費者保護を直接または間接の目的として、自由・公正な市場メカニズムを確保しようとする立法がある。これらの立法は次の三つに大別しうるであろう。

①　独禁法三条は、自由競争市場を確保する立場から、特定または少数の企業による市場支配を排除するため、私的独占の禁止（すなわち、単数または少数の企業が他の企業活動を支配・排除することの禁止）および不当な取引制限の禁止（すなわち、同種の事業を営む企業の間での共同行為の禁止）を定めている。ただ、これらの禁止に違反する行為は犯罪を構成するが（同法八九条）、公正取引委員会がこの犯罪にあたると判断し、これを検事総長に告発した場合に、はじめて刑事訴追ができるにすぎない（同法九六条、七三条）。

②　商品またはサービスの公正な取引秩序を維持する立場から、独禁法一九条が規定する「不公正な取引方法」（昭五七・六・一八公正取引委員会告示一五号参照）の禁止の趣旨をうけて、商品・サービスに関する適正な表示を確保するための立法として次のようなものがある。まず、不公正な取引方法を禁止する独禁法の特例として、不当景品及び不当表示防止法は虚偽・誇大・偽瞞による不当表示を広く禁止するとともに、本来の趣旨は異なるが不正競争防止法も、近年、消費者保護立法として機能しうるものとして注目されるに至っている。また、適正な表示を積極的に確保するための家庭用品品質表示法は、商品の規格を示すことにより一定の品質を保障しようとする立法であり、これまた本来の目的とは異なるが、工業標準化法、農林物質の規格及び品質表示の適正化に関する法律等も右のような機能を営みうる。なお、計量の基準およびその適正化を詳細に定めたものとして計量法があり、これに対する重要な違反につき罰則が設けられている（二三一条以下）。

以上のように、消費者保護を目的とする立法や実際上このような機能を営む立法は数多く存在する。

(iii)　商品・サービスの特殊な取引方法における企業と消費者との間の経済力や情報量を考慮して、取引条件につき一定の基準や制約を定めることにより、弱者たる消費者を保護しようとする立法として、保険業法、訪問販売等に関する法律、割賦販売法、利息制限法等があり、これらのいわゆる消費者信用に関する法律にこの種の規定が多くみられる。

(iv) 生活必需品等重要な物資につき、その供給や適正な価格(物価)を維持することにより国民生活の安定を確保しようとする立法として、国民生活安定緊急措置法、生活関連物資の買占め及び売惜しみに対する緊急措置に関する法律、石油需給適正化法、物価統制令等一連のいわゆる経済統制立法がある。

(v) その他にも消費者保護立法として機能する数多くの法条があるが、これらについては省略する。

(4) 中小企業の保護に関する罪

日本経済のなかで、中小企業の占める位置と役割は非常に大きい(「中小企業」の概念や統計の出所につき二の**2**参照)。このことから、中小企業の保護・育成は、中小企業者およびその家族(国民全体の三分の二)の生活にとってはもとよりのこと、日本経済(生産・流通)全体にとってもきわめて重要であることは明らかであろう(なお、中小企業基本法三条等参照)。この点に関してここでは詳論する余裕はないが、戦後日本における産業の「二重構造」と呼ばれるような大企業と中小企業との関係を念頭におくならば、とくに大企業から中小企業をいかに保護すべきかが大きな問題となる。この観点から中小企業保護立法をみると、これを目的とする立法にはさまざまなものが存在する。ただ、これらに規定された罰則規定の内容をみると、大企業が処罰の対象とされるのは、行政官庁の行政命令を前提としてこれに違反する場合に若干みられるにすぎないのであって、むしろ中小企業自体が帳簿備付・記載義務に違反したり、報告・受調査等の義務違反があった場合にこれらを処罰する規定がほとんどである。このように、中小企業保護立法は刑事法の観点からみると、大企業が中小企業の権利・利益を侵害する行為を処罰するのではなく、むしろ中小企業が行政官庁の便宜により課せられた義務に違反する場合を処罰しているにすぎないのである。

この点につき留保したうえで、現行法上の中小企業保護立法に関する罰則規定を、とくに大企業とのかかわりに限って概観してみよう。

(i)　大企業による市場独占と経済力濫用行為に対する規制として独占禁止法があるが、これについては、消費者保護の観点からすでに述べたのでここでは省略する。

(ii)　大企業の経済力に対抗するために、中小企業を組織的に結集しようとする立法として、中小企業一般については、中小企業団体の組織に関する法律（罰則一〇二条以下）と中小企業等協同組合法（罰則一一二条以下）があり、特定業種につき、たとえば商店街振興組合法（罰則九〇条以下）等がある。

(iii)　大企業の中小企業分野への進出を規制し、中小企業の事業活動を確保・調整しようとする立法として、中小企業の事業活動の機会の確保のための大企業者の事業活動の調整に関する法律（罰則一六条以下）、大規模小売店舗における小売業の事業活動の調整に関する法律（罰則一八条以下）、小売商業調整特別措置法（罰則二二条以下）等がある。

(iv)　とくに下請中小企業を対象として、これを保護・育成しようとする立法として、親企業（親事業者）の活動に対し基準・限界を設ける立法につき、下請代金支払遅延等防止法（罰則十条以下）は親企業による下請代金支払遅延、不当返品、買い叩き等を禁止している（建設業法にも同種の規定がある）。また、下請中小企業の近代化と育成につき、下請中小企業振興法（罰則一四条）がある。

(v)　その他にも、中小企業の近代化を推進したり、中小企業を対象とする金融・保険・共済等に関する立法があるが省略する。

四　結びにかえて

企業犯罪に関する実証的・総合的な研究をめざして、本章では、企業の存在形態につきとくに大企業と中小企業とを区別して論じるべきこと強調するとともに、これをふまえて、企業、とくに大企業が、国民諸階層、とくに地域住民、労働者、消費者、中小企業者の健康、安全、生活等といかに深くかかわっているか、また、実定法上、これらの階層を保護するためにどのような刑罰法規が存在するか、につき概観してきた。

しかし、企業犯罪全般にかかわる問題状況の指摘とこれへのアプローチの方法について概観したにとどまり、企業犯罪関連刑罰法規を国民諸階層の保護という観点から把握することによってこれらの解釈論的にどのような意味と実益があるのか、また、国家と企業（独占企業）との癒着が指摘されている現在、これらの刑罰法規がどのような方針で現に運用されているのか、さらに、違法な企業活動を規制するうえで有効性や実効性をもちうるのか、といった根本問題について言及することができなかった。さらに、本稿では企業犯罪研究における多くの重要な課題を指摘しながら、これらに対する私の見解は今後に譲らざるをえない。

〈引用・参照文献〉

板倉宏『企業犯罪の理論と現実』（一九七五）
同『現代社会と新しい刑法理論』（一九八〇）
藤木英雄『新しい刑法学』（一九七四）
同『企業犯罪・ビジネス犯罪』（一九八一）
田中利幸「法人犯罪と両罰規定」中山研一・西原春夫・藤木英雄・宮澤浩一編『現代刑法講座第一巻』（一九七七）
拙稿「企業犯罪論序説」静岡大学法経研究三三巻三・四号（一九八五）
拙稿「企業と刑法」中村一彦・北野弘久編『企業と現代法』（一九八三）
拙稿「国家・企業・運動に関する刑事法学的考察」法の科学九号（一九八一）

第九章　生命権と死刑

はじめに

人権の確立は市民革命期にさかのぼるが、それ以降、一口で言えば「近代市民的人権→社会的人権→国際的人権→平和的人権」へと発展してきた。それでは、このような人権の歴史的過程において、生命権、すなわち「生命に対する権利」はどのように理解され、位置づけられてきたのであろうか。この問題を論じるにあたっては、国家による生命侵害の最たるものが死刑と戦争であり、しかも両者は歴史的および理論的に共通の基盤を有するから、これらを比較検討することが必要である。そこで、本稿では、国家による生命権保護の在り方に関連して、死刑と戦争を念頭におきつつ、さしあたり死刑の問題を中心に検討する。

「一人の生命は、全地球よりも重い」とさえいわれるように、生命権は人権のなかで最高かつ特殊な意義をもっている。それにもかかわらず、従来の人権論において、生命権が人権の一つであることは当然の前提とされながら、生命権が身体・自由に対する権利とともに「人身の自由」として論じられることはあっても、生命権固有の問題に関する法学的研究は意外に少ないように思われる。従来の人権論において「人権としての生命権」という独自の概念が確立し、生命権に関する理論的な研究が深められていたならば、「国家による殺人（司法殺人）」ともいうべき死刑についても、より早くから精緻な死刑廃止論が展開され、内外の立法動向にも少なからず反映していたであろう。戦後日本の憲法学についていえば、人権論の観点からの死刑に関する理論的研究が少ないことも、人権としての生命権という考え方が確立せず、定着していなかったことの現れではないかと思われる。その背景には、日本国憲法が明文で死刑を肯定するような規定を設けており、しかも、早い時期の最高裁判決によって、死刑の合憲性が確定していることにもよる。

ところが、今日の時点と日本国憲法の制定時やその直後の死刑合憲判決の当時とでは、死刑をめぐる内外の事情に大きな変化がみられる。すなわち、日本における死刑廃止論のめざましい発展に加えて、この一〇年間に四つの死刑再審無罪判決があったこと、さらには国際的には死刑廃止国の増加や一九九一年の死刑廃止条約（死刑の廃止を目指す「市民的及び政治的権利に関する国際規約」の第二選択議定書）の発効などがそれである。このような背景のもとに、近年、死刑廃止論が大きくクローズアップされ、研究書から啓蒙書にいたるまで、死刑廃止を主張する優れた文献がつぎつぎに公表されている。私自身も、結論として、「死刑問題は存廃について議論する段階から、廃止に向けて決断すべき時期にきている」と考えている。このような立場から、本章では、人権の歴史的な発展を概観したうえで、国家による生命権保護の在り方に関して、戦争の問題をも視野にいれながら死刑問題を中心に全般的な検討を行うことにする。

本章では『国家と人権』の観点から「国家は人命をいかに尊重すべきか」という問題を論じたものであるが、このテーマは憲法や国際法の領域にかかわるだけに、私のような刑法学を専門とする者にとっては困難な課題である。

一　国家と生命尊重主義

1　生命権の意義とその特徴

生命権は人権の一つである。しかも、生命権は最高の人権であり、それ以外の人権に対して特殊な性格を有する。このことを法学において確認することは、国家による生命保護の在り方を検討するにあたっても決定的な意義を有する。

まず、生命権が人権において最高のものであることはいうまでもない。例えば、生命権と身体権・自由権・財産権と比較する場合、生命権がそれ以外の権利と相対的に最も尊重すべき価値を有することは明らかである。このことは、従来の法や法学において、当然の前提とされてきた。例えば、日本国憲法一三条が「生命、自由及び幸福追求に対する国民の権利」と規定するとき、生命が最高の権利であることを前提とされており、また、刑法九条が刑罰の種類について「死刑、懲役、禁錮、罰金」などと定めるとき、生命の剝奪が最も重い刑罰であることが前提とされている。

つぎに、人権において生命権は特殊な性格を有する。このことは、人権のなかで生命が相対的に最高であるということ以上のことを意味する。権利の主体（人）と権利の客体とは区別されなければならない。その場合に、生命権について、人とその生命とは観念的には区別されうるが、実質的には人とは「生きた人」のことであり、生命を失えばもはや人ではなく、死体にすぎない。この意味において、生命権においては、権利の主体とその客体とは密接不可分の関係にある。これに対して、身体権・自由権・財産権などにおいては、権利の主体としての人とその客体である身体・自由・財産とは理論的・実質的にも分離することが可能である。そこで、「生命なければ人はなし」、

「生命なければ身体・自由・財産なし」ということができる。

このように、生命権は最高かつ特殊な人権である。「一人の生命は全地球より重い」といわれる所以はここにある。そこで、人権における生命権の最高性や特殊性に着目するならば、法学においても生命権はその他の人権と異なった扱いが必要となる。例えば、憲法一三条に関して、基本的人権と公共の福祉との関係を論じる場合、生命権が相対的に最高の権利であるとしても、公共の福祉に著しく反する場合には、これを制限または剝奪することが許されると解されてきた。しかし、生命権の制限が権利の主体（同時に主権者）であることを否定することであり、しかもそれ以外の権利をもすべて剝奪することであるという認識に立てば、その問題性が明確になるはずである。かつてベッカリーアが社会契約説を前提として、死刑廃止論を主張した論拠はまさにこのような認識に基づく。

ところが、従来の人権論において、生命権以外については個別的かつ詳細な検討がなされながら、死刑の問題について論じたものが少ないことに示されるように、国家による生命権保護の在り方に関する原理的かつ総合的な検討がなされてこなかったように思われる。しかし、人権論や法益論において、生命権の意義や特殊性について理論的に検討することは、憲法や刑法における解釈論にとってきわめて重要である。

2　国家人命尊重主義とその多様性

人の生命は尊重しなければならない。このような考え方を仮に「人命尊重主義」と呼ぶことにする。人間である以上、近親相姦とならんで、人を殺したり、殺し合ったりすることをタブーとして忌み嫌う感情を一般的に有しているから、この意味において、人間は人命尊重の感情や考え方を本来的に備えていると言えなくもない。今日においては、人命を尊重すべきであるという人命尊重主義自体を否定する人はいないであろう。しかし、国家は人なるがゆえにその生命を等しく尊重し、保障しなければならないという考え方は、近代における人権思想の確立を待たなければならない。このように、本稿における国家人命尊重主義とは、国家がまさに人権として生命権を尊重し、保障しようとする考え方をいう。

ところで、人権の基礎をなすのは国家からの『人身の自由』であり、これは生きること（生命）を当然の前提とするから、人権思想には国家人命尊重主義が内在していた。しかし、国家人命尊重主義といっても多義性があり、人権の歴史的な発展にともなって、だれの生命を、どのように尊重すべきかという問題に関しては、さまざまな考え方が存在する。そこで、国家における人命尊重主義について、一般的人命尊重主義、最大限人命尊重主義、絶対・無条件人命尊重主義という三つの理論モデルを提唱したい。すなわち、一般的人命尊重主義とは人の生命は尊重すべきであるということを一般的に強調するにすぎない考え方であり、最大限人命尊重主義とは生命は最大限に尊重しなければならないとする考え方であり、さらに、絶対・無条件人命尊重主義とは生命は絶対かつ無条件に尊重しなければならないとする考え方である。

このうち、一般的人命尊重主義は、近代における人権の確立を前提として、人一般の「人身の自由」を保障する立場から、国家が恣意的で残虐な手段によって生命を侵害することを禁止する点に力点がある。この場合には、死刑についていえば、後述するように、死刑犯罪（刑罰として死刑を定めている犯罪）の限定・適正手続の保障・残虐な刑罰や拷問の禁止を主要な内容としている。これに対して、最大限人命尊重主義は、生命権（人として生きる権利）の観念の確立を前提として、これを「人身の自由」一般に包括するのではなく、生命権の最高性や特殊性にふさわしく最大限に保障しようとする考え方である。この両者に対して、絶対・無条件人命尊重主義は、「人命なるがゆえに、これを奪ってはならない」ということであり、国家による生命侵害を絶対的かつ無条件に禁止することを内容とする。

このように一般的人命尊重主義と最大限人命尊重主義とは観念的には区別することができるが、「一般的尊重」か「最大限尊重」かの区別はあくまで相対的であり、実際的には国家による人命侵害がどの範囲で許容されるかという程度の差にすぎない。最大限人命尊重主義の問題性はまさにこの点にある。国家が建前として最大限人命尊重主義を法認している場合にも、死刑が多用・濫用されたり、戦争や武力行使による大量殺戮が繰り返されることを想起するならば、このことは明らかであろう。それでは、「国家による人命侵害」の歴史と現状を踏まえる場合、一般的人命尊重主義、最大限人命尊重主義、絶対・無条件人命尊重主義の区別にとって、具体的に何を指標とするのが適当であろうか。この点につき、つぎに検討する。

3　国家人命尊重主義と死刑・戦争

(1)　三つの国家人命尊重主義の指標

「国家による生命侵害」（国家による殺人）の最たるものは、一方が戦争や武力行使による生命侵害（以下、単に戦争という）であり、他方が死刑・拷問死・超法規的処刑などによる生命侵害（以下、単に死刑という）であろう。前者が仮に「外なる敵（外敵）」に対する場合であるとすれば、後者は「内なる敵（内敵）」に対する場合であると言えよう。そこで、ある国家がいかなる人命尊重主義を採用しているかは、これらのいわば「二つの敵（内外の敵）」に対して、その生命をいかに尊重しているかによって判断することができよう。より具体的には、後述するような生命権の歴史的発展段階に照らして言えば、一般的人命尊重主義と最大限人命尊重主義の区別にとって、死刑が制度的に存置され、これが現に執行されているか否か、また、最大限人命尊重主義と絶対・無条件人命尊重主義の区別にとっては、いっさいの戦争を放棄しているか否かの問題が最も重要であろう。

このような指標を前提とする場合には、一般的人命尊重主義は、人権としての「人身の自由」（死刑犯罪の限定、適正手続の保障、残虐な刑罰・拷問の禁止）が保障されていることであり、最大限人命尊重主義は制度的または事実上の死刑廃止を要するし、さらに、生命権保障の最終的目標である絶対・無条件人命尊重主義とは、死刑や戦争を含め、国家によるあらゆる人命侵害がいっさい禁止されるということを意味することになるのである。

(2) 死刑・戦争と国家人命尊重主義

国家人命尊重主義を前提とする場合にも、死刑廃止を指標とする最大限人命尊重主義と戦争放棄を指標とする絶対・無条件人命尊重主義とは、歴史的および理論的に区別する必要がある。このような観点から死刑と戦争の問題を論じる場合、本章においてはもっぱら人権論を中心に検討したのであるが、さらに国家論との関連で考察することが必要である。そこで、後者の観点から若干の問題提起を行っておく。

ところで、死刑については、すでに一九九一年に死刑廃止条約が発効し、死刑廃止国も多数ある。これに対して、戦争放棄に関していえば、憲法において征服戦争または侵略戦争を禁止する国は多いが、自衛権の行使としての戦争（いわゆる自衛戦争）については、日本の平和憲法のようにこれをも放棄する国家はまれであり、国際連合憲章も一定の条件のもとにこれを容認している（憲章五一条）。国家による人命侵害という点では死刑も戦争も同じであるが、なぜ、死刑は廃止に向かい、戦争は放棄するに至っていないのか。

このような現状を理論的に解明するためには、「国家と国民の関係」と「国家と国家の関係」とを区別して検討する必要がある。なぜなら、死刑においては前者が、また、戦争については後者がそれぞれ問題となるからである。

まず、死刑については、さしあたり、つぎの点を指摘するにとどめる。民主国家においては、国家の存立は国民の意思に由来するから、国家が死刑を科しうる権限を有するかは、国民の意思が重要であることはいうまでもない。この点について、市民革命期における社会契約説の内部において、ルソーが無制限の社会契約（一般意志）を根拠として死刑肯定論を採用したのに対して、ベッカリーアがその内在的制約を強調して「国家の通常の状態」における死刑廃止論を主張したことは対照的であり、この違いは今日においても本質的な意義をもつ。これに関する理論的な検討は別の機会に譲るとして、結論的に言えば、社会契約説を前提とするならば、死刑は社会契約の内在的制約を逸脱すると解するベッカリーアの見解が妥当である。個人の自然権から出発しながら、社会契約によって主権者の生命を抹殺する権限を認めることは、国家に無制限の権限を肯定する結果となって、社会契約説の本来の意図に反することになるからである。

つぎに、国権の発動としての戦争は、主権国家相互の関係の問題であるから、国家と国民の関係にかかわる死刑の問題とは性格を異にする。ところで、従来の支配的な見解によれば、国家相互の関係が市民相互の関係に擬せられ、国家の自衛権は個人に関する正当防衛権論の援用によって正当化され、国家固有の自然権に属するとされてきた。第二次大戦に対する反省から生まれた国連憲章が、国際社会の平和と安全を維持することを目的としながら、加盟国の自衛権を前提としつつ、一定の条件のもとでその行使（自衛戦争）を正当化しているのも、このような論拠に基づくものであろう（憲章一条、五一条参照）。このように自衛権を自然権とする考え方は、国家と個人の実体的な違いを看過して、国家の自衛権と個人の正当防衛権とを同列に論じる点で疑問であり、このような見解は自衛権を正当化するためのイデオロギーに過ぎない。刑法学における正当防衛の精緻な理論によって正当化できる「自衛戦争」があったか疑問であり、今日では伝統的な正当防衛論に対しても、人権論の発展にともなってこれを制限的に理解しようとする考え方も有力に主張されている（個人主義的または自由主義的な正当防衛論から社会的な正当防衛論へ）。

(3)　日本における国家人命尊重主義の現状と課題

国家人命尊重主義に関して、日本国憲法は諸外国には例を見ないような特異な立場を採用している。日本の憲法は、一方では、その前文や九条が規定するように、「外なる敵」に関して徹底した平和主義（以下、単に平和主義と呼ぶ）を採用しながら、他方では、「内なる敵」に対しては、その一三条や三一条において、刑罰として死刑を肯定するような規定を設けているからである。

このような日本の憲法に対して、第二次大戦後の国際社会においても、前述したように、日本国憲法のような平和主義は定着するまでには至っていないが、死刑廃止国の増加や死刑廃止条約の発効にみられるように、死刑制度を制度的または事実上廃止する方向に確実に進んできている。このような国際的動向に照らせば、日本の憲法は、憲法規範のレベルでは、平和主義を採用しながら、死刑制度を存続させている点において、大きな矛盾をはらんでいると言えよう。そこで、このような深刻な矛盾を解決するために、日本国憲法をいかに解釈・運用するかが、国家人命尊重主義に関する根本問題である。

この点に関する戦後日本の歴史と現状をみるならば、平和主義に関しては、自衛のための戦争やそれに必要な戦力保持は憲法上も許容されるという公権的解釈がなされてきた。このような憲法解釈については立ち入らないが、結論的には、このような解釈は憲法の趣旨や明文（憲法の前文や九条）を逸脱するものと私は考えている。また、死刑に関しては、憲法一三条や三一条の明文を論拠として、死刑自体やその執行方法（絞首刑）について合憲判決が繰り返されてきた。このような態度は、解釈方法論に限っていえば、前者では実定法を軽視しながら、後者ではこれを法的な根拠とする点において、客観性や整合性に欠けるであろう。

以上のように、国家人命尊重主義の観点からは、日本の現状は、戦争と死刑に対する対応に関して矛盾に満ちた状態にある。すなわち、憲法規範のレベルでは、一般的人命尊重主義を当然の前提としているが、徹底した平和主義を採用している点では絶対・無条件人命尊重主義を理想としつつ、死刑制度を存置するような規定を設けている点では、最大限人命尊重主義の段階にも至っていないことになる。

二　人権の発展と死刑

1　人権としての生命権

生命権は、人権の一つであり、しかも、そのなかで最高かつ特殊な人権である。ところが、人権の歴史において、この生命権は久しく「人身の自由」として包括的に規定されたり、論じられるにすぎなかった。そして、生命権が「生命に対する権利」または「生きる権利」として独自の意義をもつことが強く自覚されたのは、二度にわたる世界大戦を経験してからのことであったように思われる。その後、人権のめざましい発展にともなって、生命権が人権のなかで最高かつ特殊な人権であることが確認されるに至って、ついに人権の金字塔ともいうべき死刑廃止条約の成立を見たのである。

このように、生命権の確立と発展は人権一般の歴史的発展と密接に関連しているばかりでなく、むしろその具体的反映であるといえる。そこで、国家は生命権をいかに尊重すべきかの問題を検討するために、その前提として、人権の確立とその発展について、「市民的人権→社会的人権→国際的人権→平和的人権」という大きな時代区分に従って、これを概観することにする。

ところで、このような人権の歴史的発展を明らかにするためには、人権に関する思想や理論の発展を踏まえて、これが各国の憲法典や各種の国際条約等にいかに反映してきたか、また、これらが現実にどのように保障されているかを総合的に検討する必要がある。そこで、本稿では、生命権の確立や発展を明らかにするという観点から、憲法や国際条約の具体的規定を手掛かりとして、人権の歴史的発展について検討する。

2　人権の歴史的な発展段階

(1)　マグナ・カルタと人身の自由

人権の特殊近代的な性格を明らかにするために、イギリスにおける一二一五年のマグナ・カルタについて検討する。マグナ・カルタは、その三九条で「いかなる自由人も、その同輩の合法的裁判によるか、また、国土の法によるのでなければ、逮捕、監禁、差押え、法外放置、もしくは追放され、または何らかの方法によって侵害されることはない」と規定している（なお、この人身の自由は一六二八年の権利の請願Ⅲによっても確認されている）。この規定から、マグナ・カルタにつき、つぎの三点を指摘できるであろう。すなわち、第一に、当時の支配階級の身分制的特権を保障するにすぎない点において、近代における自由・平等を根本原理とする人権思想とは似て非なるものであること、第二に、ここでは生命に関して述べていないが、国家による生命剝奪が可能であることを当然の前提としていること、第三に、法や（同輩の）裁判によってのみ、人身の自由に対する侵害が許されるという手続的保障にとどまっており、その手続的保障も近代の適正手続からみると不完全であったことである（なお、一六七九年の人身保護法は人身保護令状の制度など、身柄を拘束された者の保護を目的とする詳細かつ具体的な規定を設けている）。

(2)　近代市民的人権

市民革命以降の（近代）市民的人権は、一七八九年のフランス人権宣言（人および市民の権利宣言）を典型とするように、権利（人権）が人一般に対して平等に保障される点において、特殊近代的な性格をもつことはいうまでもない。人権宣言一条が「人は、自由、かつ、権利において平等なものとして生まれ、存在する」とか、六条が「法律は、保護する場合にも、処罰する場合にも、すべての者にとって同一でなければならない」と規定するように、このことは明らかである。なお、アメリカにおいては、一七七六年の独立宣言が「すべての人は平等に造られ、創造主によって一定の奪うことのできない権利を与えられ、その中には生命、自由、幸福の追求が含まれる」と述べていたが、一七八八に成立したアメリカ合衆国憲法は、連邦政府の統治組織や権限について規定したにとどまり、合衆国憲法において法のもとの平等原則が規定されるのは、一八六八年に成立した第一四修正第一節の「その管轄内にある何人に対しても法の平等な保護を拒んではならない」という規定を待たなければならなかった（なお、婦人や黒人については別論である）。

ところで、フランス人権宣言七条には適正手続の原則を定めるとともに、八条は罪刑法定原則を採用して、「法律は、厳格かつ明白に必要な刑罰でなければ定めてはならない。また、何人も犯罪に先立って制定され、公布され、かつ、適法に適用された法律によらなければ処罰されない」と規定する。また、一七九一年の合衆国憲法修正五条も「何人も、大陪審の告発または起訴によらなければ、死刑を科せられる罪その他の破廉恥罪につき責任を負わされることはない」とか、「何人も、……法の適正な手続によらなければ、生命、自由又は財産を奪われることはない」と規定している。

これらのことから、市民的人権についてつぎのことを指摘することができよう。第一に、人身の自由は平等に保障されることはすでに述べた通りである。第二に、近代的な刑事法原則である罪刑法定原則や適正手続の原則などが確立したこと、第三に、合衆国憲法が刑罰として死刑が科しうることを明言しているのに対して、人権宣言においては、死刑についていっさい触れていないが、その後、法律により死刑制度が維持されたこと、第四に、人権宣言が明言しているように、刑罰は「厳格かつ明白」に必要なものでなければならないことである。

(3)　社会的人権

（近代）市民的人権は、自由・平等を根本理念とするいわゆる自由権的基本権（「国家からの自由」）の保障を内容とするものであったが、二〇世紀には、社会的人権の著しい発展がみられた。すなわち、それぞれの目指す社会体制は異なるが、一方が一九一九年のヴァイマル憲法であり、他方が一九一八年のロシヤ社会主義連邦ソビエト共和国憲法に端を発する一連のソビエト社会主義共和国連邦憲法がその典型である。

このうち、ヴァイマル憲法についていえば、その一五一条が「すべての人に、人たるに値する生存を保障すること」を規定するとともに、「団結の自由」（一五九条）、保険制度（一六一条）、国家による生計配慮（一六三条）、独立中産階級の保護（一六四条）などについて詳細な規定が設けられている（なお、一九四九年のドイツ連邦共和国基本法は、このような社会的人権に関する詳細な規定を欠き、その二〇条一項が「ドイツ連邦共和国は、民主的かつ社会的な連邦国家である」と規定するにとどまる）。また、日本については、日本国憲法も、その二五条一項が「すべて国民は、健康で文化的な最低限度の生活を営む権利を有する」ことを規定するとともに、教育を受ける権利（二六条）、勤労の権利（二七条）、労働基本権（二八条）など、社会的人権に関する規定を設けている。

このような社会的人権については、近代市民的人権との比較において、次のような特徴を指摘できよう。すなわち、第一に、それぞれが理念とする国家像は、市民的人権が自由国家または消極国家であるのに対して、社会的人権は、社会国家または積極国家（福祉国家または社会主義国家）であること、第二に、「自由と平等」に関しては、市民的人権から社会的人権への発展は、「形式的な自由・平等から実質的な自由・平等へ」と表現されうること、第三に、市民的人権が「国家からの自由」（自由権的人権）の保障を主眼とするのに対して、社会的人権は、人間が人間らしく生存（生活）する権利（生存権的人権）を実質的に保障しようとするものであること、などである。なお、社会的人権といっても、資本制国家を前提とする社会的人権と社会主義国家を前提とする「社会主義的人権」とでは、それぞれの目指す政治経済体制が異なるところから、とくに自由権的人権に対する態度を根本的に異にする。

(4)　国際的人権

人権は、市民的人権か社会的人権かを問わず、本来、国内または一地域の問題にとどまらず、全人類的でボーダレスである。このように、いかなる国家や地域にかかわらず、国際社会において共通に保障されるべき人権を「国際的人権」と呼ぶ。このような考え方は、二度にわたる世界大戦に対する反省から、一九四五年の国際連合憲章に始まり、一九四八年の世界人権宣言によって具体化された。世界人権宣言は、前文の冒頭において、「人類社会のすべての構成員の、固有の尊厳と平等にして奪い得ない権利を認めることは、世界における自由、正義及び平和の基礎をなすものである……」と述べるとともに、市民的人権や社会的人権に関する詳細な規定を設けている（権利や自由の普遍性・平等性につき、一条、二条、六条、七条など参照）。

ところで、国際連合憲章や世界人権宣に基づき、人権に関するより具体的な実体規定とその実施措置などを定めたのが、一九七六年に発効した二つの国際人権規約である。すなわち、社会的人権については「経済的、社会的及び文化的権利に関する国際規約」（いわゆるA規約または社会権規約）が、また、自由権的人権については「市民的及び政治的権利に関する国際規約」（いわゆるB規約または自由権規約）がそれである。このうち、B規約においては、その実施措置のための独自の組織として「人権委員会」（二八条）を設けており、「生命に対する権利」に関する詳細な規定を設けていることがとくに注目される（六条）。なお、B規約に先行するが、これを補完する地域的な条約として、一九五三年に発起した「欧州人権条約」（人権及び基本的自由の保障のための条約）や一九七八年に発行した「米州人権条約」などがある。例えば、欧州人権条約は、市民的及び政治的権利に関する実体規定とともに、その地域的な実施機関として、ヨーロッパ人権委員会やヨーロッパ人権裁判所を設置するとともに、その実効性を確保するための詳細な規定を設けている（一九条以下）。

その後、世界人権宣言や国際人権B規約に基づき、諸条項を具体化するための条約や諸原則が定められた。このうち、人身の自由または権利に関して特記すべきことは、例えば、一九八七年に発効した「拷問等禁止条約」（拷問及びその他の残虐な非人道的若しくは品位を傷つける取扱または刑罰を禁止する条約）が宣言五条やB規約七条に基づき拷問や残虐な刑罰等を禁止しており、さらには、一九九一年に発効した「死刑廃止条約」が、世界人権宣言三条やB規約六条を発展させ、ついに死刑廃止に踏み切ったことである。また、被拘禁者の処遇に関して、条約ではないが国際諸原則を定めたものとして、一九八八年に国連総会で議決された「あらゆる形態の抑留又は拘禁の下にあるすべての者の保護のための諸原則」（被拘禁者保護原則）も刑事手続において重要な意義を有する。

(5)　**平和的人権**

人類の歴史は、まさに戦争の歴史であった。しかも、戦争は最大の人権侵害であり、民主主義の破壊をもたらすだけに、平和こそ人権や民主主義の前提であるといえよう。このことは、二度にわたる世界大戦を経験することによって強く認識されるに至った。

ところで、中世から近世初期まではキリスト教の平和思想の影響のもとに正戦論が支配的であったが、近代における主権国家の確立とともに無差別戦争観がこれに取ってかわった。このような無差別的戦争観に対して、征服戦争を放棄することを実定法でうたったのが、フランス革命期に成立したフランス一七九一年憲法である（このような考え方は一八四八年フランス憲法や一八九一年のブラジル憲法にも引き継がれた）。すなわち、一七九一年憲法の第六編には「フランス国民は、征服を行う目的でいかなる戦争を企図することをも放棄し、かつ、その武力をいかなる人民の自由に対しても使用しない」（一項）という画期的な規定を設けていた。

このような不戦の思想は、第一次および第二次大戦後の国際社会において、一九一九年の国際連盟規約や一九二八年の不戦条約、さらに一九四五年の国際連合憲章へと発展した。このうち、国連憲章は、「一生のうちに二度まで言語を絶する悲哀を人類に与えた戦争の惨害から将来の世代を救い」（前文）と述べ、国際平和および安全を維持するために国際連合を設置し、加盟国には国際紛争を平和的手段によって解決すべきことや国際関係における武力による威嚇や武力の行使を戒めている（憲章一条、二条三項・四項参照）。さらに、第二次大戦後には、多数の国家が憲法のなかに平和条項を設けており、このなかには、征服戦争放棄型（フランス、西ドイツなど）・不戦条約型（フィリピン、かつてのビルマなど）・非軍備型（コスタリカ、アイルランドなど）などさまざまな形態が存在する。

日本国憲法は、その前文で「政府の行為によって再び戦争の惨禍が起ることのないようにすること」や「平和を愛する諸国民の公正と信義に信頼して、われわれの安全と生存を保持」する決意を表明し、「われらは、全世界の国民が、ひとしく恐怖と欠乏から免かれ、平和のうちに生存する権利を有すること確認する」と述べ、これを受けて、九条において戦争放棄・交戦権否認・戦力不保持を定めている。このように、日本の憲法は、戦争放棄・交戦権否認・戦力不保持を規定するとともに、「平和のうちに生存する権利」（平和的生存権）の保障をもうたっている点において、世界の憲法史においてもっとも徹底した平和主義を採用しており、まさに平和憲法の名にふさわしい。なお、戦後日本における平和憲法の実情については立ち入らない。

3　人権の発展段階と死刑

(1)　近代以前の死刑

死刑は刑罰の歴史とともに古く、刑罰の歴史はながく死刑の歴史でもあった。しかも、死刑が主要な刑罰であったり、今日からすればおよそ死刑に値しないような犯罪に対しても死刑が用いられるとともに、その執行方法も火刑、車刑、四つ裂きなどなど残虐性を極めるものであった。さらに、前述したような罪刑法定や適正手続など近代的な刑事法上の諸原則を知らない当時においては、刑罰権の発動は恣意的・専断的であり、拷問と刑罰とが理論的にも実際的にも区別されなかった。この当時においては、みせしめとして犯罪を犯した者に対して残虐な制裁を科すことは当然のこととされていたのである。

このような死刑中心の刑罰史のなかで、やがて生命刑とともに身体刑が刑罰の中心とされたが、死刑と並んで身体刑が登場したことは、残虐性においては程度の差でしかないとしても、死刑が人命を根源的に断つものである点では、人命尊重主義にとって大きな前進であった。

(2)　近代市民的人権と死刑

近代における人権思想の確立にともなって、拷問や刑罰として人身を直接的に攻撃することは残虐であり、人権に対する侵害であると考えられるに至った。近代市民的人権の根幹をなす「人身の自由」は、人身への攻撃からの自由を当然の前提とするから、残虐刑禁止の原則と密接不可分の関係にある。

このような背景のもとで、近代における刑罰制度の基本は、生命刑や身体刑から自由刑と財産刑へと移って行ったが、ヨセフィーナ刑法典などの数少ない例外を除いて、やはり死刑が多用されたことは言うまでもない。しかし、近代市民的人権に関して前述したように、死刑犯罪は罪刑の均衡をはかるべく大幅に限定されたばかりでなく、その執行方法も人道化と平等化がはかられ、絞首や斬首など瞬時に絶命する処刑方法へと一元化されていった。例えば、絞首刑は古代にさかのぼるが、イギリスでは死刑は絞首に限られ、しかも、一七六〇年に「ロング・ドロップ」と呼ばれる方式が初めて用いられ、この方法に統一された。また、フランスでは、大革命直後には、死刑廃止の主張にもかかわらず法律によって死刑は維持されたが、その人道化と平等化をはかるべくいわゆる「ギロチン」と呼ばれる方法に一元化された。このギロチンによってはじめて処刑されたのがルイ一六世であり、それは一七九三年のことであった。

近代市民的人権のもとで身体刑が残虐な刑罰として廃止されながら、先のイギリスやフランスをはじめ、ドイツ、アメリカなどでも、国によって処刑の方法には多様であるが、やはり死刑制度を維持していた。しかし、死刑の執行方法は、絞首、ギロチン、電気椅子、銃殺など多様であるが、いずれも最大の身体刑の一種でありながら、なぜ残虐刑として禁止されなかったのか疑問である。例えば、仮に身体刑として絞首の方法が用いられていたならば、これは明らかに残虐刑とされていたはずである。死刑が残虐刑とされない最大の理由は、死刑制度を維持すること自体にある。なぜなら、死刑であっても、その方法が瞬時に絶命する場合には残虐ではないとされていたからである。

このように死刑が残虐刑にあたらないとされた背景には、次のような人身の自由のもつ限界に関連している。第一に、この「人身」には生命と身体とが含まれるが、前述した生命における『最高性と特殊性』の認識が不十分であったために、生命は身体の延長としてしか理解されず、生命権と身体権との理論的な区別が明確でなかったこと、第二に、この点にも関連して、人身の自由（権利）は人身の「自由」として単に自由権として構成され、つぎに述べるような生命の質に着目した「生存」（生存権）という発想がみられなかったことである。このことは、人身の権利において、生命権という独自の観念が人権論において確立しなかったことを意味すると言えよう。

(3)　社会的人権と生命権

近代刑法学の領域で古くから確立していたように、生命と身体とを法学的に区別するならば、人身の権利（自由）の観点からも、生命権という独自の観念は理論的に成立しえたはずである。しかし、人権の歴史において生命権が独自の人権として広く確立したのは、第二次大戦後のことであるが、その背景には、社会的人権の確立・発展が深く関連していたように思われる。

まず、第二次大戦は、単に戦争における悲惨な大量殺戮に対する深刻な反省とともに、人命尊重の国際世論を喚起した。このような人命尊重主義の国際世論を背景として、世界人権宣言においてすべての人が生命に対する権利を有することが確認され、国際人権B規約では、すべての人が「生命に対する固有の権利」を有することが規定されるに至った。この点については、後述する通りである。

人の生命は生物学的現象と同時に社会経済的現象でもある。このことに対応して、人命を尊重するという場合、人身の自由におけるように他から「生命を（恣意的に）奪われない権利」の保障が前提となることは言うまでもないが、生物として「生命を維持する権利」（例えば「食糧への権利」など）が保障されることを要する。前者が自由権としての生命権であるとすれば、後者が生存権的基本権としての生命権である。自由権と社会権の関連については、社会権にも多様性があるため議論のあるところであるが、このような生命権の観点からは、両者は内容的に紙一重であり、国家が人権保障を任とする以上、これらをともに保障する積極的な責務を有するであろう。

このように、生命権の確立にとって、歴史的には世界大戦における反省が大きなきっかけをなしているが、第一次大戦後における社会的人権に関する思想や理論において、生命のもつ独自の意義が強調され、人権論の観点から「生存」や「生活」の問題が理論的に深化されたことは見逃せないであろう。このことは、生命権の発展としての死刑廃止問題を論拠づける場合に重要な意味をもつ。

(4)　国際的人権と死刑廃止

世界人権宣言は、それ自体法的拘束力をもつものではないが、「国家が達成すべき共通の基準」(前文)として、その三条は「すべて人は、生命、自由及び身体の安全に対する権利を有する」として、すべての人の「生命に対する権利」を規定するに至った(なお、欧州人権条約第二条参照)。

この人権宣言をうけて、一九七六年に発効した国際人権B規約の六条は「生命に対する権利及び死刑」について、つぎのように規定した。一項は「すべての人は、生命に対する固有の権利を有する。この権利は、法律によって保護される。何人も、恣意的にその生命を奪われない」と明言している。このような「生命に対する権利」を前提として、その二項は、すでに多くの死刑廃止国が存在することを念頭に置きながら、「死刑を廃止していない国においては、死刑は、犯罪が行われた時に効力を有しており、かつ、……最も重大な犯罪についてのみ科することができる。この刑罰は、権限のある裁判所が言い渡した確定判決によってのみ執行することができる」とか、その五項は「死刑は、一八歳未満の者が行った犯罪については科してはならず、また、妊娠中の女子に対して執行してはならない」と規定する。しかも、その六項は、「この条のいかなる規定も、この規約の締結国により死刑の廃止を遅らせ又は妨げるために援用されてはならない」ことを警告している。

このように、国際人権B規約はすでに死刑は廃止すべきものとしていたが、その方向を明確に打ち出していたのが一九八五年に発効した「欧州人権条約第六議定書」（死刑廃止に関する人権及び基本的自由の保護のための条約についての第六議定書）である。この議定書は「欧州審議会の若干の加盟国において生じた発展が死刑の廃止に賛成する一般的な傾向を示していることを考慮して」（前文）協定されたとして、その一条は「死刑は廃止される。何人も、死刑を宣告され、又は執行されない」と明言している。そして、ついに「死刑廃止条約」が一九八九年の国連総会で採択され、一九九一年に発効するに至った。その前文では国際人権B規約六条が「死刑の廃止が望ましいことを強く示唆する文言により死刑の廃止に言及していることに留意し、死刑廃止のあらゆる措置が生命に対する権利の享受における進展と考えられるべきであることを確信」するとして、第一条（死刑の廃止）の一項は「この議定書の締約国の管轄内にある者は、何人も死刑を執行されない」、その二項は「各締約国は、その管轄内において死刑を廃止するために必要なあらゆる措置をとる」と規定する。

これらの成立経過や内容については立ち入らないが、死刑と戦争に関して、欧州人権条約第六議定書の二条は「国は、戦時又は急迫した戦争の脅威があるときになされる行為について法律で死刑の規定を設けることができる」と規定し、死刑廃止条約二条も「批准又は加入の際に付された留保であって、戦時中に犯された軍事的性格をもつ極めて重大な犯罪に対する有罪判決に従い、戦時に死刑を適用することを定めたもの」については留保していることである。ここには、戦争が国内的にもいかに人権無視につながるかを端的に示している。

なお、アムネスティ・インターナショナルによれば、一九九三年二月現在で、死刑全廃国は四八、通常の犯罪についての廃止国は一六、一〇年以上死刑執行のない国（事実上の死刑廃止国）二一であり、その合計は一〇五カ国である。

三　日本国憲法と生命権

1　戦前・戦後の憲法と生命権

(1)　旧憲法と生命権

大日本帝国憲法には、その第二章のなかに「臣民の権利」に関する規定（二二条から三〇条）がいくつか設けられ、人身の自由に関しては、その二三条が「日本臣民ハ法律ニ依ルニ非スシテ逮捕監禁審問処罰ヲ受クルコトナシ」とか、二五条が「日本臣民ハ法律ニ定メタル場合ヲ除ク外其ノ許諾ナクシテ住所ニ侵入セラレ及捜索セラル、コトナシ」と規定していた。しかし、ここには常に「法律の留保」があったり、今日のような違憲審査制度を欠くばかりでなく、天皇には、緊急命令（八条）・独立命令（九条）・戒厳令（一四条）を発する権限を有し、「戦時又ハ国家事変ノ場合」には、本意の人権規定も「天皇大権ノ施行ヲ妨クルコトナシ」とされていた（三一条）。このように、旧憲法下では、人身の自由は憲法自体の明文によって大幅な制限・剝奪を認めていたし、現にこのような膨大な法律・勅令等が存在していた。

旧憲法においては、臣民の権利についての原則的な規定がなく、単に制限的に列挙にされていたに過ぎないために、臣民の生命権については、その憲法上の位置づけのみならず、臣民の権利として法認されうるのかも明らかではない（なお、二三条の「処罰」については、ここに死刑が含まれること勿論である）。仮に生命権が臣民の権利に含まれるものと解するとしても、天皇主権または天皇大権のもとでは、あらゆる臣民の権利がいわば「天皇の恩恵」にすぎず、しかもそこにはさまざまな法律の留保が存在することは前述した通りである。その結果、臣民に対して、国家（＝天皇）が「お国（天皇）のために死ぬ」ことや「お国のために人を殺す」ことを強いることが許容され、違憲審査制度を欠くために、これに対する疑問や批判は制度的にも許されなかった。このように、大日本帝国憲法のもとでは、前述した意味での人権としての生命権は保障されず、したがって、前述した国家人命尊重主義のうち、一般的生命尊重主義さえ確立してしたとは言えない。

(2)　現行憲法と生命権

大日本帝国憲法から日本国憲法への移行にともなって、憲法上の統治原理は天皇主権主義（天皇国家主義）から国民主権主義（民主主義）へと改められるとともに、基本的人権尊重主義に加えて、徹底した平和主義を採用するに至った。このような憲法上の価値観の根本的な転換は、国家人命尊重主義にとっても重要な変革をもたらすはずである。この点については**2**において詳論するので、ここでは、旧憲法との対比でつぎのことを列挙するにとどめる。第一に、（天皇）国家主義から個人主義への転換に伴って、国民（個人）が「国家のために死ぬ」ことや「国家のために殺す」ことを強いられることはありえないこと（前文、一条、一三条）、第二に、基本的人権は普遍性や不可侵性を有するものとされ、この基本的人権には国民の生命権も含まれるから、現行憲法においては国家人命尊重主義が前提とされていること（一一条、一三条、九七条）、第三に、憲法の最高法規性が確認されるとともに、違憲審査制度が採用されたこと（九八条、九九条、八一条）、第四に、法定手続の保障などの刑事手続上の諸原則や拷問・残虐刑の禁止が規定されたこと（三一条から四〇条）などがそれである。なお、平和主義との関連では、戦争放棄・戦力不保持・交戦権否認という徹底した平和主義を採用するとともに、「平和のうちに生存する権利」が保障されたことは国家人命尊重主義にとって特記に値する（前文、九条）。

2　現行憲法の人権条項と生命権

(1)　人権規定相互の関係

日本国憲法における基本的人権には生命権が含まれるとしても、憲法はどのような国家人命尊重主義を採用しているのであろうか。この点につき、憲法一一条・一二条・一三条、三一条、三六条などの関連諸規定を踏まえて、その基本的な考え方を明らかにしよう（なお、二五条・九七条参照）。このうち、憲法上の人権諸規定において、規定の内容や順序から、一一条、一二条、一三条が基本的人権に関する基本原則を規定している。したがって、その他の個別的な人権規定（例えば、死刑に関して三一条、三六条）は、これらの規定に適合するような解釈・運用がなされなければならない。このことは、死刑問題などにおいても決定的な意味をもつのである。

ところで、憲法一一条は、基本的人権に関する規定の冒頭において、国民の基本的人権が不可侵性・永久性を有するという根本原理を示している。なお、本条の趣旨については立ち入らないが、この基本的人権には、生命権が含まれることは言うまでもない。また、一二条は、国民に対して、憲法上の自由および権利の保持責任・濫用禁止・使用責任を規定しているが、本条における義務や責任の基本的な性格について争いがある。さしあたり生命権を具体的に想定する場合にも、とくに「公共の福祉のために利用する責任」（利用責任）が何を意味するかは明らかではない。しかし、一二条は基本的人権の不可侵性等を規定する一一条を前提とするものであるから、本条が利用責任を規定しているからといって、国民（個人）が国家や社会のために自己の生命を犠牲にすべき義務や責任を負っているわけではない（九七条参照）。

(2)　憲法一三条と生命権

①　憲法一三条は「すべての国民は、個人として尊重される。生命、自由及び幸福追求に対する国民の権利については、公共の福祉に反しない限り、立法その他の国政の上で、最大の尊重を要する」と規定する。このように憲

法が「生命」について明文で規定するのは、本条と三一条だけである。そこで、個人の尊厳に関する一三条は、つぎのように憲法における国家人命尊重主義の内容を明らかにするうえで最も重要である。

第一に、従来の刑法学においてとくに強調される点であるが、現行憲法の価値観が「国家主義から個人主義」へと転換されたことに伴って、国家法益よりも個人法益を優先させるべきである。前述したように、国民が「国家のために死ぬ」ことや「国家のために殺す」ことを要求されない憲法的な根拠は、まさにここにある。なお、生命権と「公共の福祉」との関係につき後述する。

第二に、個人の尊厳において、生命権が最重要のものとして最大限に尊重すべきことが示されている。すなわち、本条では「生命、自由及び幸福追求」の権利は最大の尊重を要するものとされるが、ここでは「生命」がとくに明記され、しかも最初に規定されている。このことから、人権のなかで生命権が文字通り「最大の尊重」を要することは明らかである。このように、本条は人権における価値序列をも規定したものである。

第三に、生命権は「公共の福祉に反しないかぎり……最大の尊重を必要とする」とは、「公共の福祉」に反する場合でも、「最大の尊重」はしないがやはり尊重されるということであって、国政において生命権を尊重しなくてもよいとか、ましてや尊重すべきでないということを意味するものではない。しかも、この場合にも、前述したような生命権の最高性・特殊性を考慮するならば、他の権利とはより強く尊重すべきであることになるはずである。

② 一三条に関する最大の問題は、公共の福祉と生命権の関係である。死刑や武器使用においても、「最高かつ特殊な人権」である生命権が、そもそも公共の福祉によって剝奪しうるか、また、これが可能であるとしても、どのような場合に、また、いかなる根拠で許容されるのかが問題となる。

本条によれば、生命権についても「公共の福祉」に反する場合には、立法その他の国政のうえで尊重されないことがありうる。それでは、本条を根拠として、「公共の福祉」に反するからといって生命権を剝奪すること（すなわち

「国家による殺人」）は許されるか。この点に関して、仮に大量殺人を想定する場合、この行為が公共の福祉に反することは明らかであるが、公共の福祉に反するという理由で、その犯人の生命が奪うことができるかについて検討しよう。このような場合、殺人を未然に防止するために、警察官が犯行現場で犯人を射殺する行為は、正当防衛論からはもとより、公共の福祉論によっても、これを肯定する余地はあろう（なお、憲法三一条の法定手続に関しては疑問が残る）。そこで、犯罪成立後に、この犯人に対して死刑を科すことができるかについて次に検討しよう。この場合、犯罪はすでに完成しているのであるから、先の武器使用に関する論理では処理できず、犯人の生命権の行使（すなわち「生きること」）がいかなる意味で「公共の福祉」に反するのかが最大の問題となる。これがまさに死刑の正当化の論拠に関する問題であるが、従来、このような観点からの検討が不十分であった。ただ、私の死刑廃止論については別稿に譲ることとして、ここではさしあたり次の点を指摘するにとどめる。このような犯人を生かすことが正義に反するとか、国民世論が納得しないというだけでは余りに抽象的であり、説得性に欠ける。そこで、死刑のもつ犯罪抑止力（一般予防または特別予防）を強調する見解があるが、これを科学的に立証することは困難であり、消極的な意見も多い。このように死刑の犯罪抑止効果に疑いが残る以上、「疑しきは被告人の利益に」という大原則に照らして、死刑を廃止するか、少なくてもその執行を停止せざるを得ない。なお、憲法三一条や三六条と死刑の関係については後述する。

(3)　憲法三一条と国家による生命侵害

憲法三一条は「何人も、法律の定める手続によらなければ、その生命若しくは自由を奪われ、又はその他の刑罰を科せられない」と規定する。この規定の細かい解釈論には立ち入らないが、少なくても公権力によって生命を剝奪する以上、刑罰としての死刑はもとより、それ以外の場合（例えば、警察官による犯人射殺など）についても、本条の適用を受けるものと解する。

前述したように規定の順序からして、本条は基本的人権に関する基本原則を定めた一一条・一二条・一三条を前提とするから、公権力による生命剝奪の可否については、とくに一三条が先決問題である。したがって、三一条だけからみれば憲法が公権力による生命剝奪を許容するかのように解しうるが、前述したような一三条の解釈として、これが認められない場合には、生命剝奪は禁止されることになる。このように、三一条の趣旨は、法律の定める手続によれば公権力による生命剝奪が許されるということではなく、一三条など人権の原則規定に適合することを仮定して、仮に公権力が生命を剝奪するとすれば、法律の定める手続によらなければならない旨を規定したものである。死刑についていえば、本条を合憲性の根拠とすることはできない。

(4)　憲法三六条と死刑

憲法三六条は「公務員による拷問及び残虐な刑罰は、絶対的にこれを禁止する」と規定する。国家による生命侵害については、仮に一三条や三一条に適合するとしても、「拷問や残虐な刑罰」に該当する場合には、それだけの理由で違憲となる。

判例において、死刑制度自体や死刑の執行方法（絞首）が本条のいう「残虐な刑罰」に該当するかが争われ、今日の学説にも、本条を死刑廃止の根拠とする見解も根強い。結論的には、死刑は人権の基本条項である憲法一三条に違反するものと解するが、仮に一三条に違反しないと解するとしても、死刑自体が身体への直接的な侵害を手段とする一種の身体刑であるから、身体刑が残虐な刑罰である以上、これは三六条に違反することになる。このことを現行の絞首による死刑執行についていえば、この方法は明らかに残虐な刑罰である。なぜなら、仮に刑罰（身体刑）として「絞首」の方法を採用するとすれば、これは残虐な身体刑であることは疑いのないところである以上、このような方法が死刑の執行方法だからといって、残虐な刑罰でないとはいえないはずである。

3　現行憲法と刑法の原点

(1)　憲法原理と刑法の課題

憲法が「国の最高法規」である以上、現行刑法の基本的な価値観は、憲法の基本原理や諸条項から導き出されるべきものであり、少なくともこれと矛盾するものであってはならない。このことに関連して、旧憲法から現行憲法への移行にともなう刑法の価値観の変化について、つぎの点を指摘しておく。

①　現行憲法において「国家主義から個人主義へ」の価値観の転換がはかられ、基本的人権、とくに個人の尊厳は最大限に保障しなければならない（憲法一三条参照）。従って、刑法により保護すべき価値（すなわち、法益）を国家法益・社会法益・個人法益の三つに分類するとすれば、個人法益を社会・国家法益に優先させる価値序列または価値体系に従わなければならない。現行刑法が旧憲法下で成立したこともあって、刑法における各則の規定順序は個人法益より国家法益を先行させる考え方を採用しているが、現行憲法への移行により、実質的にはこれが改められたと解すべきである。戦後の刑法学における各論の体系論においては、個人法益を国家法益に優先させる見解が支配的である。また、戦後の刑法全面改正論議のなかで、『改正刑法草案』が現行刑法の考え方を踏襲したことに対して、このような価値観は戦前の国家主義的考え方であるという強い批判がなされた。

このように、現行憲法が国家主義を否定している以上、刑法による「国家法益」の保護が必要であるとしても、憲法により保護されうる国家的利益（国益）とは何かが問い直される必要がある。この点に関して、個人（諸個人）を超越した国家を想定して、国家法益を理解することは疑問であるから、超個人的法益（すなわち、国家・社会法益）をできるかぎり個人法益に還元しようとする大胆な考え方も注目に値する。

②　憲法一三条によれば、国民の権利に関して、「生命、自由又は幸福追及に対する国民の権利」は「公共の福祉に反しない限り、……最大の尊重を必要とする」と規定されている。この規定に関して、つぎのことが指摘できる。

まず、国民の権利のうちでも生命権が第一に規定されていることから、憲法が生命権の保護を最優先しているは明らかであり、従来の刑法学でも、個人法益のなかで生命を最重要のものと解していることと一致する。

つぎに、権利を行使することが公共の福祉に反する場合にも、「最大の尊重」はできないが、やはりこれを尊重すべきであり、とくに生命権という「最高かつ特殊な権利」については、このことをとくに留意することが必要である。刑法による生命保護の在り方を論じる場合にも、既述したような生命権の最高性・特殊性とともに、憲法上の生命権の位置づけをも十分に考慮する必要がある。死刑に対する私の憲法的な疑問はここにある。

③　憲法の平和主義に対応して、戦後の刑法や刑法学の在り方について検討すべき課題はいくつかある。例えば、憲法のもとでは、戦争や軍隊を想定したような刑事立法（軍事刑法）や刑法の運用はありえないばかりでなく、戦後の刑法全面改正作業の過程で現に論議されたように、平和主義に対応した「平和に対する罪」を新設することも考慮に値するであろう。なお、最近、自衛隊の「国連平和維持活動」（ＰＫＯ）への参加に関して、その組織や活動の在り方が論じられたが、とくに武器の使用と正当防衛の成否など、刑法学の立場からも検討すべき問題が多い。

(2)　国際協調主義と死刑

死刑の合憲性については、従来から、憲法上の人権規定との関連はもとより、平和主義や国民主権の観点からも、多くの疑問が提起されてきた。このうち、本稿では、おもに人権の歴史的な発展や日本国憲法の人権諸規定をよりどころとして、死刑の違憲性を明らかにしたが、平和主義や国民主権の観点からも、死刑の問題性について若干の検討を行った。そこで、最後に、憲法における国際協調主義に照らして、死刑問題について触れておこう。憲法の前文では日本が国際協調主義を重視すべきことが強調されているが、この考え方は日本の平和や安全の問題だけに限らず、人権の問題を含め、あらゆる分野において十分に配慮する必要がある。死刑問題については、死刑廃止の国際条約がすでに発効しているばかりでなく、数多くの国が死刑廃止に踏み切っている以上、日本としても、国際協調主義の立場から、この条約にすみやかに加盟して、死刑廃止に向けた措置を講じるべきである。

四　結びにかえて

「一人の生命は全地球よりも重い」とさえ言われるように、生命は最高かつ特殊な人権（または法益）である。このような認識を前提として、生命に対する権利（生命権）が、「近代市民的人権→社会的人権→国際的人権→平和的人権」というように図式化されうる人権の発展にともなって、どのように確立・発展してきたかを歴史的にフォローした。そして、生命権が人権としてトータルに保障されることを「絶対・無条件人命尊重主義」と呼んだのである。このような生命権発展の最終段階においては、死刑廃止はもとより、あらゆる戦争が放棄されることになる。現実の国家や国際社会においては、このような絶対・無条件人命尊重主義は今なお実現されていないが、一九八九年成立の死刑廃止条約にみられるように、人類はこの理想に向かって着実に前進してきた。

ところが、日本は「先進国」とか「経済大国」とされながらも、死刑に関しては、死刑廃止条約に加盟するどころか、一九九三年には新たに四件の下級審死刑判決が出され、しかも一九九〇年から三年四か月間死刑の執行停止状態にあったが、七人に対して死刑が執行された。そして、二〇一〇年から二〇一四年までの通常第一審の死刑判決言渡人員数は、九人・四人・一〇人・三人・五人であり、死刑執行については、二人・〇人・七人・八人・三人であった（なお、この一〇年間のそれぞれの最大人員数は、先の死刑判決が二〇〇四年と二〇〇七年の一四人、死刑執行が二〇〇八年の一五人であった）。

このように、現在の日本は、人権の歴史的発展の観点から、時代に逆行するものであり、「人権後進国」の一つに数えられる。このような不名誉な現状は、日本国憲法が強調する国際協調主義の観点から許されないはずであり、国際人権（自由権）規約委員会からも、一九九三年十一月五日、日本政府に対して死刑廃止への措置をとること等の勧告がなされていることに照らして、早急に改善することが求められている。そこで、日本において死刑廃止が実現されるためには、現行憲法の解釈論としても、死刑が憲法の趣旨や人権諸規定に照らして違憲であることが明らかにされることは決定的に重要である。このような観点から、本稿において、憲法一三条・三一条・三六条について新たな解釈論を提示して、その違憲性を明らかにした。

〈引用・参照文献〉

団藤重光『死刑廃止論（初版）』（一九九一）
三原憲三『死刑廃止の研究』（一九九〇）
同『死刑廃止論の系譜』（一九九一）
辻本義男・辻本衣佐『アジアの死刑』（一九九三）
アムネスティー・インターナショナル編（辻本義男訳）『死刑と人権』（一九八九）
法学セミナー増刊『死刑の現在』（一九九〇）
菊田幸一『死刑制度を考える』（一九九〇）
同『死刑』（三一書房、一九八八）
根森健「最高裁と死刑の憲法解釈」高柳信一古稀記念『現代憲法の諸相』（一九九二）
木村亀二「新憲法と刑罰の理念」『刑法の基本概念』（一九四八）
生田勝義「死刑と生命権についての一考察」立命館法学三六〇号（二〇一五）
拙稿「死刑は生命尊重と両立するか」佐伯千仭・団藤重光・平場安治編『死刑廃止を求める』（一九九四）
拙稿「サリン事件と死刑論」法学セミナー四九四号（一九九六）

第一〇章　刑法の現状と課題

はじめに

本稿の課題は、現代日本における刑事法および刑事司法の動態を実証的に明らかにすることによって、近代刑法上の原理や論理がいかに形骸化・空洞化させられているかを批判的に検討することにある。これを検討するにあたり、まず、現代日本における実体刑法の最も大きな特徴が「刑罰法規の氾濫」（または「刑罰インフレ」）と呼ばれる現象にあるという立場から、このような現象のなかで、いかに近代刑法上の原理や論理が形骸化・空洞化させられているか、を明らかにする。次に、現代日本の刑事法運用＝刑事司法における最大の特徴が「警察優位の刑事司法」（または単に「警察刑事司法」）にあるという観点から、その実体法的な基盤が右の「刑罰法規の氾濫」にあることを明らかにするとともに、この「警察優位の刑事司法」にはいかなる特徴と問題点が含まれているかを、現代日本の警察の組織と実態との関連で明らかにする。これを検討することによって、「警察優位の刑事司法」により特徴づけられる現代の刑事司法の意味するところは、刑事司法の治安政策化であることが明らかになるであろう。そして、最後に、この刑事司法の治安政策化を防止するためには何が必要かという観点から、従来の刑事法学のあり方を検討するとともに、近代刑法の原理や論理に立脚して、刑事法および刑事司法の改革構想を提言したい。

一　刑罰法規の氾濫

「犯罪」といえば、多くの人は、殺人、窃盗、放火といった他人の生命・身体・財産などを侵害する罪を想像するであろう。このような罪は自然犯・刑事犯と呼ばれる。ところが、実定刑罰法規の数の点からみると自然犯・刑事犯はそれほど多くはなく、法定犯・行政犯と呼ばれる犯罪は、法律上のものだけでも一万近く、政令や条例・規則により犯罪とされるものを含めればはるかに膨大な数にのぼるであろう。

この法定犯・行政犯とは、日本では、一般に行為それ自体には反道徳性・反倫理性はないが、行政取締りの必要から刑罰という強力な制裁を手段として禁圧しようというまさに政策的観点にもとづくものである、とされる。日本の立法例をみると、ある法律を定めるにあたり、法律の末尾に「罰則」という章を設け、いくつかの条項に違反する行為を犯罪として処罰の対象とするという安易なやり方が行われている。その結果として、今日では、法定犯・行政犯は膨大な数に脹れあがり、しかも国会が開かれるごとに新たに増えつづけているのが現状である。ちなみに、刑法典の総則規定は原則としてこの法定犯・行政犯にも適用されるから、たとえば共犯規定によりその共犯としてさらに処罰範囲が大幅に拡張される点に注意する必要がある。この点につき後述するように、判例が認める共謀共同正犯が、今日、新しい問題を投げかけている。なお、法定犯・行政犯の激増が現代国家における「行政権の肥大化」に伴う現象の一つの現れ方であることは否定できないが、必ずしもその必然的結果ではないことを指摘しておこう（ドイツの「秩序違反法」参照）。

このような法定犯・行政犯の激増に関連して、「刑罰法規の氾濫」ということが指摘されてすでに久しい。このような現象は単に刑罰法規の数が多いといった量的な問題にとどまらず、現代刑法および現代刑事司法のあり方に質的な変化をもたらしていることがとくに強調されなければならない。この点につき、まず、その実体刑法上の問題性から検討しよう。

近代刑法には、何を犯罪とするか、また、いかに国家刑罰権の恣意や濫用から市民の自由や人権を守るか、という点についていくつかの基本的な原理が存在する。

まず、刑法または国家刑罰権は消極的、補充的でなければならないという大原則（謙抑主義という）がある。ところが、今日の刑罰法規のなかには、一般市民にとって非常に身近でささいな違法行為から単なる道徳違反にすぎないものまで犯罪のイメージから程遠いような行為が広く犯罪として処罰されている。また、罪刑法定原則は犯罪の法定化と明確化を要求するが、法定犯・行政犯には構成要件が複雑で不明確なものが数多く含まれている。

次に、犯罪は他人の権利（または法益）を侵害することを要するとともに行為者に「責任」が認められなければならない。前者が侵害原則、後者が責任原則であるが、これらの原則にもとづき、犯罪は、原則として作為犯・実質犯・故意犯でなければならないが、法定犯・行政犯の領域では、これらと対等に、不作為犯（真正不作為犯）・形式犯・過失犯が法定されており、むしろ、右の原則と例外とが逆転している場合さえみられる。

さらに、刑事手続に関していえば、現行憲法に数多くみられるように、デュー・プロセスの原則（三一条）、令状主義（三三、三五条）をはじめ、被疑者・被告人の人権を強く保障しようとする諸原則が確立している。ところが、刑罰法規の氾濫などと呼ばれる現象のもとで、刑罰法規に違反する行為＝犯罪は膨大な数にのぼり、しかも、一般市民の多くが「犯罪」にあたる行為を行っていることになるために、これらを本来の刑事手続で処理することが事実上不可能となり、後述するように、軽微な犯罪につき、起訴前の警察・検察の裁量により処理するか、さもなければ、簡易・迅速に処理するという理由で簡易手続の制度を設けざるをえなくなる。後者については、現行法上の略式手続（刑事訴訟法第六編）や略式手続の特別手続といわれる交通事件即決裁判手続法上の手続がこれにあたる。そして、昭和二六年版犯罪白書によれば、二〇一三（平成二五）年の検察庁終局処理人員（少年事件を含む）は、全体一三四万八九七人であるが、その内訳は、公判請求九万四、八六三人、略式命令請求三一万四、九三〇人、起訴猶予七五万八、一六四人、その他の不起訴七、九二九人、家庭裁判所送致一〇万六、三八八人であった。このように、刑事手続のなかで略式手続のはたす役割が非常に大きいにもかかわらず、この手続においては、被告人の同意を前提とはするものの、非公開で、被告人不出頭のまま検察官の提出した書面で審査することが認められている。これらの点において、略式手続では憲法上認められた被告人の諸権利が大きく制限されているといえよう。それにもかかわらず、同じ犯罪であり、刑罰権の発動でありながら、軽微な犯罪＝刑罰の軽い犯罪であるからという理由で、本来の刑事手続に対し例外であるべき簡易手続がむしろ通常手続化（＝原則化）していることが憲法上許されるであろうか。なお犯罪捜査に関連して、「警察優位の刑事司法」および令状主義の形骸化についてはつぎに詳しく述べることにする。

以上のように、実定刑法の領域において、近代刑法の原理・論理が形骸化・空洞化しているとともに、刑事手続に関しても憲法原則やこれを具体化した刑事訴訟法の原理形骸化が進行しているように思われる。

二　警察優位の刑事司法

前述した刑罰法規の氾濫は現代の刑事司法にどのような質的変化をもたらしてきたか。

刑罰法規が膨大な数にのぼり、しかも、身近でささいな違法行為や単なる道徳違反まで幅広く犯罪とされているということは、現実の社会生活において、多くの市民がいろいろな犯罪を現に犯しているということであり、その数は想像を絶し、無数に近いとさえいえるかも知れない（なお、道交法違反行為も実定法上はほとんどが犯罪である）。

ところで、これらの刑罰法規に形式的に違反する行為のすべてを画一的に犯罪として処罰しようとすれば、現在の警察、検察、裁判所等の体制や人員では処理しきれず、パンクしてしまうことは明らかである。このことはかつて道交法違反事件につきすでに経験ずみのことである。そこで、今日のような刑罰法規の氾濫という異常な事態に伴う膨大な数の刑罰法規違反行為につき、前述した簡易手続の制度により処理するのもおのずと限度があり、結局は、刑法を最先端で担う警察が第一次捜査機関としての裁量によりこの矛盾を解決することにならざるをえない。すなわち、警察は、ある刑罰法規違反行為を認知した場合、犯罪として捜査を開始するか否か、ついで、捜索・押収、検挙を行うか否か、さらに検察送致を行うか否かなど一連の捜査活動の各段階において、刑罰権を発動するか否かという法的判断を行うことにより、警察が立件した多くの事案に対し取捨選択を行うのである。このように、警察は、犯罪捜査を行うか否か、また、捜査の結果犯罪にあたると判断した場合にも、「微罪処分」とするか検察送致するか、といった判断を通して、刑事司法において決定的な役割を果たしているのである。

右のような警察が行った判断や収集した証拠は、実際上、検察が受理した事件に対する検察の訴追判断、さらには、裁判所による有罪・無罪の判断に重大な影響を与えている。

このように、警察の判断は、検察に対する大きな影響力を媒介として、最終的には、裁判所の判断を大きく左右しているということができるであろう。ただ、この点につき実証的研究を要する。

さらに、刑事手続において、令状主義が重要な憲法原則であることはすでに述べたところであるが、この原則が実務においてどのように機能しているかを統計的に検討しよう。昭和五八年中の勾留許可率（裁判所が勾留請求を許可した比率）をみると、業過事件および道交関係（前述）を除く全犯罪の勾留許可率は九九・七％（前年九九・六％）と非常に高く、勾留延長許可率も同じく九九・七％である（なお、名古屋、福島など一〇庁では五八年中の勾留許可率が一〇〇％である）。しかも、後述するように、捜索・押収に関しても、問題のあるケースについて安易に警察からの令状請求が許可されるために、違法・不当な「犯罪捜査」が行われているという実態がある。これらのことから、今日の日本では、令状主義が形骸化し、犯罪捜査において裁判所のコントロールがほとんど機能していないといってよい。なお、刑事司法の前提となるべき刑事立法に関しても、これまた後述するように、内務・警察官僚経験者が刑事立法過程において、一種の圧力団体（プレッシャー・グループ）として大きな役割を演じていることにも留意する必要がある。

以上において、今日のわが国における刑事司法において、警察の果たしている役割が非常に大きく、逆に、司法的コントロールが形骸化しつつあることを指摘してきた。このような現象を、私は「警察優位の刑事司法」と呼ぶのであり、より端的に「警察刑事司法」と呼ぶこともできよう。

三　刑法諸原則と刑事法改革

近代刑法の基本的な原理や論理が、実定法および刑事司法においていかに形骸化・空洞化しているかにつき論じてきた。それでは、このような刑事法の現実に対し、従来の刑事法学は、その問題性を認識し、的確な批判を行ってきたであろうか。

まず、従来の後述するような支配的な刑法学に対する批判の視点として、近代刑法または近代刑法学の原点について簡単に述べておく必要がある。

近代刑法学は、その始祖とされるベッカリーアの刑法観に象徴されるように、当時の過酷で恣意的な刑罰権力を目のあたりにして、刑罰権の発動はいかにあるべきか、今日的ないい方をすれば、これをいかに法的・民主的にコントロールするか、というすぐれて現実的かつ実践的な問題意識に根ざしたものであった。近代刑法上の基本原則（罪刑法定原則、権利侵害原則、責任原則）は、国家に対する絶えざる危機感と警戒心を前提として、その刑罰権力の恣意や濫用から市民の自由や人権を擁護しようという実践的な狙いに基づくものであった。そして、このような刑罰権力（国家権力）の基本的性格が変わらないかぎり、この「現代」においても、近代刑法上の諸原則はその実践的な意義を失っていない。いな、「危機管理国家」の建設が最大の政治課題とされている現在の政治状況のもとで、右のような近代的・ブルジョア的な法原理や法制度であっても、形骸化・空洞化されつつある現状をみると、このような政治動向に対する批判のための理論として、これらの諸原則の実践的な意義はますます大きくなっている。

このような近代刑法の原点にたちかえる時、支配的刑法学は、近代刑法上の諸原理や法制度を一般論としては承認しながら、これらのもつ批判的で実践的な精神が軽視されているように思われる。この点に関し、次に基本的な問題を指摘することにしよう。

(1)　支配的刑法学においては、戦前はもとより戦後においても、規範学または解釈学が圧倒的な優位を占めており、前述してきたような法運用の実態やメカニズムがトータルに分析・検討されることは非常に少ない。法運用の実態に関して裁判所の法判断が重視される場合にも、「判例批評」「判例評論」などといった形で、もっぱら解釈学的な関心から研究されるにすぎなかった。しかし、前述したように近代的な刑法や刑事司法のいわば「危機」が急激に進行しつつあるにもかかわらず、わが国における本格的な刑法研究において外国の情報に依存した解釈学的研究が優位を守っている。

実定法および刑事司法において、刑法上の基本的な原理や論理さえ日常的に形骸化・空洞化させられている現状のもとで、実際には余り問題になりそうもない講学事例をあれこれ論じることがいかに空虚であるかを知るべきである。刑事法学がわが国の実定法や刑事司法の現実に目を向け、的確な批判を行うならば、少なからず、前述したようなわが国の現実を是正することに役立ちうるであろう。

(2)　支配的刑法学は、近代刑法上の原理や論理を一般論としては承認し、これらに立脚しているが、これはおもに「刑法総論」のレベルにおいてであって、各論的には、せいぜい自然犯または刑事犯の領域においてである。これに対し、刑罰法規の大部分を占める法定犯・行政犯に関しては、自然犯・刑事犯の場合とは異なり、行政取締りの必要から犯罪化されているにすぎないといった理由で、前述したように、刑法上の原理や論理に修正を認め、さらには広範な例外も許される、と解されている。このようなあいまいな根拠により、従来の刑法学は、刑罰法規、とくに行政刑罰法規が無原則かつ無限定に増加していくのに対し、的確な批判を行ってこなかった。確かに、自然犯・刑事犯と法定犯・行政犯とは区別されうるかも知れないが、重要なことは、いずれであれ犯罪であり、刑罰および国家刑罰権の対象とされることには変わりがないことである。しかも、行政犯や法定犯の領域では刑法上の原理や論理が貫徹していないだけに、その法運用にあたり恣意や濫用の危険性がより一層大きいのである。

そこで、最近では、行政刑法や特別刑法に関する研究の重要性が認識され、学者と実務家との共同執筆になる詳細な研究があいついで公表されるに至っている。この種の研究においては、「刑罰法規の氾濫」に対する原理的な批判が不可欠であるばかりでなく、法運用に関しては、判例研究にとどまらず、取締り当局における法運用の実態についても広く視野に入れる必要があろう。

(3)　自然犯または刑事犯に関する犯罪規定には各国において多くの共通性がみられる。それに対しその国の刑法現象全体を特徴づけるのは、特別刑法または行政刑法において、どのような行為が犯罪化されているかという点とともに、これらに自然犯・刑事犯をも含め実定刑罰法規が刑事司法を通していかに運用されているかという点である。国家刑罰権力が国家権力の基本的部分を構成するだけに、右にあげた二つの点は、その国の民主主義や人権の状態をはかるうえで決定的な意義をもつとさえいえる。そこで、このような基本視角から、現代日本の刑事司法を「警察優位の刑事司法」と特徴づけるとともに、刑事司法の治安政策化が進行していることを明らかにしてきた。

以上のような刑事司法の現状からみると治安刑法研究の意義と必要性はますます大きくなってきており、この種必要さえ生じている。少なくとも、刑法学が国家刑罰権の恣意や濫用から市民の自由や人権を擁護しようとするならば、国家と市民の自由・人権とが日常的で最もシビアーに対立する治安刑法の領域こそ、刑法学の真骨頂であろう。

四　結びにかえて

現代日本における刑事法および刑事司法全体をめぐる根本問題について批判的に検討してきた。そして、その現状が余りにも本質的な問題を含んでいるために、これを改革するための方策もおのずから抜本的なものにならざるをえなかった。しかし、今日進行しつつある近代刑法の原理や論理の形骸化・空洞化と刑事司法の治安政策化と対比する意味で、これらの原理・論理に立脚した抜本的な改革構想を提示することは、現在の刑事法および刑事司法の根本的な対立点を浮き彫りにするうえで、有効な方法である、と私は考える。もとより、今日の政治や刑事司法の動向をみるならば、ここでの改革提言は空理空論に近いものであると評されるかも知れないが、近代刑法や憲法の原点に立ち、刑事法や刑事司法における現状に対するアンチテーゼを明らかにしたうえで、これに逆行しつつある現在の動向を理論的に批判すると同時に、あるべき理想に向って一歩一歩近づく努力こそ必要であろう。そして、ここに掲げた改革構想は、ひとり刑事法学の努力によって実現できるものではなく、法律学全体が全国民的な課題として真剣に検討すべき課題である。

〈引用・参照文献〉

佐伯千仭「可罰的違法序説」末川先生古稀記念『権利の濫用（上巻）』（一九六二）

中山研一『現代社会と治安法』（一九七〇）
小田中聰樹『治安政策と法の展開過程』（一九八二）
拙稿「近代刑法原則と不作為犯」柏木千秋先生喜寿記念論文集『刑事法の理念と現実』（一九九一）
ベッカリーア（風早八十二・風早二葉訳）『犯罪と刑罰（新版）』（一九八四）

終　章　本書の要約と補論

1　第一章の序論では、刑法の意義と機能について概観したうえで、第二章以下では、犯罪論に関するいくつかの重要な課題について詳しく検討した。そこで、本章では、各章のまとめと若干の補足を行う。

2　第二章では、「日本刑法学の歩み」と題して、日本における戦前・戦後の刑法理論についていわゆる「刑法論争」を中心に総括し、論評を加えた。ここに刑法論争とは、「新・旧両派の争い」および「行為無価値論と結果無価値論の対立」のことである。そのなかで日本の学界を代表する諸学者が、一連の侵略戦争についていかに考えていたか、また、戦後憲法のもとでどのような理論を展開したかについてを検討した。

その結論を要約すれば、旧派のうち「前期旧派」の思想を継承し、これを発展させた結果無価値論は犯罪の成否にとって行為それ自体ではなく、その結果が重要であるという見解である。このように、結果無価値論は結果の重要性を強調するが、結果を惹起する行為を軽視する点で「一元的結果無価値論」と呼びうる。これに対して、私は、「二元的結果無価値論」、すなわち、結果と結果を惹起する行為の双方を重視する考え方を支持する。このような見解によれば、構成要件要素として「実行行為」という概念を導入し、構成要件該当性の判断にとって、行為の実行行為性が不可欠であると解する。その際、結果に対する「行為の危険」と「結果としての危険」を峻別したうえで、行為の危険が実行行為の問題である。

3　第三章では、「犯罪論の体系」に関して、存在論または事物拘束性の思想を支持する立場から、行為論を基礎における体系論（「存在論的体系論」）を試みた。そして、「行為者→行為→結果」という行為の動態的構造を踏まえ、犯罪の成立にとって、どのような要素が必要か、また、これらの要素をいかなる順序で判断すべきかを検討した。前者が要素論、後者が体系論の問題である。通説的な体系によれば、「犯罪とは、構成要件に該当する違法かつ有責な行為である」とされるから、構成要件、違法、責任の概念およびこれら相互の関係が問題となる。

まず、刑法論争において、構成要件が違法類型か違法責任類型か、また、いかに違法と責任を区別するか、が争われた。一般論としていえば、行為無価値論では、構成要件は行為の類型であるが、行為とは客観面と主観面の統合であるとして違法有責説が採用され、結果無価値論では、法益侵害説の立場から、構成要件は法益侵害（結果）の類型であり、客観的なものであるとして、違法類型説が採用される。そして、構成要件が違法類型か、違法有責類型かという理解の違いによって、故意・過失、について、違法類型説では単に責任要素に過ぎないとされるが、違法責任類型説では、責任要素であると同時に、責任類型としての構成要件の要素であると解される。

私見によれば、結果無価値論の立場ではあるが、実定法上の構成要件は違法有責の類型と解さざるを得ないから、故意・過失などの主観面について、責任要素（責任要素としての故意・過失）であるばかりでなく、さらに責任類型としての構成要件要素（構成要件的故意・過失）でもある、と解している。故意犯についていえば、構成要件的故意（事実的故意）と責任要素としての故意（違法の意識またはその可能性）とが体系的に区別されることになる。

つぎに、違法と責任の関係について、今日の行為無価値論と結果無価値論は、いずれも法益侵害説を前提とする。しかし、前説では、行為の客観面のみならず、行為者の主観も法益侵害性の存否と程度に影響しうるとして、故意・過失は、違法要素であり、責任要素でもあるとされる。これに対して、後説では、法益侵害性は行為の客観面であり、行為者の主観とは無関係であるとして、「違法は客観的に、責任は主観的に」という伝統的なテーゼを堅持する（客観的違法論）。したがって、故意・過失は、行為者の主観面であるから、責任の問題である。

「違法は客観的に、責任は主観的に」というテーゼにおける「客観面」と「主観面」の意義について見解の対立がある。従来は、違法と責任は評価の対象が行為の外面と内面によって区別されていたが、今日では、行為無価値論の立場から、評価の基準が一般人か当該行為者によって区別する見解がみられる。この点につき、私は、(二元的)結果無価値論の立場から、古典的な意味での「違法は客観的に、責任は主観的に」というテーゼに従って、主観的違法要素という概念を否定し、主観面はあくまで責任要素であると考えている。その際、構成要件は実体法的には違法有責の類型であるから、故意・過失は、主観的違法要素ではないが、責任要素であるとともに責任類型として構成要件要素でもあるということになる。

このように体系論の問題は複雑であり、錯綜しているので、私の考え方を「概念図」によって説明した。

4 第四章では、「犯罪論における危険概念」と題して、「行為と結果」という客観的・存在論的な区別を前提として、結果に属する「危険」とは何か、また、この危険は犯罪論において、いかなる意味や実益を有するか、について論じた。

私の提唱する二元的結果無価値論によれば、「行為の危険」と「結果としての危険」の区別を前提として、構成要件該当性に必要とされる危険、すなわち「類型的危険」を論じることとなる(このような見解は「総合的危険説」と呼ぼう)。

私見によれば、行為の危険と結果としての危険のうち、行為の危険とは結果に対する「行為の危険」であり、「実行行為を基礎づける危険」である。このような行為の危険は、後述する犯罪論において未遂犯や不作為犯はもとより、別の機会に詳論するように因果関係、共犯などにとっても決定的な意義を有する。つぎに、「結果としての危険」は、この行為の危険が客観的・事後的に危険な状態を生じさせたことを意味する。したがって、行為と結果という区別を前提とすれば、結果としての危険は、行為の問題ではなく、結果の範疇に属する。例えば殺人未遂罪において、人の死亡という結果(既遂結果)に対する行為の危険が殺人罪の実行行為(実行の着手)であるが、この危険が事後的に危険な状態に至った場合が結果としての危険（殺人未遂）であり、さらに死亡結果に至った場合が殺人既遂ということになる。

このように結果としての危険は結果の一種であるから、行為の危険と結果としての危険との因果関係、すなわち行為の危険が結果としての危険を生じさせたといいうる関係が問題となる。さらにいえば、実害犯における因果関係は、行為の危険が結果としての危険を惹起し、さらにこの危険が実害に至った場合に認められる。このような見解が二元的結果無価値論の考え方である。

5　第五章では、「未遂犯の理論」について論じた。未遂犯は、刑法論争の試金石であり、二元的結果価値論および総合的危険説にとって、その意義と実益が問われることになる。

未遂犯は、既遂結果に対する危険の発生を処罰根拠としていることから、刑法論争においても、未遂犯の危険が、行為者の危険か行為の危険、結果としての危険かが争われた。そして、新派の立場からは行為者の危険、行為無価値論では行為の危険、（一元的）結果無価値論では結果としての危険であると一般に説明されてきた。これに対して、私のいう二元的結果無価値論によれば、三で述べたように、実害犯を前提とする場合、その未遂犯が成立するためには、行為の危険と結果としての危険の双方を要することになる。ただ、未遂犯における既遂形態には、実害犯のほか、危険犯も含まれるから、以下のように、このことを念頭におく必要がある。

未遂犯には、理論的および実定法的に三つの形態があり、それぞれよって危険の種類と内容が異なる。すなわち、実害犯の未遂、具体的危険犯の未遂、抽象的危険犯の未遂が、それであるである。したがって、未遂犯の危険は、実害犯の未遂の場合は具体的危険、具体的危険犯の未遂の場合は抽象的危険である。これに対して、抽象的危険犯の未遂の場合には形式犯であるから、その危険を論じる余地がないとする見解もあろう。しかし、そもそも未遂犯の処罰根拠が危険にある以上、「構成要件を実現する危険」と説明すべきである。形式犯の未遂については、いずれの結果無価値論によっても、形式犯の未遂は不可罰となるが、行為無価値論については、一元論か二元論かによって結論は別れうるが、二元的行為無価値論によれば、結果無価値論と同様に、これを否定するのが妥当であろう。私見のように行為の危険と結果としての危険を区別する見解によれば、実行行為を基礎づける危険は「行為の危険」であるから、行為の危険は、犯罪論全体において重要な意味を持つ。未遂犯に関して、実行の着手と着手時期、未遂犯と不能犯の区別、中止犯は、実行行為と結果の因果関係、違法性、共犯などがそれである。

6　第六章では、「不作為犯の理論」と題して、「不作為犯」について総合的な検討を行った。

不作為犯には真正不作為犯と不真正不作為犯との区別がある。このうち真正不作為犯が、行政刑法の肥大化にともなって実定法や実務において圧倒的な部分を占める。これに対して、不真正不作為犯は、「不作為による作為犯」とか「不作為による結果犯」と呼ばれるように、なぜ不作為が作為と同視できるか、また、不作為から結果は惹起できるか、という存在論的及び規範論理的な疑問が生じる。そこで、不真正不作為犯について、ドイツや日本では、行為無価値論と結果無価値論という立場を超えて、その可罰性を一般的に肯定したうえで、不作為の因果関係、作為義務の内容と法的根拠、作為と不作為の同価値性などをめぐって、古くから活発に議論されてきた。

私見によれば、目的的行為論が強調したように、作為と不作為の存在構造が異なる以上、作為と不作為とを規範論または価値論によって安易に同視することには疑問がある。また、不真正不作為犯は、その定義から明らかなように、作為犯規定の類推解釈であり、罪刑法定原則に違反する。また、この場合の構成要件は、「書かれざる構成要件」「補充を要する構成要件」と説明されるが、その成立要件や限界が不明確であり、明確性の原則に反する。そうだとすれば、不真正不作為犯の概念やその可罰性は否定されることになる。それでは、このような不都合をどのように考えるべきか。

その可罰性を肯定する論者には、次のような三つの考え方がある。第一は、犯罪には、実定法上、作為犯と（真正）

不作為犯のほか、この両者を含む第三の類型があり、不真正不作為犯と呼ばれるものは第三の類型に属するから、この意味で真正不作為犯であるという見解である。第二は、これを処罰するとすれば、共犯規定の場合と同様に、構成要件の修正形式または修正された構成要件として、「不作為による作為犯」として、これに関する総則規定を設ける見解である。後述するように、ドイツ刑法第一三条や日本の改正刑法草案第一二条がそれである。第三は、不真正不作為犯を不可罰と解したうえで、過失犯、遺棄罪、特別犯、共犯など、他の方法で処罰する見解である。なお、いずれの見解においても、これがいかなる犯罪類型つき、どのような場合に認められるかは、各論的な検討を待つ以外にない。

日本の実務においては、不真正不作為犯の可罰性を肯定しているが、殺人罪、放火罪、死体遺棄罪、詐欺罪など、限られた犯罪類型について例外的に認めるに過ぎない。これに対して、ドイツでは、不真正不作為犯の理論が早くから確立していることもあって、様々な犯罪類型に置いて広く認められている。

7　第七章の「行政刑法と不作為犯」では、前章での不作為犯の理論についての検討を踏まえ、不作為犯に関する実体法的な問題について考察する。刑事刑法（刑法犯）では不真正不作為犯がより重要であるが、行政刑法（行政犯）の領域では、不作為犯は真正不作為犯として規定され、その数は非常に多く、内容的にも多種多様である。このことは、現代社会の複雑化とともに、行政権の肥大化の反映でもある。このような観点から、本章では、行政刑法に対する問題提起を含め、行政刑法における不作為犯（真正不作為犯）の問題について理論的に検討した。

8　第八章の「企業犯罪の理論」では、法的および社会的に重要なテーマである企業犯罪に関して、「企業犯罪とは何か」、「企業犯罪にはいかなる種別があるか」、「このような企業処罰の必要性と根拠はどこにあるか」について検討した。今日の社会は「企業社会」と呼ばれるように、特に巨大企業や独占企業が、社会生活のなかで圧倒的な影響力や支配力を有している。これらの企業による違法な活動は、地域住民、労働者、消費者など、国民諸階層に多大の被害をもたらす。そのため、七〇年代以降、企業組織体責任論など、企業組織体に対する刑事責任を積極的に問おうとする新たな理論が提唱された。企業による違法な活動がますます複雑多様化している現在、企業組織体責任論の当否を含め、企業犯罪研究の重要性は変わらない。

9 第九章では「生命権と死刑」と題して、生命権が最高かつ特殊な人権であることを確認したうえで、日本では、現行憲法や国際法に照らして、国家が生命権をはく奪する死刑が法的に許容されうるかについて検討する。国家が人を殺す場合として死刑と戦争があるが、死刑については、一九九一年に「死刑廃止条約」が発効し、死刑廃止国（法律上・事実上の廃止国）が二〇一四年には一四〇箇国にもかかわらず、この条約に日本は参加せず、今なお下級審には死刑判決がなされ、現に死刑が執行されている。この意味において、日本は「人権後進国」であるが、現行憲法や国際法に照らして、死刑は廃止されるべきである旨を主張した。

10 第一〇章においては、「刑法の現状と課題」について論じた。

まず刑事司法の特色が「刑罰法規の氾濫」（「刑罰インフレ」）と「警察優位の刑事司法」にあるとしたうえで、刑法上の原理・原則に依拠して、これに対する批判と改善策を提示した。その結論として、近代刑法の原理や論理に従って、行政犯や軽微犯罪の非犯罪化または非刑罰化をはかれば、警察優位の刑事司法も改善されうる。そこぞ、ドイツに例をみるように、犯罪として処罰するのではなく、秩序違反法によって秩序違反行為として、これに反則金などの行政制裁を科すことも考えられる。

日本では、このような考え方を道路交通法が採用しており、交通違反行為に対する反則金通告制度がそれである。ただ、その場合にも、道路交通法の運用に例をみるように、その制裁が刑事制裁ではなく、行政制裁としての反則金であるという気軽さから、行政警察による恣意や濫用を招くおそれがあり、これに対する救済制度も市民に敬遠されがちである。このような課題を解決するためには、刑事犯と行政犯との振分けの合理化、行政制裁法規の明確化、行政警察の担い手への適切な指導・教育、一般市民への制度の説明・啓発など、の方策が考えられよう。

初出一覧

第一章　序　論
書き下ろし
第二章　日本刑法学の歩み
「日本における『学派の争い』の現代的意義」静岡大学法経研究五巻一号、二〇〇八年
第三章　犯罪論の体系
「犯罪体系論に関する基礎理論」静岡大学法経研究五巻三・四号、二〇〇一年
第四章　犯罪論における危険概念
「犯罪論における危険概念について」中山研一先生古稀記念祝賀論文集　第三巻『刑法の理論』一九九七年
第五章　未遂犯の理論
「未遂犯の論理構造」福田平・大塚仁博士古稀祝賀論文集『刑事法学の総合的検討㈦』一九九三年
第六章　不作為犯の理論
「不作為犯論の歴史と現代的課題」名古屋大学法政論集第一二三号八五～二〇四頁、一九八八年
第七章　行政刑法の理論
「不作為犯の現代的課題—行政刑法批判の一視角—」静岡大学法経研究三一巻一・二号七三～一〇二頁、一九八二年
第八章　企業犯罪の理論
「企業犯罪論序説」静岡大学法経研究三三巻三・四号三七七～四〇三頁、一九八五年

第九章　生命権と死刑

「人権の歴史と生命権の発展」静岡大学法経研究四二巻二号一五七～一九二頁、一九九四年

第一〇章　刑法の現状と課題

「刑事法の理論と現実」法の科学一三号、一九八五年

終　章　本書の要約と補論

書き下ろし

著作目録

（著書）

福田平・大塚仁編『刑法の基礎』（青林書院新社、一九七五年）七九～八五頁、二三〇～二四三頁
西原春夫編『判例刑法Ⅰ総論』（日本評論社、一九七五年）第2編第2章　三九～四〇頁
西原春夫編『判例刑法Ⅱ各論』（日本評論社、一九七五年）第3編第1章第2　一一六～一二四頁
大塚仁編『判例コンメンタール・刑法Ⅰ』（三省堂、一九七六年）第1編第5章　一一三～一一八頁、第6・7章2　一二三～一二四頁
大塚仁編『判例コンメンタール・刑法Ⅱ』（三省堂、一九七六年）第2編第19章　二七五～二八四頁
風早八十二監修『刑法改悪』（新日本出版社、一九七六年）八三～九三頁
西原春夫・藤木英雄・森下忠編『刑法学4』（有斐閣、一九七七年）一九～二〇頁、一九二～二一四頁
大塚仁編『刑事政策入門』（青林書院新社、一九七八年）Ⅲ一四～一六頁、一九三～二〇九頁、Ⅳ～5　二四一～二四七頁
大塚仁・福田平編『講義刑法総論』（青林書院新社、一九八〇年）第3章第2節　一八四～一九九頁
内藤謙・内田文昭編『刑法読本』（有斐閣、一九八一年）第5章1・2　二〇五～二一六頁、7・8　二四一～二四六頁
内田文昭他編『逐条判例刑法』（法学書院、一九九〇年）六五条　六九頁、一三〇～一三一条　一〇五～一〇六頁、一九九～二〇三条　一六九～一七二頁、二一七～二一九条　一八一～一八三頁
石川才顕・船山泰範編『司法試験シリーズ刑法Ⅱ（第三版）』（日本評論社、一九九四年）四〇～四五頁、七九～九〇頁
刑法理論研究会『現代刑法学原論総論（第三版）』（三省堂、一九九六年）第2編第1章第5節、第2章　一二九～一八六頁
生田勝義・上田寛・名和鐵郎・内田博文『刑法各論講義（第四版）』（有斐閣、二〇一〇年）第1編第4章　八四～一九〇頁

(論文)

「ドイツ不作為犯論史Ⅰ・Ⅱ・Ⅲ・Ⅳ」静岡大学法経研究二〇巻二号（一九七一年）一～五五頁、同二二巻一号（一九七三年）二七～五四頁、同二二巻三号（一九七四年）五九～一〇二頁、同二五巻三・四号（一九七七年）二〇三～二六八頁
「不作為論における方法論的問題」静岡大学法経研究二一巻一号（一九七二年）一七～六三頁
「不真正不作為犯の立法に関する基本問題」静岡大学法経研究二一巻三号（一九七三年）一～四三頁
「ドイツの不作為犯論における方法論史」静岡大学法経研究二三巻二・三・四号（一九七五年）三一～六五頁
「犯罪論の基本問題」中山研一編『現代刑法入門』（法律文化社、一九七七年）一一〇～一三六頁
「詐欺罪における処分行為」藤木英雄編『判例と学説・刑法Ⅱ（各論）』（日本評論社、一九七七年）一五七～一六七頁
「放火罪・溢水罪」中山研一・宮澤浩一・大谷實編『刑法各論』（青林書院新社、一九七七年）二〇一～二一六頁
「公害刑法の理念と現実(一)(二)」静岡大学法経研究二六巻三・四号（一九七八年）一二三～一六八頁、同二七巻四号（一九七九年）一～四二頁
「公害反対運動と刑事責任」静岡大学法経研究二八巻三・四号（一九八〇年）一一三～一三八頁
「刑罰制度の合憲性」西原春夫・宮澤浩一他編『判例刑法研究（第一巻）』（有斐閣、一九八〇年）二〇九～二四四頁
「国家・企業・運動　に関する刑事法学的考察」法の科学九号（日本評論社、一九八一年）二六～四七頁
「不作為犯の現代的課題」静岡大学法経研究三一巻一・二号（一九八二年）七三～一〇二頁
「贓物罪」中山研一・西原春夫他編『現代刑法講座第四巻』（成文堂、一九八二年）三七三～三八九頁
「企業と刑法」中村一彦・北野弘久編『企業と現代法』（勁草書房、一九八三年）二五一～二七九頁
「企業犯罪論序説」静岡大学法経研究三三巻三・四号（一九八五年）三七七～四〇三頁
「刑事法の理論と現実」法の科学一三号（日本評論社、一九八五年）四四～六一頁
「正木ひろし」田中浩編『近代日本のジャーナリスト』（お茶の水書房、一九八七年）一一七一～一一八七頁
「住居侵入罪」芝原邦爾編『刑法の基本判例』（有斐閣、一九八八年）一〇四～一〇七頁
「不作為犯論の歴史と現代的課題」名古屋大学法政論集一二三号（一九八八年）八五～二一〇四頁

「不真正不作為犯論の方法論的考察」静岡大学法経研究三八巻一・二号（一九八九年）二一五～二四八頁
「近代刑法原則と不作為犯」柏木千秋先生喜寿記念論文集『刑事法の理念と現実』（立花書房、一九九一年）一〇九～一三八頁
「外国人犯罪と刑事手続の諸問題」静岡大学法経研究四〇巻一号（一九九一年）一三六～一六〇頁
「いわゆる『国際刑法』に関する一考察」静岡大学法経研究四〇巻三・四号（一九九二年）一一三～一三二頁
「国際刑法」阿部純二他編『刑法基本講座（第一巻）』（法学書院、一九九二年）六七～八〇頁
「限時法」阿部純二他編『刑法基本講座（第一巻）』（法学書院、一九九二年）一一〇～一二一頁
「未遂犯の論理構造」福田平・大塚仁博士古稀祝賀論文集『刑事法学の総合的検討㊦』（有斐閣、一九九三年）四〇七～四三七頁
「死刑は生命尊重と両立するか」佐伯千仭・団藤重光・平場安治編『死刑廃止を求める』（日本評論社、一九九四年）三一～三八頁
「人権の歴史と生命権の発展」静岡大学法経研究四二巻二号（一九九四年）一五七～一九二頁
「サリン事件と死刑論」法学セミナー四九四号、（日本評論社、一九九六年）二一一～二一四頁
「未遂犯における危険」静岡大学法経研究第一巻二・三・四号（一九九七年）二一三～二三五頁
「犯罪論における危険概念について」中山研一先生古稀祝賀論文集　第三巻『刑法の理論』（成文堂、一九九七年）二二九～二四六頁
「日本における『学派の争い』の現代的意義」静岡大学法経研究五巻一号（二〇〇〇年）三五～八〇頁
「犯罪体系論に関する基礎理論」静岡大学法経研究五巻三・四号（二〇〇一年）一～六一頁
安楽死他刑法関係二二九項目　ヤフー検索（二〇〇九年～）

（判例研究）

「窃盗罪と実行の着手」大塚仁・福田平編『セミナー法学全集5（刑法Ⅰ）』（日本評論社、一九七三年）二一一～二一四頁
「不法監禁罪における監禁の意義」大塚仁・福田平編『セミナー法学全集16（刑法Ⅱ）』（日本評論社、一九七五年）一九七～

二〇〇頁
「喧嘩と正当防衛」平野龍一編『刑法判例百選Ⅰ（総論）』（有斐閣、一九七八年）九〇、九一頁
「ひったくり行為」平野龍一編『刑法判例百選Ⅱ（各論）』（有斐閣、一九七八年）一五六、一五七頁
「監督過失」平野龍一・松尾浩也編『刑法判例百選Ⅰ総論（第二版）』（有斐閣、一九八四年）一三六、一三七頁
「墓地外埋葬における期待可能性」芦部信喜・若原茂編『宗教判例百選（第二版）』（有斐閣、一九九一年）二二八、二二九頁
「他人の行為の介入と因果関係(1)」平野龍一・松尾浩也編『刑法判例百選Ⅰ総論（第三版）』（有斐閣、一九九二年）三〇、三一頁
同上（改訂）松尾浩也・芝原邦爾・西田典之編『刑法判例百選Ⅰ総論（第四版）』（有斐閣、一九九七年）二六、二七頁
「保護責任者の意義」平野龍一・松尾浩也編『刑法判例百選Ⅱ各論（第三版）』（有斐閣、一九九二年）二二、二三頁
同上（改訂）松尾浩也・芝原邦爾・西田典之編『刑法判例百選Ⅱ各論（第四版）』（有斐閣、一九九七年）二〇、二一頁
「片面的幇助」芝原邦爾・西田典之・山口厚編『刑法判例百選Ⅰ総論（第五版）』（有斐閣、二〇〇三年）一七〇、一七一頁
「誘拐罪の保護法益」芝原邦爾・西田典之・山口厚編『刑法判例百選Ⅱ各論（第五版）』（有斐閣、二〇〇三年）二四、二五頁
「刑法二二八条の二にいう「略取された者を安全な場所に解放したとき」に当たるとされた事例」判例時報一八七九号二〇五～二〇九頁（判例時報社、二〇〇五年）
「結果防止行為の真摯性」西田典之・山口厚・佐伯仁志編『刑法判例百選Ⅰ総論（第六版）』（有斐閣、二〇〇八年）一四四、一四五頁

（その他）
省　略

著者紹介

名和鐵郎（なわ　てつお）
1941年　滋賀県に生まれる
1960年　愛知県立明和高等学校卒業
1965年　慶應義塾大学法学部法律学科卒業
1968年　名古屋大学大学院法学研究科修士課程修了
同　年　名古屋大学法学部助手
1971年　静岡大学人文学部専任講師
1974年　静岡大学人文学部助教授
1981年　静岡大学人文学部教授
2003年　獨協大学法学部教授
2004年　獨協大学法科大学院教授
2012年　定年により退職、静岡に帰住
現　在　静岡大学名誉教授、獨協大学名誉教授

現代刑法の理論と課題
二元的結果無価値論の提唱

2015年11月20日　初版第1刷発行

著　者　名　和　鐵　郎
発行者　阿　部　成　一

〒162-0041　東京都新宿区早稲田鶴巻町514
発行所　株式会社　成　文　堂
電話 03(3203)9201(代)　FAX03(3203)9206
http://www.seibundoh.co.jp

製版・印刷　三報社印刷　　製本　弘伸製本

ISBN 978-4-7923-5164-9 C3032
定価（本体7000円＋税）